江苏文脉整理与研究工程

江苏文库

研究编

江苏历代
文化名人传

江苏历代文化名人传·钱锺书

孔庆茂 著

江苏人民出版社

图书在版编目(CIP)数据

江苏历代文化名人传. 钱锺书 / 孔庆茂著. — 南京：
江苏人民出版社,2025.4.—(江苏文库 / 信长星,
许昆林主编). — ISBN 978 - 7 - 214 - 29850 - 8

Ⅰ. K825.4;K825.6

中国国家版本馆 CIP 数据核字第 2025JC1324 号

书　　　名	江苏历代文化名人传·钱锺书
著　　　者	孔庆茂
出 版 统 筹	张　凉
责 任 编 辑	张　凉
责 任 监 制	王　娟
装 帧 设 计	姜　嵩
出 版 发 行	江苏人民出版社
地　　　址	南京市湖南路 1 号 A 楼,邮编:210009
照　　　排	江苏凤凰制版有限公司
印　　　刷	苏州市越洋印刷有限公司
开　　　本	718 毫米×1 000 毫米　1/16
印　　　张	19　插页 4
字　　　数	274 千字
版　　　次	2025 年 4 月第 1 版
印　　　次	2025 年 4 月第 1 次印刷
标 准 书 号	ISBN 978 - 7 - 214 - 29850 - 8
定　　　价	68.00 元

(江苏人民出版社图书凡印装错误可向承印厂调换)

江苏文脉整理与研究工程

总主编

信长星　　许昆林

第二届学术指导委员会

编纂出版委员会

出版说明

　　江苏文化源远流长、历久弥新,文化经典与历史文献层出不穷,典藏丰富;文化巨匠代有人出、彪炳史册,在中华民族乃至整个人类文明的发展史上有着相当重要的地位。为科学把握江苏文化的内涵与特征,在新时代彰显江苏文化对中华文化的贡献,江苏省委、省政府决定组织实施"江苏文脉整理与研究工程",以梳理江苏文脉资源,总结江苏文化发展的历史规律,再现江苏历史上的文化高地,为当代江苏构筑新的文化高地把准脉动、探明趋势、勾画蓝图。

　　组织编纂大型江苏历史文献总集《江苏文库》,是"江苏文脉整理与研究工程"的重要工作。《文库》以"编纂整理古今文献,梳理再现名人名作,探究追溯文化脉络,打造江苏文化名片"为宗旨,分六编集中呈现:

　　(一)书目编。完整著录历史上江苏籍学人的著述及其历史记录,全面反映江苏图书馆的图书典藏情况。

　　(二)文献编。收录历代江苏籍学人的代表性著作,集中呈现自历史开端至一九一一年的江苏文化文本,呈现江苏文化的整体景观。

　　(三)精华编。选取历代江苏籍学人著述中对中外文化产生重要影响、在文化学术史上具有经典性代表性的作品进行整理,并从中选取十余种,组织海外汉学家翻译成各国文字,作为江苏对外文化交流的标志性文化成果。

　　(四)方志编。从江苏现存各级各类旧志中选择价值较高、保存较好的志书,以充分发挥地方志资治、存史、教化等作用,保存江苏的地方文献与历史文化记忆。

（五）史料编。收录有关江苏地方史料类文献，反映江苏各地历史地理、政治经济、文化教育、宗教艺术、社会生活、风土民情等。

（六）研究编。组织、编纂当代学者研究、撰写的江苏文化研究著作。

文献、史料、方志三编属于基础文献，以影印方式出版，旨在提供原始文献，以满足学术研究需要；书目、精华、研究三编，以排印方式出版，既能满足学术研究的基本需求，又能满足全民阅读的基本需求。

"江苏文脉整理与研究工程"工作委员会

江苏文库·研究编编纂人员

主　编

王月清　张新科

副主编

徐之顺　姜　建　王卫星　胡发贵　胡传胜　刘西忠

一脉千古成江河

——江苏文库·研究编序言

樊和平

　　"江苏文脉整理与研究工程"是江苏文化史上继往开来的一个浩大工程。与当下方兴未艾的全国性"文库热"相比,江苏文脉工程有三个基本特点:一是全面系统的整理;二是"整理"与"研究"同步;三是以"文脉"为主题。在"书目编—文献编—精华编—史料编—方志编—研究编"的体系结构中,"研究编"是十分独特的板块,因为它是试图超越"修典"而推进文化传承创新的一种学术努力。

　　"盛世修典"之说不知起源于何时,不过语词结构已经表明"盛世"与"修典"之间的某种互释甚至共谋,以及由此而衍生的复杂文化心态。历史已经表明,"修典"在建构巨大历史功勋的同时,也包含内在的巨大文化风险,最基本的是"入典"的选择风险。《四库全书》的文化贡献不言自明,但最终其收书的数量竟与禁书、毁书、改书的数量大致相当,还有高出近一倍的书目被宣判为无价值。"入典"可能将一个时代的局限甚至选择者个人的局限放大为历史的文化局限,也可能由此扼杀文化多样性而产生文化专断。另一个更为潜在和深刻的风险,是对待传统的文化态度。文献整理,尤其是地域典籍的整理,在理念和战略上面临的最大考验,是以何种心态对待文化传统。当今之世,无论对个体还是社会,传统已经不仅是文化根源,而且是文化和经济发展的资源甚至资本。然而一旦传统成为资源和资本,邂逅市场逻辑的推波助澜,就面临沦为消费和运作对象的风险,从而以一种消费主义和工具主义的文化态度对待文化传统和文献整理。当传统成为消费和运作的对象,其文化价值不仅可能被误读误用,而且也可能在对传统的消费中使文化坐吃山空,造就出文化上的纨绔子弟,更可能在市场运作中使文化不断被糟蹋。"江苏文脉整理与研究工程"的"整理工程"以全面系统的整理的战略应对可能存在的第一种风险,即入典选择的风险;以"研究工程"应对第二种可能的风险,即消费主义与工具主义的风险。我们不仅是既往传统的继承者,更应当是未来传统的创造者;现代人的使命,不仅是继承优秀传统,更应当创造新的优秀传统,这便是传统的创造性转化与创新性发展的真义。诚然,创造传统任重道远,需要经过坚忍不拔的卓越努力和大浪淘沙般的历史积淀,但对"江苏文脉整理与研究工程"而言,无论如何必须在"整理"的同时开启"研究"的千里之行,在研究中继承和发展传统。这便是"研究编"的价值和使命所在,也是"江苏文脉整理与研究工程"在"文库热"中于顶层设计层面的拔群之处。

一 倾听来自历史深处的文化脉动

20 世纪是文化大发现的世纪,20 世纪以来西方世界最重要的战略,就是文化战略。20 世纪 20 年代,德国社会学家马克斯·韦伯的《新教伦理与资本主义精神》,揭示了西方资本主义文明的文化密码,这就是"新教伦理"及其所造就的"资本主义精神",由此建构"新教伦理+资本主义"的所谓"理想类型",为西方资本主义进行了文化论证尤其是伦理论证,奠定了 20 世纪以后西方中心论的文化基础。20 世纪 70 年代,哈佛大学教授丹尼尔·贝尔的《资本主义文化矛盾》,揭示了当代资本主义最深刻的矛盾不是经济矛盾,也不是政治矛盾,而是"文化矛盾",其集中表现是宗教释放的伦理冲动与市场释放的经济冲动分离与背离,进而对现代西方文明发出文化预警。20 世纪 70 年代之后,亨廷顿的《文明的冲突与世界秩序的重建》将当今世界的一切冲突归结为文明冲突、文化冲突,将文化上升为西方世界尤其是美国国家战略的高度。以上三部曲构成西方世界尤其是美国文化帝国主义的国家文化战略,正如一些西方学者所发现的那样,时至今日,文化帝国主义被另一个概念代替——"全球化",显而易见,全球化不仅是一种浪潮,更是一种思潮,是西方世界的国家文化战略。文化虽然受经济发展制约甚至被经济发展水平所决定,但回顾从传统到现代的中国文明史,文化问题不仅逻辑地而且历史地成为文明发展的最高最难的问题,正因为如此,文化自信才成为比理论自信、道路自信、制度自信更具基础意义的最重要的自信。

在全球化背景下,文脉整理与研究具有重大的国家文化战略意义,不仅必要,而且急迫。文化遵循与经济社会不同的规律,全球化在造就广泛的全球市场并使全球成为一个"地球村"的同时,内在的最大文明风险和文化风险便是同质性。全球化催生的是一个文化上的独生子女,其可能的镜像是:一种文化风险将是整个世界的风险,一次文化失败将是整个人类的文化失败。文化的本质是什么?梁漱溟先生说,文化就是人的生活的根本样法,文化就是"人化"。丹尼尔·贝尔指出,文化是为人的生命过程提供解释系统,以对付生存困境的一种努力。据此,文化的同质化,最终导致的将是人的同质化,将是民族文化或西方学者所说地方性知识的消解和消失;同时,由于文化是人类应对生存困境的大智慧,或治疗生活世界痼疾的抗体,它所建构的是与自然世界相对应的精神世界和意义世界,文化的同质性将导致人类在面临重大生存困境时智慧资源的贫乏和生命力的苍白,从而将整个人类文明推向空前的高风险。应对全球化的挑战和西方文化帝国主义的国家战略,"江苏文脉整理与研究工程"是整个中华民族浩大文化工程的一部分和具体落实,其战略意义绝不止于保存文化记忆的自持和自赏,在这个全球化的高风险正日益逼近的时代,完整地保存地方文化物种,认同文化血脉,畅通文化命脉,不仅可以让我们在遭遇全球化的滔滔洪水之时可以于故乡文化的山脉之巅"一览众山小"地建设自己的精神家园和文化根据地,而且可以在患上全球化的文化感冒甚至某种文化瘟疫之后,不致乞求"西方药"来治"中国病",而是根据自己的文化基因和文化命理,寻找强化自身的文化抗体和文化免疫力之道,其深远意义,犹如在今天经过独生子女时代穿越时光隧道,回首当年我们的"兄弟姐妹那么多"

和父辈们儿孙满堂的那种天伦风光,不只是因为寂寞,而且是为了中华民族大家庭的文化安全和对未来文化风险的抗击能力。

"江苏文脉整理与研究工程"是以江苏这一特殊地域文化为对象的一次集体文化自觉和文化自信,与其他同类文化工程相比,其最具标识意义的是"文脉"理念。"文脉"是什么?它与"文献"和文化传统的关系到底如何?这是"文脉工程"必须解决的基本问题。

庞朴先生曾对"文化传统"与"传统文化"两个概念进行了审慎而严格的区分,认为"传统文化"可能是历史上曾经存在过的一切文化现象,而"文化传统"则是一以贯之的文化道统。在逻辑和历史两个维度,文化成为传统都必须同时具备三个条件:历史上发生的,一以贯之的,在现实生活中依然发挥作用的。传统当然发生于历史,但历史上发生的一切,从《道德经》《论语》到女人裹小脚,并不都成为传统,即便当今被考古或历史研究所不断发现的现象,也只能说是"文化遗存",文化成为传统必须在历史长河中一以贯之而成为道统或法统,孔子提供的儒家学说,老子提供的道家智慧,之所以成为传统,就是因为它们始终与中国人的生活世界和精神世界相伴随,并成为人的生命和生活的文化指引。然而,文化并不只存在于文献典籍之中,否则它只是精英们的特权,作为"人的生活的根本样法"和"对付生存困境"的解释系统,它必定存在于芸芸众生的生命和生活之中,由此才可能,也才真正成为传统。《论语》与《道德经》之所以成为传统,不只是因为它们作为经典至今还为人们所学习和研究,而且因为在中国人精神的深层结构中,即便在未读过它们的田夫村妇身上,也存在同样的文化基因。中国人在得意时是儒家,"明知不可为而偏为之";在失意时是道家,"后退一步天地宽";在绝望时是佛家,"四大皆空"。从而建立了与自给自足的自然经济结构相匹合的自给自足的文化精神结构,在任何境遇下都不会丧失安身立命的精神基地,这就是传统。文化传统必须也必定是"活"的,是在现实中依然发挥作用的,是构成现代人的文化基因的生命因子。这种与人的生活和生命同在的文化传统就是"脉",就是"文脉"。

文脉以文献、典籍为载体,但又不止于文献和典籍,而是与负载它的生命及其现实生活息息相关。"文脉"是什么?"文脉"对历史而言是

"血脉"，对未来而言是"命脉"，对当下而言是"山脉"。"江苏文脉"就是江苏人的文化血脉、文化命脉、文化山脉，是历史、现在、未来江苏人特殊的文化生命、文化标识、文化家园，以及生生不息的文化记忆和文化动力。虽然它们可能以诸种文化典籍和文化传统的方式呈现和延续，但"文脉工程"致力探寻和发现的则是跃动于这些典籍和传统，也跃动于江苏人生命之中的那种文化脉动。"江苏文脉整理与研究工程"的最大特点就在于它是"文脉工程"而不是一般的"文化工程"，更不是"文库工程"。"文化工程""文库工程"可能只是一般的文化挖掘与整理，而"文脉工程"则是与地域的文化生命深切相通，贯穿地域的历史、现在与未来的生命工程。

　　"江苏文脉整理与研究工程"是"整理"与"研究"的璧合，在"研究工程"中能否、如何倾听到来自历史深处的文化脉动，关键是处理好"文献"与"文脉"的关系。"整理工程"是对文脉的客观呈现，而"研究工程"则是对文脉的自觉揭示，若想取得成功，必须学会在"文献"中倾听和发现"文脉"。"文献"如何呈现"文脉"？文献是人类文明尤其是人类文化记忆的特殊形态，也是人类信息交换和信息传播的特殊方式。回首人类文明史，到目前为止，大致经历了三种信息方式。最基本也是最原初的是口口交流的信息方式，在这种信息方式中，信息发布者和信息传播者同时在场，它是人的生命直接和整体在场并对话的信息传播方式，是从语言到身体、情感的全息参与，是生命与生命之间的直接沟通，但具有很大的时空局限。印刷术的产生大大扩展了人类信息交换的广度和深度，不仅可以以文字的方式与不在场的对象交换信息，而且可以以文献的方式与不同时代、不同时空的人们交换信息，这便是第二种信息方式，即以印刷为媒介的信息方式或印刷信息方式。第三种信息方式便是现代社会以电子网络技术为媒介的信息方式，即电子信息方式。文献与典籍是印刷信息方式的特殊形态，它将人类文化史和文明史上具有特殊价值的信息以印刷媒介的方式保存下来，供后人学习和研究，从而积淀为传统。文字本质上是人的生命的表达符号，所谓"诗言志"便是指向生命本身。然而由于它以文字为中介，一旦成为文献，便离开原有的时空背景，并与创作它的生命个体相分离，于是便需要解读，在解读中便可能发生误读,但无论如何,解读的对象并不只是文字本身,而是文字背后的生命现象。

文献尤其是典籍是不同时代人们对于文化精华的集体记忆,它们不仅经受过不同时代人们的共同选择,而且经受过大浪淘沙的历史洗礼,因而其中不仅有创造它的那个个体或文化英雄如老子、孔子的生命表达,而且有传播和接受它的那个民族的文化脉动,是负载它的那个民族的文化生命,这种文化生命一言以蔽之便是文化传统。正因为如此,作为集体记忆的精华,文献和典籍是个体和集体的文化脉动的客观形态,关键在于,必须学会倾听和揭示来自远方的生命旋律。由于它们巨大的时空跨度,往往不能直接把脉,而需要具有一种"悬丝诊脉"的卓越倾听能力。同时,为了把握真实的文化脉动,不仅需要对文献和典籍即"文本"进行研究,而且需要对创造它们的主体包括创作的个体和传播接受的集体的生命即"人物"进行研究。正如席勒所说,每个人都是时代的产儿,那些卓越的哲学家和有抱负的文学家却可能成为一切时代的同代人。文字一旦成为文献或典籍,便意味着创作它的个体成为一切时代的同代人,但无论如何,文献和它们的创造者首先是某个时代的产儿,因而要在浩如烟海的文献和典籍中倾听到来自传统深处的文化脉动,还需要将它们还原到民族的文化生命之中,形成文化发展的"精神的历史"。由此,文本研究、人物研究、学派流派研究、历史研究,便成为"文脉研究工程"的学术构造和逻辑结构。

二 中国文化传统中的江苏文脉

江苏文脉是中国文化传统的一部分,二者之间的关系并不只是部分与整体的关系,借助宋明理学的话语,是"理一"与"分殊"的关系。文脉与文化传统是民族生命的文化表达和自觉体现,如果只将它们理解为部分与整体的关系,那么江苏文脉只是中国文化传统或整个中华文化脉统中的一个构造,只是中华文化生命体中的一个器官。朱熹曾以佛家的"月映万川"诠释"理一分殊"。朗月高照,江河湖泊中水月熠熠,此番景象的哲学本真便是"一月普现一切水,一切水月一月摄"。天空中的"一月"与江河中的"一切水月"之间的关系是"分享"关系,不是分享了"一月"的某一部分,而是全部。江苏文脉与中国文化传统之间的关系便是"理一分殊",中国文化传统是"理一",江苏文脉是"分殊",正因为如此,关于江苏文脉的研究必须在与整个中国文化传统的关系中整体性地把握和展开。其中,文化与地域的关系、江苏文化在中华文化发展中的贡献和地位,是两个基本课题。

到目前为止的一切人类文明的大格局基本上都是由以山河为标志的地理环境造就的,从轴心文明时代的四大文明古国,到"五大洲四大洋"的地理区隔,再到中国山东—山西、广东—广西、河南—河北,江苏的苏南—苏北的文化与经济差异,山河在其中具有基础性意义。在这个意义上,可以将在此以前的一切文明称为"山河文明"。如今,科技经济发展迎来一个"高"时代:高铁、高速公路、电子高速公路……正在并将继续推倒由山河造就的一切文明界碑,即将造就甚至正在造就一个"后山河时代"。"后山河时代"的最后一道屏障,"山河时代"遗赠给"后山河时代"的最宝贵的文明资源,便是地域文化。在这个意义上,江苏文脉的整理与研究,不仅可以为经过全球化席卷之后的同质化世界留下弥足珍贵的"文化大熊猫",而且可以在未来的芸芸众生饱尝"独上高楼,望尽天涯路"的孤独之后,缔造一个"蓦然回首"的文化故乡,从中可以鸟瞰文化与世界关系的真谛。江苏独特的地域环境与江苏文化、江苏文脉之间的关系,已经不是所谓"一方水土一方人"所能表达,可以说,地脉、水脉、山脉与江苏文脉之间的关系,已经是一脉相承。

我们通过考察和反思发现,水系,地势,山势,大海,是对江苏文脉尤其是文化性格产生重大影响的地理因素。露水不显山,大江大河入大海,低平而辽阔,黄河改道,这一切的一切与其说是自然画卷和自然事件,不如说是江苏文脉的大地摇篮和文化宿命的历史必然,它们孕生和哺育了江苏文明,延绵了江苏文脉。历史学家发现,江苏是中国惟一同时拥有大海、大江、大湖、大平原的省份,有全国第一大河长江,第二大河黄河(故道),第三大河淮河,世界第一大人工河大运河,全国第三大淡水湖太湖,全国第四大淡水湖洪泽湖。江苏也是全国地势最低平的一个省区，绝大部分地区在海拔 50 米以下，少量低山丘陵大多分布于省际边缘，最高峰即连云港云台山的玉女峰也只有 625 米。丰沛而开放的水系和低平而辽阔的地势馈赠给江苏的不只是得天独厚的宜居，更沉潜、更深刻的是独特的文化性格和文脉传统，它们是对江苏地域文化产生重大影响的两个基本自然元素。

不少学者指证江苏文化具有水文化特性，而在众多水系中又具长江文化的特性。"水"的文化特性是什么？"老聃贵柔"，老子尚水，以水演绎世界真谛和人生大智慧。"天下莫柔弱于水，而攻坚强者莫之能胜。"柔弱胜刚强，是水的品质和力量。西方文明史上第一个哲学家和科学家泰勒斯向全世界宣告的第一个大智慧便是：水是万物的始基。辽阔的平原在中国也许还有很多，却没有像江苏这样"处下"。老子也曾以大海揭示"处下"的智慧："江海所以能为百谷王者，以其善下之，故能为百谷王。"历史上江苏的文化作品、江苏人的文化性格，相当程度上演绎了这种"水性"与"处下"的气质与智慧。历史上相当时期黄河曾经从江苏入海，然而黄河改道、黄河夺淮，几番自然力量或人力所为，最终黄河在江苏留下的只是一个"故道"的背影。黄河在江苏的改道当然是一个自然事件或历史事件，但我们也可能甚至毋宁将它当作一个文化事件，数次改道，偶然之中有必然，从中可以发现和佐证江苏文脉的"长江"守望和江南气质。不仅江苏的地脉"露水不显山"，而且江苏的文化作品，江苏人的文化性格，一句话，江苏文脉，也是"露水不显山"，虽不是"壁立千仞"，却是"有容乃大"。一般说来，充沛的水系，广阔的平原，往往造就自给自足的自我封闭，然而，江苏东临大海，无论长江、淮河，还是历史上的黄河，都从这里入大海，归大海，不只昭示江苏的开放，而且演绎江苏文化、江苏文脉、江苏人海纳百川的博大和静水深流的仁厚。

黄河与长江好似中华文脉的动脉与静脉，也好似人的身体中的任督二脉，以长江文化为基色的江苏文化在中华文脉的缔造和绵延中作出了杰出贡献。有学者指出，在中国文明史上，长江文化每每在黄河文化衰弱之后承担起"救亡图存"的重任。人们常说南京古都不少为小朝廷，其实这正是"救亡图存"的反证，"天下兴亡，匹夫有责"的口号首先由江苏人顾炎武喊出,偶然之中有必然。学界关于江苏文化有三次高峰或三次大贡献,与两次大贡献之说。第一次高峰是开启于秦汉之际的汉文化,第二次高峰是六朝文化,第三次高峰是明清文化。人们已对六朝文化与明清文化两大高峰对中国文化的贡献基本达成共识,但江苏的汉文化高峰及其贡献也应当得到承认,而且三次文化高峰都发生于中国社会的大转折时期,对中国文化的承续作出了重大贡献。在秦汉之际的大变革和大一统国家的建构中,不仅在江苏大地上曾经演绎了波澜壮阔的对后来中国文明产生深远影响的历史史诗,而且演绎这些历史史诗的主角刘邦、项羽、韩信等都是江苏人,他们虽然自身不是文化人,但无疑对中国文化产生了深远影响。董仲舒提出"罢黜百家,独尊儒术"的主张,奠定了大一统的思想和文化基础,他本人虽不是江苏人,却在江苏留下印迹十多年。江苏的汉文化高峰对中国文化的最大贡献,一言概之即"大一统",包括政治上的大一统和思想文化上的大一统。六朝被公认为中国文化发展的高峰,不少学者将它与古罗马文明相提并论,而六朝文化的中心在江苏、在南京。以南京为核心的六朝文化发生于三国之后的大动乱,它接纳大量流入南方的北方士族,使南北方文化合流,为保存和发展中国文化作出了杰出贡献。明朝是中国历史上第一次在南京,也是第一次在江苏建立统一的帝国都城,江苏的经济文化在全国处于举足轻重的地位,扬州学派、泰州学派、常州学派,形成明清时期中国文化的江苏气象,形成江苏文化对中国文化的第三次重大贡献。三大高峰是江苏的文化贡献,在重大历史转折关头或者民族国家危难之际挺身而出,海纳百川,则是江苏文化的精神和品质,这就是江苏文脉。也正因为如此,江苏文化和江苏文脉在"匹夫有责"的担当精神中总是透逸出某种深沉的忧患意识。

江苏文脉对中国文化的独特贡献及其特殊精神气质在文化经典中得到充分体现。中国四大文学名著,其中三大名著的作者都来自江苏,这就是《西游记》《红楼梦》《水浒》,其实《三国演义》也与江苏深切相关,虽然罗贯中不是江苏人,但以江苏为作品重要的时空背景之一。四大名著中不仅有明显的江苏文化的元素,甚至有深刻的江苏地域文化的基因。《西游记》到底是悲剧还是喜剧?仔细反思便会发现,《西游记》

就是文学版的《清明上河图》。《清明上河图》表面呈现一幅盛世生活画卷,实际却是一幅"盛世危情图",空虚的城防,懈怠的守城士兵……被繁华遗忘的是正在悄悄到来的深刻危机。《西游记》以唐僧西天取经渲染大唐的繁盛和开放,然而在经济的极盛之巅,中国人的精神世界却空前贫乏,贫乏得需要派一个和尚不远万里,请来印度的佛教,坐上中国意识形态的宝座,入主中国人的精神世界。口袋富了,脑袋空了,这是不折不扣的悲剧。然而,《西游记》的智慧,江苏文化的智慧,是将悲剧当作喜剧写,在喜剧的形式中潜隐悲剧的主题,就像《清明上河图》将空虚的城防和懈怠的士兵淹没于繁华的海洋一样。《西游记》喜剧与悲剧的二重性,隐喻了江苏文脉的忧患意识,而在对大唐盛世,对唐僧取经的一片颂歌中,深藏悲剧的潜主题,正是江苏文脉"匹夫有责"的担当精神和文化智慧的体现。鲁迅说,悲剧将人生的有价值的东西毁灭给人看。《西游记》是在喜剧形式的背后撕碎了大唐时代人的精神世界的深刻悲剧。把悲剧当作喜剧写,喜剧当作悲剧读,正是江苏文化、江苏文脉的大智慧和特殊气质所在,也是当今江苏文脉转化发展的重要创新点所在。正因为如此,"江苏文脉研究"必须以深刻的哲学洞察力和深厚的文化功力,倾听来自历史深处的江苏文化的脉动,读懂江苏,触摸江苏文脉。

三 通血脉,知命脉,仰望山脉

江苏文化的巨大魅力和强大生命力,在数千年发展中已经形成一种传统、一种脉动,不仅是一种客观呈现的文化,而且是一种深植个体生命和集体记忆的生生不息的文脉。这种文化和文脉不仅成为共同的价值认同,而且已经成为一种地域文化胎记。在精神领域,在文化领域,江苏不仅有灿若星河的文学家,而且有彪炳史册的思想家、学问家,更有数不尽的才子骚客。长江在这片土地上流连,黄河在这片土地上改道,淮河在这片土地上滋润,太湖在这片土地上一展胸怀。一代代中国人,一代代江苏人,在这里缔造了文化长江、文化黄河、文化淮河、文化太湖,演绎了波澜壮阔的历史诗篇,这便是江苏文脉。

为了在全球化时代完整地保存江苏文脉这一独特地域文化的集体记忆,以在"后山河时代"为人类缔造精神家园提供根源与资源,为了继承弘扬并创造性转化、创新性发展中华优秀传统文化,2016 年江苏启动了"江苏文脉整理与研究工程"。根据"文脉"的理念,我们将研究工程或"研究编"的顶层设计以一句话表达:"通血脉,知命脉,仰望山脉。"由此将整个工程分为五个结构:江苏文化通史,江苏历代文化名人传,江苏文化专门史,江苏地方文化史,江苏文化史专题。

"江苏文化通史"的要义是"通血脉",关键词是"通"。"通"的要义,首先是江苏文化与中国文明的息息相通,与人类文明的息息相通,由此才能有民族感或"中国感",也才有世界眼光,因而必须进行关于"中国文化传统中的江苏文脉"的整体性研究;其次是江苏文脉中诸文化结构之间的"通",由此才是"江苏",才有"江苏味";再次是历史上各个重要历史时期文化发展之间的"通",由此才能构成"史",才有历史感;最后是与江苏人的生命与生活的"通",由此"江苏文脉"才能真正成为江苏人的文化血脉、文化命脉和文化山脉。达到以上"四通","江苏文化通史"才是真正的"通"史。

"江苏文化专门史"和"江苏文化史专题"的要义是"知命脉",关键词是"专",即"专门"与"专题"。"江苏文化专门史"在框架上分为物质文化史、精神文化史、制度文化史、特色文化史等,深入研究各类专门史,总体思路是系统研究和特色研究相结合,系统研究整体性地呈现江苏历史上的重要文化史,如哲学史、文学史、艺术史等,为了保证基本的完整性,我们根据国务院学科分类目录进行选择;特色研究着力研究历史上具有江苏特色的历史,如民间工艺史、昆曲史等。"江苏文化史专题"着力研究江苏历史上具有全国性影响的各种学派、流派,如扬州学派、泰州学派、常州学派等。

"江苏地方文化史"的要义是"血脉延伸和勾连",关键词是"地方"。"江苏地方文化史"以现省辖市区域划分为界,13 市各市一卷。每卷上编为地方文化通史,讲述地方整体历史脉络中的文化历史分期演化和内在结构流变,注重把握文化运动规律和发展脉络,定位于地方文化总体性研究;下编为地方文化专题史,按照科学技术、教育科举、文学语言、宗教文化等专题划分,以一定逻辑结构聚焦对地方文化板块加以具体呈现,定位于凸显文化专题特色。每卷都是对一个地方文化的总结和梳理,这是江苏文化血脉的伸展和渗入,是江苏文化多样性、丰富性的生动呈现和重要载体。

"江苏历代文化名人传"的要义是"仰望山脉",关键词是"文化"。它不是一般性地为江苏历朝历代的"名人"作传,而只是为文化意义上的名人作传。为此,传主或者自身就是文化人并为中国文化的发展、为江苏文脉的积累积淀作出了重要贡献;或者虽然自身主要不是文化人而是政治家、社会活动家等,但对中国文化发展具有重大影响。如何对历史人物进行文化倾听、文化诠释、文化理解,是"文化名人传"的最大难点,也是其最有意义的方面。江苏历史上的文化名人汗牛充栋,"文化名人传"计划为 100 位江苏文化名人作传,为呈现江苏文化名人的整体画卷,同时编辑出版一部"江苏文化名人辞典",集中介绍历史上的江苏文化名人 1000 位左右。

一脉千古成江河,"茫茫九派流中国"。江苏文脉研究的千里之行已经迈出第一步,历史馈赠我们一次千载难逢的宝贵机遇,让我们巡天遥看,一览江苏数千年文化银河的无限风光,对创造江苏文化、缔造江苏文脉的先行者们献上心灵的鞠躬。面对奔涌如黄河、悠远如长江的江苏文脉,我们唯有以跋涉探索之心,怵惕敬畏之情,且行且进,循着爱因斯坦的"引力波",不断走近并播放来自江苏文脉深处的或澎湃,或激越,或温婉静穆的天籁之音。

我们一直在努力;

我们将一直努力!

目　录

绪　论

"钱学"可以说是当今热门学科。从 20 世纪 90 年代起，伴随着"钱锺书热"的兴起，以研究钱锺书的生平思想、文学创作与学术著作为主体，形成了这一新兴学科。钱锺书传记当然是研究的一项重要内容。

一、钱锺书研究的意义与价值

首先，钱锺书是中国文化中"传统"与"现代"的完美结合。研究钱锺书，要从解决中国传统与现代社会的矛盾出发。钱锺书已经成为中国现代文学与学术史的一个代表性符号，是中国现代社会"最传统"又"最现代"的符号。现在人们研究钱锺书，大多也是从中国传统国学与现代西学结合的角度来着眼的。

说其传统，是因为他的创作与研究延续了中国数千年以来的传统方式，以传统文人所使用的文体，如札记体、文言文、近体诗等进行创作与学术研究，而且取得了世人难以企及的成就，常常在训诂考据中得出新的观点或结论。说其现代，是因为他同时能够用很流畅的白话文和多种西方语言创作，对西方的各种文学、哲学观念理论都烂熟于心，可以随手拈来，并把它们与中国传统的观念理论结合起来，将古今中外进行比较分析，做打通研究。由于现代教育体制下形成的分科教育，学科专业越分越细，很多人终其一生都只能在自己狭小的专业领域里发展，出了专业就隔行如隔山。钱锺书本来的专业是西方文学，一生大多时间又从事古代文学研究，读书面广，从文学旁及历史、哲学多个学科，终成一个"百科全书"式的学者。钱锺书能够兼容传统与现代、东学与西学，能够突破现代学科教育的限制，这在现代教育体制下是很少见的。

中国传统的通才教育是文史哲不分家，但在现代社会里无疑越来越难以做到了。而且每一个学科门类里再分为更细的一级学科，每个一级学科下还分为古代、现代、国内、国外，这么细分的学科教育只能培养出"专家"，而不可能培养出通才。

钱锺书可能是一个特例，很难有普遍性，不可复制。但是，这种现象启发人们思考：传统的中国文史哲等人文学科能否与现代西学有机融合？怎样培养出兼具传统学科能力又能掌握现代观念理论的新一代人才？现代的教育体制专业划分得过细过窄，培养"专才"与"通才"的矛盾如何能够解决？是否可以通过钱锺书个案的研究提供一种解决的思路？

其次，研究钱锺书也是文脉赓续传承的需要。一个人的成长，当然取决于个人的天赋和努力，此外还受其他各种因素的影响，如地域环境、家族家学、学校教育、师友交往等。本书尝试从不同方面探讨钱锺书的成长历程，探讨其之所以成为钱锺书的各种影响因素。

六朝以来，北方士族南迁，中国经济重心南移，江南经济快速发展，江南文化遂兴盛发展起来。宋元以后，江南已经成为全国文化最发达的地区。至明清，涌现了许多文人世家大族，藏书、读书、著书，世代传承，文人才子辈出。

无锡作为江南文化重镇，其历史积淀、学术传统、人文气质与生活方式构成了钱锺书文化基因的重要底色。无锡作为近代通商口岸之一，较早接触西方文化，这种"中西交汇"的环境使钱锺书自幼对异质文化保持开放态度。他的学术研究不拘泥于传统考据，而是以比较文学与跨文化视角审视中西经典，这种视野的形成，与无锡作为江南"文化码头"的历史地位密不可分。钱氏家族更是典型的书香世家。钱锺书的近支家族中有众多的读书人，父亲钱基博是近代著名学者，叔父钱孙卿是著名的学者兼社会活动家。他的家族与钱穆、钱伟长等同属近支，家学中融汇传统国学与西学新知。钱锺书幼承庭训，博览群书，而他的堂弟锺韩却弃文从理，成为科学家。这种自由的家学环境直接塑造了钱锺书深厚的国学功底与跨文化视野。无锡"崇文重教"的传统,使得他自幼浸润于典籍之中,为其日后在《谈艺录》《管锥编》中展现的广博学识奠定了基础。

钱锺书有江南文人的机智与幽默。无锡地处江南水乡,文化中既有吴侬软语的细腻婉约,亦不乏市井生活的幽默机锋。在钱锺书的代表作《围城》中,他对人性弱点与时代困境的讽刺,既带有英式幽默的犀利,又隐含江南文人的世故与俏皮。这种"冷幽默"风格,与无锡方言中含蓄的双关、反讽表达一脉相承。此外,他对古典诗词典故的化用,亦折射出江南文人的传统。

《谈艺录》序中说:"东学西学,道术未裂,南海北海,心理攸同。"中国传统所讲的东学、西学是就中西方而论。而就中国传统而言,又分南学、北学:南人约简,得其英华;北学繁芜,穷其枝叶。钱锺书南人北地,可以说穷枝叶而得英华,御繁芜而入简约,兼通南北学之所长。

从这个角度来研究钱锺书,是本书努力追求的目标。

二、有关已出版钱锺书传记述评

关于钱锺书的传记作品,从 20 世纪 90 年代至今,已出版数十种之多,从不同角度、不同层面反映了钱锺书的生平与思想。主要作品如下:

1. 杨绛散文著作。最早、最可靠的钱锺书传记资料是杨绛的散文。杨绛《干校六记》《记钱锺书与围城》《乌云与金边》《我们仨》等生动地回忆了她与钱锺书经历的往事,对他的成长之路、思想性格、文学创作及学术研究有许多生动的描述,是第一手的研究资料。后来的传记大多来源于杨绛的有关回忆性的散文,这些都是非常翔实可靠的资料。当然,杨绛谨言慎行,对社会上流传很广的有关钱锺书年轻时口没遮拦的"狂言"都很谨慎地予以了否定,证明钱锺书并没有说过这些话。杨绛的为尊者讳,是为了维护钱锺书的形象,今天看来大可不必。这些"狂言"其实很符合钱锺书的性格,也无损于他的完美。

2.《钱锺书》[(美)胡志德著,张晨等译,中国广播电视出版社 1990年版]。这是美国学者关于钱锺书的评论集,作者采访了许多海外学者,侧重于对钱锺书文学创作的研究分析。该书对学术性著作分析得不多，特别是没有论及《管锥编》。

3.《钱锺书传》(孔庆茂著，江苏文艺出版社 1992 年版，1995 年修订)。这是国内出版的第一部钱锺书传记，发行量大，曾被评为第七届全国优秀畅销书、华东地区优秀哲学社会科学图书一等奖。该书对钱锺书的生平性格叙述较详，对文学创作、学术研究评论做了介绍，可读性较强，评论性不够。该书从一个崇拜者的角度来写，带有较明显的溢美之词。

4.《一代才子钱锺书》(汤晏著，上海人民出版社 2005 年版)。该书以翔实的史料和海外视角解读钱锺书的生平与成就，尤其关注其早年经历及《围城》的创作背景，文笔生动，广受好评。

5.《营造巴比塔的智者——钱锺书传》(张文江著，上海文艺出版社 1993 年版，1999 年修订)。该书可以说是一部评传，重点在于对钱锺书作品的评论，对钱锺书的生活经历、思想性格方面挖掘得不够充分。

6.《智者的心路历程——钱锺书的生平与学术》(李洪岩著，百花洲文艺出版社 1995 年版)。该书主要是钱锺书学术著作的分析评论，研究钱锺书的思想脉络与治学方法。该书类似于评传，文笔较显枯燥。

7.《魔镜里的钱锺书》(张建术著，文化艺术出版社 2010 年版)。该书多采用相识回忆或传说，故事性强，类似于传奇故事。

8.《晚年钱锺书》(钱之俊著，北岳文艺出版社 2020 年版)。该书通过解读钱锺书 1949 年后的生活变迁、职业转换及与陈寅恪、胡适等人的交往，展现了钱锺书晚年的思想脉络与心路历程。作者还出版了《钱锺书琐话》(黄山书社 2021 年版)一书，以钱锺书生平与思想中一些关键点为中心，澄清以往传记中的讹误，还原了一些钱锺书生平的重要史实。

还有许多钱锺书同学、朋友、同事或学生的回忆文章的汇集，资料性强，就不暇备举了。

三、我们应该怎样为钱锺书立传

虽然现在林林总总的钱锺书传记很多，为什么还要写这本传记呢？

首先是从文学和文脉发展传承的角度看钱锺书。钱锺书是一位继承了传统诗文、学术的国学大家，尤其他的诗歌是晚清民国以来第一流的,其成就甚至远高于同光派的石遗老人陈衍,特别是他用文言文写的《谈艺录》《管锥编》,其成就更不用说了。清代学者以章学诚为代表,提出了"六经皆史",这一观点在后世很有影响,从章太炎一直到现代的史学家如郭沫若、顾颉刚、陈寅恪,都拿"六经"当作史料来看待,只从这些典籍中看出了史实或史料,几乎没有人认真分析过这些史书或史料中所蕴含的文心、思想与智慧,所有这些经史诸子都是人类智慧的结晶。钱锺书从文学的角度来看待历史上的经史诸子,发掘出这些文章都蕴含着丰富的文学价值、修辞技巧、思想智慧,也就是所谓的"诗心"或"文心"。在他看来,经史诸子皆是文,"与其曰'古诗即史',毋宁曰'古史即诗'",与其说经、子、集皆史,还不如说古史即诗,这里的诗是广义之诗,也就是"文学"。文学也是广义上的,钱锺书提出的"史蕴诗心",就是所有的经书、史书及诸子百家乃至民间俚语歌谣都蕴含着许多诗的技巧和思想的智慧。钱锺书的《谈艺录》《管锥编》以及后来影印出版的《钱锺书手稿集》中所探讨的,都可以归结为文学的修辞技巧与思想的智慧。本书正式从中国文学文脉的角度来认识钱锺书。

其次,通过传记把读者带入"钱锺书世界"。一个学者的传记,对生平史料的记述与对文学创作学术研究的述评是分不开的。读者在读传记的同时,也是对其文学创作与学术研究的理解与认同,也就是通过传记更好地了解一个学者的思想创作与学术研究的精华,并能通过传记让读者去研究钱锺书。这就需要很好地处理传记中传与评的关系。传记的目的是,作者通过叙述与评论,把读者引进传主的世界,全面深入地认识传主的生平、性格特点、思想及其所创造的精神世界。丰富翔实的史料是基础,在此基础上,还需要进一步对其作品进行分析评价,把传主作品的精髓与其生平思想联系在一起,评价其思想及艺术的成就。在已出版的钱锺书传记和评传作品中,有一些只作钱锺书作品的评论与评价,实际上违背了传记的本意,成为单纯的文学批评之作了。

再次,关于传记的客观性。客观真实是传记的生命力。客观真实应该是传记的第一要义。所选取的材料应当是真实的,材料不真实就会导致内容不真实。有时尽管材料真实,但如果作者带有某种倾向性的话,也可能会导致结论的不真实。有一些钱锺书传由于作者主观性太强，或者为了达到自己的某种目的，过多掺入感情色彩，如叙述"文化大革命"期间的个人恩怨等，就在很大程度上损害了传记的真实性。

最后，谈一下材料的甄辨。一部传记作品离不开来自各方面的材料，当然越丰富越好。但并不是所有的材料都能够放心使用，即使当代人的材料，也需辨伪。关于钱锺书的一些史料，也有许多是明显造假的。如网络上流传很广的钱锺书、杨绛初识时的字谜式（"怂""您"云云）问答的故事，就是假的。还有许多所谓的"名言名句"也都没有实据。也有一些看似"伪"而有真实影子的材料，也需要认真分析，如钱锺书离开西南联大时说的那句"叶公超太懒，陈福田太俗，吴宓太笨"的话，在美国演讲时骂冯友兰，等等。虽然杨绛晚年都否定了这些说法，但这些材料有没有真实性呢？很多人认为还是有的，首先这很符合钱锺书的性格，而且有当时在场人的证明和在当时报刊上发表的文章。我们很能理解杨绛维护钱锺书完美形象的苦心，现在钱杨两位先生均已作古，似乎也不必为贤者讳。况且，钱锺书说了这些话也并不能成为他的缺点。对于这些有争议的材料，也不是不能使用，需要把两种不同的观点都注明出来，让读者兼听则明，自主判断。

还有一些材料看起来很真实，如"文化大革命"时的打架纠纷，所谓钱锺书拿大棒"打人"的事，还有人说杨绛利用她的身份压制打击年轻人，让这些年轻学者"登报道歉""赔钱"云云，这些都是假的，需要读者去仔细比较，辨别真伪。

第一章 家庭与少年

　　江浙一带，历史上号称"江南"，是一个杏花春雨富有诗意的名称。从东晋南渡以后，这里不仅是富甲天下的经济重心，同时也是文人辈出的地区。明清时代的科举，有一半以上的进士都出自这一带。特别是苏锡常，在明清出了许多文化世家，这些大家族孕育了一代代文人学者与艺术家。鸦片战争以后，西学兴起，这一带依托上海的文化优势，得风气之先，成为近代工业化发达的城市。除了传统的国学之外，西方的人文与科学即所谓的"西学"也领先全国。钱锺书就是在无锡这样一座富有浓郁文化气息的城市里出生长大的。

第一节　钱家大公子

　　清末宣统二年，即公元 1910 年 11 月 21 日（农历庚戌年十月二十日），钱锺书出生于无锡①。

　　正像一切天才一样，他呱呱坠地的第一声啼哭自然不是诗，但为钱家这个大家庭带来了无限希望与欢乐，因为他是这个诗礼之家的长孙。

---

① 杨绛：《记钱锺书与〈围城〉》，《杨绛作品集》（第二册），中国社会科学出版社 1994 年版，第 1 页。本章中关于钱锺书少年时代的事，除注明出处外，主要依据此文。钱孙卿《孙庵年谱》："十月二十日申时，侄锺书生，适有人送父《常州先哲丛书》，故命曰锺书，小字阿先。"与杨绛所记不一。曾请教过钱锺韩先生，他说他们兄弟周岁前只有小名，周岁后才有正式的名字。"锺书"当是周岁以后正式的定名。杨绛的说法来自钱锺书，当更可靠。

谁都知道，在封建社会里，"长孙"这个称谓意味着什么。

钱锺书的祖父福炯，号祖耆，已年过六十，抱孙心切。他虽然只是一个秀才，但他的长兄中过举人，他的岳父家石塘湾孙家又是当地最有势力的家族，因此他也成为很受人尊敬的乡绅。

祖耆先生有四子，长子基成，号子兰，膝下只有一女。次子基全，早夭。三子基博（钱锺书生父）、四子基厚，是孪生兄弟。因此，在那个早婚早育的时代，60多岁才抱上孙子的祖耆老先生，其高兴自然是不言而喻的。

钱锺书的大伯父已30多岁，膝下无子，面临着"无后"的危险。祖父便按封建家族的传统规矩，做主把钱锺书"出嗣"给长房，由大伯父抱养。据当地的"风水先生"称，钱家的"风水"是"不旺长房旺小房"，长房往往无后，即使有，也不会有多大出息。大伯父无子，已应了"风水先生"的预言。他为此惊恐不安，领养了钱锺书以后，连夜冒雨到乡下为儿子物色了一个身体健壮的乡下寡妇作奶妈。据说，这个寡妇在中年以后常发呆，人称"痴姆妈"，钱锺书正是吃痴姆妈的奶长大的。

钱锺书出生那天，恰巧有人送来一部《常州先哲遗书》（明清以来无锡是常州府的一个县），大伯父就取"仰望先哲"之意，为他取名"仰先"，字"哲良"，小名"阿先"，家里昵称"先哥""先儿"。但这"先哥""先儿"很容易使人联想到"亡兄""亡儿"之类的不吉利话，于是又改"先"为"宣"，称为"阿宣""宣儿"。兄弟称他为"宣哥"。

钱锺书所生长的无锡是一座得风气之先的近代工商业城市。苏锡常地区从明清以来就一直是全国经济文化最发达的地区，文人辈出。明清时代的进士数量冠于全国，涌现出大量的文人学者与书画名家。近代以后受上海的影响，无锡又成为工商业发展最快的城市。在这个城市中，传统的国学和近代兴起的新学并重，涌现出许多人才。

无锡钱氏是五代时吴越国武肃王钱镠的后代，迁居于无锡的一支，名"堠山钱氏"，钱基博为武肃王第三十二代孙。钱孙卿说："余得姓于彭祖，授世自武肃，实为吴越武肃王三十二世孙世系。"钱锺书曾祖父钱维桢，一字寄香，字榕初，清廪贡生，候选训导，是常州著名学者李兆洛的弟子。祖父虽只是秀才，但伯祖父福炜、熙元都是举人出身。五个兄弟中有两个举人、三个秀才,虽不是十分高的功名,也是相当不容易的。钱家在无锡一直是读书人家①。他的生父钱基博,原名基来,字子泉,光绪十三年(1887 年)二月初二日(公历 3 月 16 日,阴历二月初二相传为孟子生日),与弟基厚孪生。后来历任江苏省立第三师范学校国文经学教员兼教务主任、上海圣约翰大学国文教授、国立清华大学国文教授、私立光华大学国文系主任教授兼文学院院长、私立无锡国学专修学校校务主任、国立第四中山大学国文系主任教授、国立浙江大学国文系教授、国立师范学院国文系主任教授、私立华中大学国文系教授。新中国成立后任华中师范学院中文系教授,1957 年去世。

　　钱基博兄弟读书时科举已经废除,不作八股,但还要作策论,他们既受传统的经史策论的训练,又接受当时的新式教育。钱家的启蒙教育非常严格,“每日饭前,读隔日所授生书、带书、带熟书、熟书,均两遍,以能背为度。饭后,由母与伯兄各背一人,有蹴字,必令重读。再授生书,读二十遍,始许散学。”②所谓的“生书”是刚点读的书,“带书”是前面点读过再带着温习的书。“带熟书”是基本上能背诵的书。“熟书”则是流畅背诵的书。钱基博兄弟接受的是传统记诵的教育。后来钱锺书、钱锺韩也接受这种训练,《四书》《尔雅》都要能流畅背诵,从小打下了良好的功底。

　　旧时儿童有周岁“抓周”的习俗,通过孩子随手抓的东西看他今后的兴趣取向。《红楼梦》中贾宝玉抓周抓的是脂粉,而钱锺书抓到的却是一本书,他的祖父、伯父和父亲十分高兴,正式为他取名“锺书”(锺是辈分)。钱锺书 4 岁时,由大伯父教他识字。大伯父基成与祖父一样,也是个秀才,一辈子读书没读出什么名堂,倒深受不少读书之苦。伯父溺爱锺书,不愿他过早地读书受苦,每天宝贝似的带着他四处游玩,进茶馆,听说书,逛大街,形影不离。生父钱基博看着长兄每天只带着孩子玩耍,荒废学业,心里甚是着急,担心他把锺书宠坏了。但在比他大 14 岁的兄长面前,家教甚严的钱基博也不便说什么,更不敢直接管教

① 钱基博:《堠山钱氏丹桂堂家谱》,钱氏自印本,第 1 页。
② 刘桂秋:《无锡时期的钱基博和钱锺书》,上海社会科学院出版社 2004 年版,第 38 页。

儿子,只好委婉地建议兄长早点把锺书送入学校。1915 年,虚龄 6 岁的钱锺书便进入附近的秦氏小学。秦氏小学是一所私立的蒙学,在家里被伯父娇养惯了的他,也学不到什么东西,只是混混沌沌地学识字、造句,一点也不知用功。上学不到半年,反而生了一场病。有一次大概病得相当重,一家人大为恐慌,手足无措,请来巫祝为之"招魂"①。病好以后,伯父实在心疼他,干脆不让他上学了,就在家中休养。

钱锺书的堂弟钱锺韩是叔父基厚(钱孙卿)家的长子,生于 1911 年 6 月,比锺书只小半岁。兄弟俩常在一起玩,一同读书识字,他们关系很好。后来家里把他们哥俩送往附近一亲戚家上学,随亲戚的小孩一起读私塾,锺书读《毛诗》,锺韩读《尔雅》。每天上学都由家中送去接回,非常不便。不仅如此,几个小孩在一起,难免调皮打闹,不知道用功。大伯父又把他俩接回家中,决定由自己教育。基博、基厚兄弟有些担心,他们的兄长摆出大哥的架势说:"连你们两兄弟都是我启蒙的,我还教不了他们?"两个弟弟当然谁都不敢反对。锺书的父亲与叔叔都有职业,家务由伯父料理。伯父只在下午教他们读书。每天早上,伯父上茶馆喝茶、办理杂事或与熟人聊天,总带着锺书同去,还特意买些大酥饼、猪头肉或酱猪舌之类给他吃。

锺书的大伯父基成本来也是个有才气的人,据说诗写得不错,娶江阴富户毛氏女儿为妻。据杨绛《钱锺书与〈围城〉》里讲:毛氏嫁到钱家后,与婆婆关系不是很好。江阴毛家是做颜料生意发财的暴发户,家里很有钱,光运货的大船就有七八只。而钱家只是当地很普通的读书人家。毛家对钱家这个清贫的读书人家不大看得起。她婆婆孙氏又是石塘湾的大官僚地主,也看不起这个暴发户家的媳妇,婆媳互相瞧不起。毛家人过年过节送礼,只送到女儿那里,几乎不与钱家其他人往来,因此,锺书的伯母很不得祖父母的欢心。伯父中了秀才回家,进门就挨了祖父一顿打,说是"杀杀他的士气"。祖父虽然有两个中举的哥哥,自己也不过是个秀才而已,打儿子行为大概也流露出对媳妇的不满。伯母

---

① 钱锺书曾回忆说:"余儿时在锡、苏、澄习见此俗,且尝身受招呼,二十许寓沪西尚闻邻人夜半为此。招生魂于其迷失之地,中西旧习略同。"见《管锥编》(第二册),生活·读书·新知三联书店 2007 年版,第 966 页。

不仅与家里不和,还爱吸大烟,有所谓"阿芙蓉"癖,伯父也就跟着抽上了瘾,戒也戒不掉,最后弄得离不开家,学问上也一无所成。大伯父因此也很不讨祖父母喜欢。

但钱锺书却是家里的长孙,祖父自然对锺书不一样。而且大伯父对于两个弟弟来说,是很有权威的兄长。大伯父疼爱的儿子,在家里当然有特殊的地位,这是锺韩少年时代就有的深切感受。

第二节 "痴"气的童年

伯父深愧自己没有什么出息,生怕风水先生那下半句预言"即使有子也不会有什么出息"的话不幸言中,连累了宝贝儿子。一天,他私下里花钱向理发店买了好几斤头发,叫一个佃户陪着,悄悄地带锺书来到祖坟。说也奇怪,钱家祖坟上半边的树长得细小稀疏,下边的树却一排排高大茂盛。据风水先生说,上半边的树代表着长房,说明长房人丁不旺①。伯父和佃户在上首几排树的树根旁挖了一个小坑,然后把买来的头发埋到里边去。钱锺书在一边看着,莫名其妙,就问伯父这是干什么。伯父说:"要叫上半的树茂盛繁壮,将来保你做大总统。"那时他只有七八岁,还不完全懂得伯父的意思,但朦胧地感到伯父是为了他好,感到伯父这事都是私下里背着人干的,他也要替伯父保密,将这事埋藏在心底。后来钱锺书始终没有对家里其他人说起过,直到几十年后想起来,心里仍感念伯父对他的爱护。虽然做"大总统"的祈祷并未如愿以偿,但做了大学问家,超过了他家中的所有人,这也许就是"有意栽花花不发,无心插柳柳成荫"吧。

伯父带钱锺书上街时,总要花一个铜板买个大酥饼给他吃。他喜欢看小说,伯父就再花两个铜板在小书铺或书摊上租些小说给他看。锺书在7岁以前已囫囵吞枣地读完了家中所藏的《西游记》《水浒传》《三国演义》等古典小说名著,虽然有许多字还不完全认识,把"猃子"读

———————————

① 后来事实证明,风水先生的话很对。钱基厚(孙卿)家儿女众多,人丁兴旺。

成"岂子",也不知《西游记》里的"猤子"就是猪八戒,但对小说却产生了浓厚的兴趣。读了这些小说,他觉得还不过瘾,又在街头书摊上租了不登大雅之堂、家中不屑收藏的《说唐》《济公传》《七侠五义》等侠义小说,吃了酥饼就钻在书摊里看小说。他完全被小说的故事情节所吸引,陶醉于小说的世界中,一坐下来就津津有味地读,一动不动,连回家也忘了,总要等伯父来叫他,才依依不舍地跟伯父回家。他的记忆力很好,一回到家中,便能把书上的内容原原本本、一五一十讲给两个弟弟听,连人物的对话、武打的场面也记得清清楚楚,讲到兴高采烈时,滔滔不绝,手舞足蹈。他的祖父、伯父和父亲、叔父都很惊奇:这孩子记忆力真好!他不仅记忆力好,口才也好,还善于想象和联想,常常思考一些"可笑"的问题。看了《说唐》以后,他想,《三国演义》里的关公如果进入《说唐》,他的青龙偃月刀只有八十斤重,怎能打过李元霸那一对八百斤重的锤子?可是李元霸那一对锤子到了《西游记》里面,又怎能比得上孙行者那一万三千斤的金箍棒呢?他比来比去,一直纳闷:为什么一条好汉只能在一本书里逞雄?这只是一个孩童的幼稚的想法,虽不免有些可笑,但他从小就善于在阅读中联想与比较,这种好学深思令人吃惊。一般孩子往往满足于读懂故事情节,哪有心思去比较不同书里的几条好汉兵器的斤两轻重?可见他的记忆力和心细程度。如果用学究的眼光看,也许可以说成是做学问的最初渊源吧。在日后的治学中,他常常把古今中外的学问作"比较"研究,可能在很小的时候就有了这种萌芽。

说来可笑,钱锺书能把每条好汉所使用兵器的斤两记得清清楚楚,一点不差,但实际上他那时连阿拉伯数字 1、2、3 都还不认识。

伯父虽然只在启蒙阶段教过他一段时间,但对他一生的影响是非常大的。伯父的宽容乃至纵容,对于钱锺书性格的形成有相当大的关系。他父亲和叔叔都非常严肃、不苟言笑,家里的子弟从小都养成了谨言慎行的习惯,而钱锺书却因为伯父的宠爱,喜欢天马行空的思考,喜欢滔滔不绝地讲话。伯父让他在书摊上随意读小说,也在他幼小的心灵中植了对小说这种通俗文学的爱好。这也与他父亲、叔父一生只研究正统文学大异其趣。他除了正统文学之外,对父祖辈不屑一顾的小说戏曲有着非常浓厚的兴趣。

他小时候的习惯是晚上不愿睡、早晨不愿起。每晚伯父、伯母催他入睡，他不干，就在床上玩起"石屋里的和尚"来。这是他"发明"的游戏，这种所谓的游戏很简单：一个人盘腿坐在帐子里，放下帐门，披一条被单当作袈裟，微闭眼睛，口中念念有词，自说自话，就像一个穿着袈裟、打坐念经的小和尚。这种游戏在一般人看来也许没有什么意思，可是对一个儿童来说就很有趣，好玩得很。钱锺书白天看《七侠五义》《说唐》《西游记》，这些小说一起涌现在他小小的脑袋之中，他随意地发挥想象，编造故事，自娱自乐，叨叨不停地自说自话，自己还兴奋得不得了。他后来过人的记忆力和口若悬河的才能，大概和他这一时期自说自话的"痴气"有些关系吧。

小时候的钱锺书还有绘画的爱好。八九岁的时候，他常用家中包药的透明纸来临摹伯父藏的《芥子园画传》或《唐诗三百首》上面的插图。每临好一幅图画之后，他总要大笔一挥，署上自己的"大名"。这"大名"不是"钱锺书"，而是他给自己取的一个颇有气魄的大号"项昂之"。他佩服力拔山兮气盖世的西楚霸王项羽，"昂之"大约是想象项大王昂首朝天不可一世的气概。虽然在绘画上没成什么气候，但他一生似乎始终对绘画怀有很大的兴趣，只恨自己不善画。钱锺书在上大学以后、欧洲留学之时，绘画都是他重要的业余爱好，在笔记本上画，在夫人脸上画，在女儿肚皮上画，甚至到了不惑之年，兴犹未减，还央求当时正在中学读书的女儿阿圆为他临摹好多西洋"淘气画"。其中一幅画着一个魔鬼逃跑，后部撒着气，拖着浓浓的黑烟，吹喇叭似的，杨绛为这幅"淘气画"取了个"淘气名"《魔鬼临去遗臭图》。后来他家中雇的保姆不识字，要到菜场买东西，也是他画了图让保姆买。杨绛的《我们仨》中还保留下他的一些有趣的画作。绘画也是他表情达意的一种有趣的方式。

除了读小说、画图画之外，还有一件高兴的事就是跟着伯父玩。伯父在他上课之余教他"练功"，用绳子从高处吊下个棉花袋，教他左右开弓练拳，说是打"棉花拳"可以练"软功"。最有趣的是，跟随伯父、伯母到伯母的娘家江阴去玩。伯母娘家是江阴的大富豪，家中除了七八条运货大船之外，还有两个大庄园和十数名庄客。锺书一去，往往就是一两个月，整天跟着外婆家的庄客到田野里闲逛、捕鱼、捉青蛙，优美的田园景色令他着迷。他在外婆家生活得很好，半夜里醒来还有夜宵吃。吃足了，玩够了，穿着外婆给他做得非常侉气的新外褂，神气活现地回家。但一踏进家门就发愁，担心父亲又要盘问他的数学了。

钱锺书在这个大家庭里，地位相当特殊，出嗣给大伯父之后，他就是这一家的长房长孙，有着伯父的宠爱娇惯，没有人敢管教他。在伯父的溺爱之下，他自然学不到什么东西。锺韩放学回家后，有自己的父亲教，而伯父与锺书却是"老鼠哥哥同年伴儿"。锺书的父亲看到儿子连阿拉伯数字"1、2、3"都不认识，暗中着急。他为人忠厚，一贯表情严肃，孩子们对他都很敬畏。他赞成说理教育，不主张体罚，可是当他发现儿子跟着伯父变得吊儿郎当、游手好闲，时常完不成功课，而且晚睡晚起，贪吃贪玩，气得不得了，可是又不敢当着哥哥的面教训他。他只好瞅准时机，俟哥哥一不注意，就把锺书抓去，教他学数学。钱基博与基厚兄弟年轻时曾钻研过数学，父亲曾是薛南溟家的算学教师，可是锺书就是对数学不感兴趣，教来教去，总不开窍。父亲发狠要打，又怕哥哥听见，只好使劲拧他，还不许他哭出声来，不准让伯父知道。锺书就这样忍着痛不哭，也不说。后来，伯父看到锺书晚上脱下衣服，身上青一块、紫一块，又气又恼又心疼，很生气地把锺书的父亲训斥一番。由于伯父的宠爱纵容，其他人不敢管他，锺书在家里的兄弟中也以老大自居。他的兄弟，亲的、堂的共十人，不管他和哪一个人吵架，都是他有理。他养成了自高自大、目中无人的态度，对什么人、什么事都不在乎，敢随意批评、挖苦和当面嘲弄。当然，一见到表情威严的父亲，就立刻闭嘴了。

小时候的钱锺书体弱多病，据说也与"风水"有关。他家那时是租居流芳声巷朱氏的旧宅。这座住宅共有三进，最外一进房子是叔父钱基厚一家住的，伯父、伯母和他住在中间一进，他的父母亲因侍奉祖父，住在最后的堂屋里。这是一座明清时代的老式宅院，房子阴暗潮湿，据说自从他家搬进去以后，他便一直没有离开过药罐子。这所房子有"凶宅"之称，孩子们听到有鬼都害怕，锺韩怕鬼，但锺书胆子比较大，他经常冷不丁地喊"鬼来了"吓唬锺韩，看锺韩又叫又逃，他非常开心。

当时，有个女裁缝经常带着女儿来他们家做活。裁缝的女儿是个

10岁左右的小女孩，人长得小巧漂亮，名唤宝宝，比锺书、锺韩还大两三岁。有一次锺书、锺韩乘宝宝不备，抓住她，把她按倒在大厅的隔扇上，锺韩拿着一把削铅笔的小脚刀在她身上比划着要刺她，吓得宝宝大哭大叫，直到大人们听到哭声把两个恶作剧的小孩赶跑了事。杨绛说，这可能正是孩子"知慕少艾"的自然表现。他俩大概受到荆轲刺秦王或张良椎秦博浪沙的故事启发，在此刻碑纪念。锺韩手巧，就在隔扇上用刀刻下"刺宝宝处"四个字。还有一个恶作剧是锺书自己干的。可能是看小说看的，有一次他突发奇想，试图在后院里寻找人参，一个人在院中刨来刨去找人参，结果人参没有挖到，却挖到院中一棵玉兰树的根，差一点把玉兰树挖死。小兄弟俩只顾游戏玩得痛快，但在退还租房时，家里却为他们的"游戏"付出了不小的代价，一一赔偿了房东的损失。

第三节　钱家与杨家

钱锺书在无锡混混沌沌地玩，而远在北京的杨绛却已是家里很听话的乖孩子了。杨绛的父亲杨荫杭自1906年逃亡出国，先在日本早稻田大学研究科读书一年，获得法学学士学位。后又转入美国，在宾夕法尼亚大学获得法学硕士。1910年回国，在北京一家法政学校授课。当时为宣统皇帝辅政的肃亲王耆善得知杨荫杭是精通东西方法律的专家，这位较开明的王爷便邀请他晚上到王府讲法律。杨绛于1911年7月17日生于北京。她刚出生不久，也就在辛亥革命前夕，杨荫杭辞职回南方，到上海《申报》馆当编辑。临行前，肃亲王拉着他的手，友好地与他道别，并说："祝你们成功。"民国政府成立后，杨荫杭在苏州出任江苏省高等审判厅厅长，后来民国政府规定本省人回避本省的官职，杨荫杭就调任浙江省高等审判厅厅长，移居杭州。在浙江任上，杨荫杭坚持惩治杀人的恶霸，对维护恶霸的省长屈映光不肯让步，遭到怨恨。屈映光入京晋见袁世凯，告了杨荫杭一状，说："此人顽固不灵，难与共事。"恰巧袁世凯的机要秘书张一麐是杨荫杭北洋大学时的同窗老友，杨荫杭因此才没有吃大亏。袁世凯亲笔批了"此是好人"四个字，杨荫杭就由杭州调入北京,任京师高等检察长①。

　　杨绛原名季康,是家中的第四个女儿。家里四个姐妹,两个姐姐跟着二姑母在上海启明女校读书,父母带着三姐与她回北京。那时,她的三姑母杨荫榆已经在北京女子高等师范学校任学监。杨绛五周岁(1916年)时进入女高师附小读书。杨绛从小就是父母的乖孩子,三姑母也很喜欢她。三姑母做女高师学监时,经常到她们的附小来转转。一次,杨绛正与小同学们在饭堂吃饭,三姑母杨荫榆带领几位客人来参观,顿时全饭堂肃然,大家都不敢说话了,低着头专心吃饭。小季康背门坐着,饭碗前面掉了好些米粒。三姑母从她旁边走过,附在她耳旁悄悄说了一句话,一向听话的季康赶紧把饭碗边的米粒捡在嘴里吃了。小伙伴儿见杨季康都这样做了,一个个都把掉在饭桌上的米粒捡起来吃了,三姑母对她们露出满意的微笑②。

　　杨绛的三姑母当时还是个很和蔼的女青年,一点不像后来那样怪僻,很得女高师学生的尊敬爱戴。那些女大学生也喜欢杨季康,常常带她到大学部去玩。1917年张勋复辟时,她们全家没有逃离北京,三姑母带她先到其父亲杨荫杭的一个英国朋友波尔登先生家中,后来父母及全家都来避居。1918年,三姑母杨荫榆由教育部资送赴美国哥伦比亚大学留学。

　　杨绛的父亲杨荫杭官位虽然并不是很高,但他为官正直,执法不阿,为维护"民主法治",不计较个人的得失安危。1917年5月,他把贪污巨款的交通总长许世英传讯拘押起来,不准保释。许世英来头很大,动用许多人对杨荫杭施加压力,一夜间电话铃声不断,都是民国政府的权贵和杨荫杭的上司打来的,为许世英说情,要求放人。但杨荫杭始终顶住压力不放。第二天,杨荫杭就被停职审查了,并停发薪水。尽管这样,他仍不屈服。1919年秋,他递交辞呈,没有等到辞职照准,就带着一家回南方了。杨绛就随着父母回到无锡。

　　父母觉得原来的老宅子太小,临时在无锡沙巷租了一所旧房子,但

---

① 杨绛:《回忆我的父亲》,《杨绛作品集》(第二册),中国社会科学出版社1994年版,第71页。
② 杨绛:《回忆我的姑母》,《杨绛作品集》(第二册),中国社会科学出版社1994年版,第113页。

不太满意,想再寻找合适的住房。有一天,亲友为杨家介绍一处住房,杨绛的父母带着她一同去看房子。后来才知道,那所房子正是钱锺书家当时住的流芳声巷的旧宅。这是杨绛第一次到钱家去,不过她并没有见到钱锺书。只见到一个女眷,大概是钱锺书的婶母,说:他们家自从搬进来以后,就没有离开过药罐。钱家虽然嫌房子阴暗,但一时还没有找好房子搬出。杨绛的父母也没有看上这所房子。杨家住的房子也和这所宅院差不多,一进去就生病,而且都是很重的伤寒病。她父亲就是这样病倒的。杨荫杭病得很重,他只信西医不信中医,但西医对之束手无策。杨绛母亲便自作主张,请无锡当地的有名的老中医来看,一把脉说是伤寒,但已经无医可治,说病人完全没有指望了。杨荫杭的老朋友华实甫(也是钱锺书父亲钱子泉的好友)那一晚也来探望,他也是无锡很有名望的中医,在杨绛母亲的乞求下,答应试试看,"死马当作活马医",开了一个药方。服过以后,居然很有效,后来竟然渐渐地好了起来。所以他们一家一直把华实甫看作"救命恩人"。

一场重病使本来经济就不太宽裕的杨家更加困难了,多亏几个朋友的资助帮忙,才渡过了难关。杨荫杭病好以后,1920 年秋,为了谋生又到上海《申报》社任副编辑长,并重操律师旧业。杨绛也就离开了无锡,随父母去上海①。

20 世纪,西学东渐,得风气之先的江南文化滋养了钱锺书的灵秀之气,世代相传的文人家学给予了他先天良好的基因,宽容的伯父为他营造了一个自由的成长环境,父亲严格的教育训练激发了他的天赋。

① 杨绛:《回忆我的父亲》,《杨绛作品集》(第二册),中国社会科学出版社 1994 年版,第 77 页。

第二章　癫狂与灵秀

第一节　东林小学里的顽童

1920 年夏天,钱锺书与锺韩一同考取了东林小学一年级。东林小学坐落在历史上著名的东林书院旧址上,是无锡县立第二高小,学制四年。刚入学不久,伯父去世了,锺书还没有放学,家里派人来把他叫回。他听到这突如其来的消息,一路哭,一路跑,叫着"伯伯",急急忙忙奔回家中,扑倒在伯父身边,又哭又叫,但伯父再也听不到他的声音了。锺书从感情上对伯父最亲,想起伯父对自己的关心、爱护,他哭得很伤心。伯父去世后,伯母除掉长房应供养祖父的月钱以外,其他费用全由锺书的父亲一人负担,锺书的学费、书籍费当然也全由父亲缴付。因此,父亲实际上也就收回了对锺书的教育权①。

但锺书心里仍旧怀念着伯父。对他来说,伯父是那样的慈祥和蔼,可亲可近。相比之下,父亲总是一脸严肃板正的表情,他觉得对父亲有几分畏惧、生疏、隔阂。学期中间需要添买新的课本,锺书从不向父亲伸手要钱,也就没有买课本,上课只是仰着脸听课。因为从小贪看小说的缘故,把眼睛看坏了,相当近视,也没有想到要父亲为他配眼镜。坐在教室的后排,上课时看不见黑板上的字,老师讲什么他都茫然不知。

---

① 杨绛:《记钱锺书与〈围城〉》,《杨绛作品集》(第二册),中国社会科学出版社 1994 年版,第 144 页。
　本章中关于钱锺书少年时代的事,除注明出处外,主要依据此文。

就连他用的练习簿还是伯父生前亲手用纸捻为他订的毛边纸本，没有行格，写出的字歪歪斜斜。上英文课时，练习英文书法要用钢笔，刚开学时，他还有一支笔杆、一个笔尖，安装起来凑合使用。可是用了不久，笔尖折断了，又没有钱买钢笔，他居然急中生智，用毛竹筷子削尖了头，蘸着墨水写，但竹筷不吸墨，只能蘸一下划一道，写成的字有粗有细。不小心本子上就会滴上几滴墨水，把本子弄得一塌糊涂。奇怪的是，有这么多困难，他竟然从不对人讲，也从没有想到向父亲要钱买书、买笔、买本子。他的性格从小就是这样倔傲，万事不愿求人。这种对什么都不在乎、散散漫漫的性格也有点像他的伯父。

弟弟们、同学们都已穿上皮鞋洋袜了，钱锺书还穿着布袜和木板钉鞋，而且还是伯父生前穿的钉鞋。伯父的鞋太大，像个小木船，穿上没法趿拉，亏他想得出来，在鞋头塞些纸团缩小空间。一次下雨，他上学走到半路，看见许多小青蛙满地蹦跳，就脱了鞋，捉了一些青蛙放在鞋里，光着脚抱着两只大鞋上课去了。上课时，他把盛着小青蛙的鞋子放在桌下，一边听课一边玩，不小心青蛙纷纷从鞋里逃了出来，在教室里满地蹦跳，同学们都忙着看青蛙，窃窃嬉笑。老师查出这青蛙都是他弄来的，气得把他拉出来罚站。还有一次，他玩的把戏是射弹弓。别的同学都在聚精会神地听课，他却摸出口袋里装着的小泥丸，用弹弓射人。一个同学冷不防被他弹了一下，顿时大嚷起来，老师便又把他拉出训斥、罚站。他一边站一边乐，混混沌沌，一点都不觉得羞愧。

钱锺书在东林小学几乎没有正正规规地听过课。他对上课不感兴趣，不管是国文课、英语课还是数学课，他都不听，也不看课本，上课时只顾看自己拿的小说杂志。然而他的国文成绩却出奇的好，小楷虽然写得潦潦草草，用墨很淡，难得能有个字规规矩矩地写在方格之中，但是老师对他的文章评价却很高，非常欣赏他的文采，常常在校园揭示栏内展示他的文章，并常给他"眼大于箕"或"爽若哀梨"的佳评[1]。姚方勉《三年东林小学生活》说："三年中给我印象最深刻的也有好几位同

① 邹文海：《忆钱锺书》，沉冰：《不一样的记忆——与钱锺书在一起》，当代世界出版社 1999 年版，第 80 页。

学。……记得在再得草庐后面的走廊里，设有一个学生成绩的揭示处，我曾见到过许多好文章，其中署名的大多是钱锺书、钱锺韩、孙佐钰、姚宏眉等同学。他们是我上一届同学，因此引起我的注意和敬佩。有的文章，开头就用一个'夫'字，我初见时，不知其意，原来钱、孙等同学，家学渊源，对古文已有较深的造诣，发语词作语助的'夫'字，早已见多用惯。……钱锺书、钱锺韩昆仲是有杰出成就的杰出人才，我对钱锺书先生小学时代的音容笑貌还记得比较清楚。他眉目清秀，声音清脆，走路姿势，不同于一般同学。作文篇篇都是好文章。小学毕业，兄弟俩考上苏州教会学校桃坞中学。某日返母校探望级任教师须先生，师生交谈时，我亦在座。听他讲述桃坞中学的外籍教员都住校，随带家属。外国孩子与中国学生同玩耍、开玩笑，把孩子的手帕，放在他的背上，孩子俯身寻找不着，引起中国学生的阵阵笑声。须先生和我听了也都发笑。"（见《无锡文史资料》第 22 辑）

这时，他父亲钱基博正在无锡江苏省立第三师范教书，钱锺书每次放学后，总要先到三师父亲这里来看书，然后随父亲一同回去。钱家有一个良好家风，对学校里布置给孩子的作业不多过问，课外却为他们再布置一些学习内容，如读文史著作、写议论文章。基博、基厚兄弟还有一个观点，就是看不起教科书，因为那些都是无名小卒编写的，要读书，就要读大本的名著①。这些对钱锺书的影响很大。小小年纪，他已经会做些小考证文字，例如他考证出所谓巨无霸腰大"十围"的"围"，并不是人臂的一抱，而只是四个手指的一匝，等等。钱基博对长子，外表虽然严肃而心中暗喜，并引以为傲。钱穆在后来写的《师友杂忆》中回忆说："余常至其（指钱基博——引者注）室，时其子锺书方在小学肄业，下学亦常来室，随父归家。子泉时出其课卷相示，其时锺书已聪慧异常人矣。"②可见父亲私下里对他的欣赏。

但锺书的数学却很不好。父亲固然不高兴，但最担心的还不是他

① 钱锺韩：《谈自学》，《钱锺韩教授文集》，东南大学出版社 1994 年版，第 224—225 页。
② 钱穆：《师友杂忆》，岳麓书社 1986 年版，第 115 页。此节时间或有错误，钱穆进入三师时是 1923 年秋之后，此时钱锺书已经进入中学，不在无锡，当是 1922 年之前。见傅宏星《钱穆〈师友杂忆〉三师事补正》，《长沙理工大学（社会科学版）》2012 年第 7 期。

的数学，而是他的性格。钱家是个诗礼之家，家教极严，恪守孝悌礼义，长幼有序，循规蹈矩，但锺书由于伯父的宠爱娇惯，养成了狂傲自负、目空一切、信口开河、胡说乱道的坏脾气。钱锺书与锺韩在一起时，锺韩不大讲话，寡言少语，好学深思，只有他一人整天海阔天空地说个没完，一不高兴便随便骂人，不仅对弟弟妹妹如此，对老师、长辈也不在乎，从不会说别人的好话，而多尖刻的冷嘲热讽。父亲担心他这种脾气会得罪人，于他今后不利，因此特为他改字"默存"，意思是告诫他沉默少言，存念于心，也可以理解为三缄其口，全身远害，"以默获存"。这两字对少年钱锺书来说并没有起到什么明显的作用，倒是年过半百之后，因为所处时代的关系，他才真正做到了"以默获存"。

1923 年，14 岁的钱锺书与堂弟锺韩又一起考入美国圣公会办的苏州桃坞中学。家里为他们准备了衣服、行李、书费、学费，送他们俩到苏州去上学。

第二节　锋芒初露

桃坞中学是教会学校，中、英文课程分班上课。钱锺书和钱锺韩入学时，因为国学有根底，所以他们国文、中国历史等课直接跳到初中二年级上课，而英文、数理等课程则在初中一年级上。

据钱锺韩先生回忆：钱锺书初入学时，仍不知用功。英语成绩也并不显得突出。桃坞中学每年都要举行中文和英文作文竞赛各一次，初、高中各年级学生平等参加、平等评选，结果公开发榜。入校不久，钱锺书第一次参加竞赛，就取得了中文竞赛全校第七名的成绩。一个刚入校的初中新生取得了这样高的名次，这在桃坞中学是史无前例的。因此，大受学校校长和老师们的青睐，并作为特别保护的对象。尽管此后他的数学成绩很差（其实他根本不学），却仍因他的中、英文成绩特别好而被保护过关。

钱锺书在桃坞中学开始显示其国文天赋，他喜欢随心所欲地自由发挥，特别不愿意按部就班地逻辑推理，因此，他对数、理、化等课程深恶痛绝，只有生物学成绩优秀，但这并不是听课获得的，而是因为他爱读严复译的赫胥黎《天演论》，对严复的才辩非常佩服（他后来曾在赠友人的一首诗中赞扬"子乡严又陵，才辩如炙輠"），对严译思辨精微、文辞深奥朴茂非常感兴趣，无意中获得了不少生物学知识。

桃坞中学是美国圣公会办的教会学校，由教会派外国传教士当校长，外语课也由外籍教师任教，其他课（如中国地理）也是全用英语讲课。钱锺书入学后逐渐喜欢上了英语，成绩在班中开始名列前茅。但是他从不上英语课，也不看英语教科书，上课时也不怎么听，而是低头看自己的东西。他迷上了外文原版小说，一本接一本阅读，看得很快而且很有兴趣，这样便相当快活地度过了上课时间。每次考试时，他的英语成绩都很好，在班上总是第一。别人觉得纳闷，但他受父亲和叔父的影响，形成一种观念，认为：上课用的教科书是教师编写的，编得再好也是教科书式的英语，只有英文原著才是地地道道的纯正的英语，所以学英语应当从读原著入手。他在这所中学里阅读了《圣经》《天演论》等不少西方文学、哲学原著，英文成绩突飞猛进。到了初中三年级，他的中英文成绩高居全校学生之首，且明显地高出一般同学许多。但他的英文完全自学，既不能归于家教，也不能说得益于听课，而是他语言天才的体现和大量阅读外文原版书的收获。连外籍教师也夸奖他的英语地道纯正，不夹杂一点中式英语的腔调。

因为中英文成绩很好，钱锺书在校内颇受器重，老师让他当了班长。但是，钱锺书在生活方面确实有点"痴气"。比如，他总不记得自己的出生年月，不分东西南北，一出门就迷失方向，穿鞋子不分左右反正，以前穿布鞋时左右混穿还无所谓，后来到苏州上中学，穿了皮鞋，仍然左右分不清楚地乱穿。穿衣服不是前后颠倒，便是内外不分，清早起来穿内衣时颠来倒去几次，还会穿反。最出洋相的是上体育课，他的英语口令喊得相当洪亮、准确，但他自己却左右不分，乱站乱看，口令喊对了，自己却糊里糊涂地不会站，常常闹得全班哄堂大笑，自己还莫名其妙。

老师看出来他根本不是做"官"的料，因此，只当了两个星期班长，就被老师免了，他也落得轻松自在，如释重负。

1924年，父亲钱基博应聘到清华大学任教授。过寒假时，因为路途遥远，没有回家。父亲不在家，别人也不来盘问他的功课。钱锺书少了管束，一个假期中，除了古典小说以外，他痛痛快快地读了一大批小说杂志，诸如《小说世界》《红玫瑰》《紫罗兰》等等。后来他又发现了一个新天地，一个在《水浒》《西游记》《聊斋志异》之外的新的世界，那就是商务印书馆发行的两小箱"林译小说丛书"。以前他看过梁启超译的《十五小豪杰》、周桂笙译的侦探小说，都觉得沉闷乏味，接触到林译小说后，他才知道西洋小说那么迷人。他把林纾译的哈葛德、狄更斯、欧文、司各特、斯威夫特的作品反复地阅读。看哈葛德的《三千年艳尸记》里的惊险场面时，他紧张地瞪着眼睛，张着嘴巴，连气都不敢透一下。那个时代的小孩，既无野兽影片可看，又没有动物园可逛，只能见到走江湖的人耍猴把戏或者牵一头疥骆驼卖药，还有什么比西洋冒险小说更带劲、更吸引人的？这也成了他日后进大学后选择外文为专业的最直接原因，以后可以尽情地看这一类外国小说①。

　　暑假又到来了，父亲还没有回来，钱锺书仍像寒假一样贪看小说杂志。不料暑假过了一半，父亲一天夜里突然回来了，他措手不及，非常狼狈。父亲回来后第一件事就是命令他和锺韩二人各作一篇文章，锺韩的文章写得条理清楚，议论平正，措辞文雅，而锺书大概是因为看小说、杂志和其他杂书太多了的缘故，写的文章不文不白，词意怪诞，用字庸俗，字又潦草。父亲恨其荒疏学业，非常生气，狠狠地把他打了一顿。钱锺书自惭自悔，独自坐在大厅上呜呜地哭。

　　自从这次被打以后，钱锺书开始发愤用功。他认真读了《古文辞类纂》《骈体文钞》《十八家诗钞》等书，读书作文大有长进。他的治学态度由此也起了很大转变，由偷懒变为自觉，由杂览变为专攻，但仍然以自己的兴趣为主。当然，他的转变绝不是怕挨责打。钱锺书个性要强，受捧不受压，他在桃坞中学初露头角，出类拔萃，受到校长老师的重视，更受到校内崇拜佩服他的一些同学的捧场。这些被他吸引的人并不一定是班上的好学生，但这大大激发了他的自尊心和自信心，给了他极为有

---

① 钱锺书：《林纾的翻译》，《七缀集》，生活·读书·新知三联书店2001年版，第80—81页。

利的发展环境,确立了他在学习上(主要是国文和英文方面)出人头地的愿望。他也似乎从中发现了自己的天才和出路,从此有了超越别人的信心,这种信心又为他增添了发奋读书的动力。

1927 年,北伐军占领江浙沪一带,新政权规定不准把基督教《圣经》作为学校必修课,引起了教会的抗议。美国教会宣布停办学校,以示抗议,桃坞中学也停办了(不过停办一年之后又恢复了上课)。学校停办后,锺书和锺韩又一同考入无锡辅仁中学。

无锡辅仁中学不是正式的教会学校,没有外国资助,而是无锡圣公会的中国会友集资创办的私立学校。学校靠学生交的学杂费来维持,办学条件要比桃坞中学差得多,但课程内容还能跟上时代,特别是比较重视理工课程,因此,毕业生更容易考上国立大学。当时正值新旧学制交替之际,旧学制系中学四年,大学预科两年,本科四年;新学制初中三年,高中三年,大学四年。辅仁中学已采用新制。钱锺书在转到辅仁中学后的两年多时间里更加发奋了,他读了大量的中外书籍,打下了坚实的基础,而且这时有他父亲的管教,他比以前更用功,学业上有了更大的进步。据他的中学同班同学张照回顾:钱锺书中学时英语作文几乎都是 A+++的成绩。某次美籍英文教员改动了他英语文章中的一个词,钱锺书意有不惬,给英文教师连写七封长信(七纸长信),遍引英文经典著作,以为自己用词的例证①。

父亲学风严谨平实,长于说理论事,而锺书才华飘逸,文辞华丽,狂傲自负,其文风、学风与其父大异其趣。他不怎么按父亲教的方法作文,而经常别出心裁,在古文中镶嵌些骈词俪句,翻新出奇,辞藻华美,倒也颇得父亲嘉许。作文时,他从不须翻书找资料、查字典,总是一气呵成,不管引用什么内容,他都能依靠记忆,信笔直书,写作神速,倚马可待。因此,父亲常令他代自己写书信,由口授到代笔,由代笔写信到代写文章。子泉老先生逐渐发现儿子在文学上的天才,他暗暗高兴,料想此儿今后定非平庸之辈。自此,钱锺书就不复挨父责骂,而成为父亲引为自豪的儿子了。一次,他代父亲为乡下某大户人家作了一篇墓志

---

① 沉冰:《钱尘梦影》,《不一样的记忆——与钱锺书在一起》,当代世界出版社 1999 年版,第 359 页。

铭,写成后交给父亲。父亲在房中默念一遍,不禁深为感动,不住地对锺书的母亲夸奖文章写得好。痴姆妈听到后很高兴,马上把这消息告诉了钱锺书:"阿大啊,爹爹称赞你呢!说你文章做得好!"后来,商务印书馆要出版同族前辈学者钱穆的专著《国学概论》,钱穆与钱基博最为友善,请钱基博作序,钱基博就让锺书代笔。钱锺书略加思索,很快就写好了。父亲慎重地推敲了几遍,最后还是一字未动,交给了钱穆。这篇序便以钱基博的名义冠于钱穆的《国学概论》书前,由商务印书馆出版了。外人甚至连钱穆本人,一直都没有看出这序出自钱锺书之手。

1929 年 3 月 21 日,他的伯母毛夫人去世。虽是伯母,但情同生母,钱锺书写了一篇典雅哀婉的《先妣毛夫人行略》,发表在《南通报》文艺附刊 19 号(1929 年 5 月 2 日)上。这是迄今能见到的钱锺书公开发表的最早的文字,已经很有文采,如曰:"夫人旧恨在心,新悲填膺;哀可知矣,疾乃深焉。自此三岁,病躯婵媛,起伏迭有,而后差不及前差,后剧必甚前剧。古人示疾,尝以致叹;昔闻厥语,今见斯情。"又说:"锺书每离膝前,夫人翘思一室,居者之情,盖与行者共之,深恩浃肌,而今奚恃;危涕坠心,云胡得已。"在自由流畅的古文中镶嵌点缀些骈词俪句,整饬之中又有灵动之气,文字已经相当老练。

这时钱锺书和锺韩同在一班,他们的成绩都在学校名列前茅。他们俩刚转入辅仁中学上高二时,学校举行了国文、英文、数学三门课程的全校竞赛。钱锺书得了国文、英文两个全校第一名,钱锺韩得了国文、英文两个第二和数学第一。钱氏兄弟俩以绝对优势压倒高年级优秀生,在校内引起了极大轰动[1]。

在六年的中学生涯中,钱锺书不能算是循规蹈矩的好学生,但可以说是勤奋好学的好青年。除了特殊的天赋外,他相当勤奋。这种勤奋刻苦的动力来源于兴趣,来源于对文学的热情。利用所有的时间来读书,如海纳百川,巨细无遗,为后来的学问打下了良好的基础。

① 闵卓:《一个开拓者的生活道路》,《人物》1980 年第 5 期。

第三节 数学十五分,考入清华大学

1929年夏,钱锺书与锺韩高中毕业,一起报考全国最高学府——清华大学。锺韩报的专业是理工科,而钱锺书自然是要报文科了。但他没有按照父亲的意愿报中国文学,而是根据自己的兴趣选择了外国文学专业,其动机很简单,那就是受"林译小说"的影响,他想以后能痛痛快快地阅读哈葛德以及所有西洋作家的探险小说,而且是看原著。

入学考试时,钱锺书拿到数学试卷,一道道阿拉伯符号构成的数学题看起来像天书似的,几乎都不会做,草草地做了一些,也不知对错,便交卷了。发榜以后,才知道数学只考了十五分。后来清华校园里还传闻他的数学考了零分,他的小学同学邹文海后来写的《忆钱锺书》也说考零分。但杨绛《记钱锺书与〈围城〉》里,钱锺书本人准确地记得他确实考了十五分。按照清华大学招生规定,只要有一门课程不及格,就不予录取,他的数学考得这么差,应当说是一点希望都没有的。可是他的国文和英文成绩都是全校第一名,英文还是满分。按照总成绩,他已排在第五十多名。负责招生的老师不敢做主,便把他的成绩报告了当时的清华大学校长罗家伦(志希)。罗家伦看到钱锺书的国文、英文成绩,特别兴奋,赞叹备至,不管清华大学的规定,打破常规,做主录取了钱锺书。

堂弟钱锺韩这次考试中总分名列清华大学第二名,同时考上了清华大学和上海交通大学。为了显示与堂兄的道路不同,他放弃进清华大学而选择了上海交通大学。这样兄弟两人分道扬镳,走上了文、理两条不同的道路。但他们以后在各自的专业领域内都取得了非凡的成就。锺书、锺韩是手足情深的兄弟,又是形影不离的伙伴,还是暗中较劲的竞争对手。两人的兴趣、性格有很大差别,但各有各的长处,谁也不甘服输。钱锺韩的性格与学风,反倒与伯父钱基博更接近,性格沉静少言,数理课程更有天赋,成绩很好,钱锺书则恰恰相反。但在文学上,锺韩尽管很用功,成绩很好,但总觉平庸,赶不上堂兄。郑逸梅《艺林散叶续编》说:"梁溪钱基厚与钱基博为昆仲,俱有文名。基博子锺书,基厚子锺韩,幼同学文,但锺书文思敏捷,为锺韩所不及。"因为钱家是个衣钵相传的旧学家庭,很重文史学问,因此锺韩的父亲孙卿先生常常责骂锺韩"你真笨"。锺韩心中常觉得家里有个天才,日子真不好过,便用长舍短,改弦易辙,从事数理研究,这也许是钱锺韩专攻理工的原因吧。少年时代的生活对人的一生影响非常大,就是后来与堂兄不在一起,锺韩的脑子里始终有个咄咄逼人的长兄影子,鞭策自己不能落后。钱锺韩后来上上海交通大学,也到英国留学,成为我国著名的自动控制理论及应用专家,曾任东南大学校长、江苏省政协主席、中国科学院院士、国务院学位委员会委员、东南大学博士生导师等。钱氏一门学者众多。锺书兄弟几人,二弟钱锺纬、小弟钱锺英、堂弟钱锺泰,都是成就斐然的学者、专家。

父亲对钱锺书的才华很欣赏,深信他以后会成大器。1929年秋季,钱锺书考入清华大学后,父亲命他经常往家中写信,汇报他的学业收获。锺书因为代笔父亲写信得到锻炼,写这类客套信尤其神速,从不起草,提笔就写,八行笺上几次抬头,写来恰好满页,不多一行,也不少一行。谈学业,谈学问,谈校内生活、师生交往,一一向父亲汇报,而又趣味横生。父亲把他的每一封家书都珍藏起来,精心贴到一个本子上,共有厚厚的许多本,并亲手贴上题签《先儿家书》(一)(二)(三)……从大学阶段起,直至1957年老人家去世。在父亲去世后整理遗物时,钱锺书才惊奇地发现父亲完整无缺地保存了这么多《先儿家书》,心中不禁恻然。他把这些书信珍藏着,作为对父亲的怀念。可惜到了"文化大革命"初期,怕造反派抄家,只好一把火烧掉。

源自西方的学校教育体制必然带来专业与学科的划分,越来越细,越来越专业。而中国传统的家学是学校教育有益的补充,钱锺书的成长当然离不开学校教育,似乎更得力于家学的培养。严格的学术训练,为他后来的发展打下了良好的基础,父亲宽松自由的学术环境则给了他广阔的发展空间。如果他没有选择西方文学作为自己的大学专业,很可能就没有后来的钱锺书了。

第三章 清华才子

第一节 "横扫清华图书馆"

钱锺书入清华大学不久，即闻名校园，不仅仅是因为数学只考了十五分，更主要的是他的国文、英文天才，使得同学们惊叹不已，佩服得五体投地。

清华大学名流学者云集，钱锺书入校时，所在的外文系的教师中就有许多名教授，文学院长杨振声，系主任为王文显，教授中有叶公超、温源宁、吴宓，外籍教师有德籍普来僧(Von Plessen)、英籍瑞恰慈(I. A. Richards)和美国人毕莲女士(Miss Bile)、翟孟生(R. D. Jameson)以及温德(R. Winter)等名教授。这些教授都是掷地有声的学问家，在国内外都有很大的影响。如叶公超只有 25 岁，是留学英国的著名诗人、学者，曾颇受 T. S. 艾略特的欣赏。他教大一英文，以《傲慢与偏见》为读本；温源宁也是一个很年轻的教授，教 19 世纪文学及批评两科；吴宓是哈佛大学欧文·白璧德的高足，教古典文学及浪漫诗人两科；王文显是以创作英文喜剧知名的剧作家、英国皇家莎士比亚学会会员，教莎士比亚戏剧；瑞恰慈是英国剑桥教授，世界闻名的文学批评和基本英语学者，教大一英语及大四文学批评。除了外文系，研究中国文学、历史、哲学的名人也很多，如赵元任、陈寅恪、冯友兰、张申甫等，可谓名家辈出，群星灿烂。

最能吸引钱锺书的当然是清华藏书丰富的图书馆了。他最大的志愿是"横扫清华图书馆"。他是闻名全校的才子,但学习的刻苦也是超人一等的,给清华的同学和老师留下极深刻的印象。他的同班同学许振德(大千)数十年后在一篇《水木清华四十年》的文章中回忆说:"锺书兄,苏之无锡人,大一上课无久,即驰誉全校,中英文俱佳,且博览群书,学号为八四四四号。余在校四年期间,图书馆借书之多,恐无能与钱兄相比者。课外用功之勤,恐亦乏其匹。"另一同学饶余威在《清华的回忆》一文中也说:"同学中,我们受钱锺书的影响最大,他的中英文造诣很深,又精于哲学及心理学,终日博览中西新旧书籍,最怪的是上课时从不带笔记,只带一本与课堂无关的闲书,一面听讲,一面看自己的书,但考试时总考第一。他自己喜欢读书,也鼓励别人读书。他还有一个怪癖,看书时喜欢用又黑又粗的铅笔划下佳句,又在书旁加上他的评语,清华藏书中的画线和评语大都出自此君之手笔。"《乔冠华晚年自述》说:"还有一个印象很深的同学,到现在大家都很知道,就是钱锺书。他是我的图书馆的朋友,不过我们两个喜欢读的书不太一样。我整天都在看马克思、列宁的书。他涉猎的范围非常广泛,西洋的、中国的。我的印象是,他对马克思主义那些东西没有很大兴趣。我从他的言谈当中感觉到他对国民党那套也并不感兴趣,是一个真正的书生。后来,他还是和我们走到一起了,在学术方面做了很多工作。"

其实,钱锺书说他自己上课也带笔记,只是从来没有记过课堂笔记罢了。他上课专读课外书,并不认真听课。他在课堂笔记本上不是练书法,就是作图画,从没有记过听课内容。尽管钱锺书上课不听课,也不记笔记,但他的考试成绩总是最好。他曾有两个学年成绩"甲上",一个学年得到清华超等的破纪录成绩,四年中三年第一,最后一年无成绩记录,因为临近毕业,华北局势动荡不安,有许多学生纷纷离校,俱未参加毕业考试①。

钱锺书的工夫都用在了课外,课外的读书笔记做得最勤。他宿舍内的书架上和桌上到处摆满一摞摞的笔记本,有一尺多高,这都是他在

---

① 秦贤次:《钱锺书这个人》,《联合报·副刊》1979 年 6 月 5 日;又见《钱锺书传记资料》(第一辑),(台北)天一出版社 1985 年版。

清华读书的心得。从中明显看出父亲对他的影响。钱锺书后来回忆自己在清华的学习生活,说:"及入大学,专习西方语文,尚多暇日,许敦夙好。妄企亲炙古人,不由师授。择总别集有名家笺释者讨索之。以注对质本文,若听讼之两造然,时复检阅所引书,验其是非,欲从而体察属词比事之惨淡经营,资吾操觚自运之助。渐悟宗派判分,体裁别异,甚且言语悬殊,封疆阻绝,而诗眼文心往往莫逆暗契。"①虽然这里讲的是学习古典诗文的经过,但他对中外文学都是一样的,都是直接接触文学原著,不由师授,古今中外的哲人大师才是他亲炙问学的老师。所以尽管他上课从不听讲,却学到了比课堂上多得多的知识。广泛的阅读使钱锺书获益匪浅。如在大二时,他上外籍教师翟孟生的"西洋文学概要"、瑞恰慈的"西洋小说",这些课本中涉及的所有小说他都读过,无怪乎他的成绩超常出众了。在清华大学上冯友兰的逻辑学课时,钱锺书有一次在同学常风瑑的笔记本上立即写出冯先生引用阿里斯多德话的英文书原文,着实让同学们大吃一惊②。

清华当时由于学生少,同学不分系班,来往都很密切,各个系科的课也可以随便听。大家常常在课余时间聚坐于校内的咖啡室内,一边喝咖啡、柠檬汁或红茶,一边随意聊天。一次,他的同学万家宝(曹禺)和吴组缃坐在那儿聊天,看见了钱锺书,曹禺对吴组缃说:"钱锺书在那边喝茶,还不快叫他给你开些英文禁书看?"当时清华图书馆中的外文书籍太多,一般同学很少读过,也不知道什么书是禁书、哪些书好看。吴组缃就走过去,请钱锺书给他开三本,钱锺书随手拿起桌上一张稿纸,一下子给他写出了40多本外文书,包括书名、作者、内容简介,密密麻麻写满了正反两面。他的这两位同学大为惊奇③。像这类未能证实的传说故事很多,钱锺书大都否认了。

钱锺书在清华大学读书时,同乡族人钱穆也应邀在清华大学任教授。钱穆在后来《师友杂忆》中说:"及余去清华任教,锺书也在清华外

---

① 钱锺书:《谈艺录(补订本)》,中华书局1984年版,第346页。

② 常风:《和钱锺书同学的日子》,《书摘》2007年第12期。

③ 李洪岩:《吴组缃畅谈钱锺书》,《人物》1992年10月。这个故事不久就被钱氏本人否定了,说根本没有这种事。

文系作学生，而兼通中西文学，博极群书，宋以后集部殆无不过目。"①

第二节　清华才子

　　能够考上清华大学这个全国最高学府的都是各地出类拔萃的青年俊彦，有不少还是各省的"状元"。比如钱锺书的同班同学许振德（大千），就是济南远近闻名的才子，他在考入清华前，中学考试每次都是第一，相当自负。考入清华后，不幸与钱锺书同班，钱锺书屡屡夺得第一名，打破了许君的"状元纪录"。许振德感到窝囊，一度曾想把钱锺书揍一顿出出气。但有一次，许振德把一个思考很久并请教了许多人都未能解的问题去问钱锺书，钱锺书很快地帮助他解答了，许振德大为感动，尽弃前嫌，与钱锺书成为很要好的朋友。钱锺书与许振德形影不离，上课时总爱坐在教室最后一排。许振德当时爱慕班上一位漂亮的女同学，课堂上眼睛不住地转来转去，时时向这位女同学暗递秋波。钱锺书上课本来就不听课，许君的一举一动都看在眼里，心中暗暗好笑，就把许振德的一系列眼神变化在本子上画了下来，题曰《许眼变化图》，传给其他同学欣赏，没等下课这幅画就悄悄地流传开来，一时在班上传为笑谈。这也许是钱锺书最得意的"绘画作品"，后来还保存着给杨绛看。50多年后，许振德从美国回来，再与钱锺书说起这幅《许眼变化图》，还忍不住哈哈大笑②。

　　钱锺书的同班同学30人，毕业时剩下27人，人数并不多，后来这些人大都成为著名作家或学者，其中在校时或毕业不久便已成名的也不少，如以戏剧创作闻名的万家宝（曹禺），以小说创作闻名的吴组缃，以书评闻名的常凤瑑（笔名常风），翻译家石璞、颜毓蘅等。但得到系里师长尤其是叶公超、温源宁、吴宓等人赏识的只有钱锺书一人。在清华教授中，除了与钱锺书同样高傲的王文显说过他所教的学生都不会成

---

① 钱穆：《诗友杂忆》，岳麓书社1986年版，第111页。
② 杨绛：《记钱锺书与〈围城〉》，《杨绛作品集》（第二册），中国社会科学出版社1993年版，第148页。

大器的话之外,其他教授都直劝大家学习钱锺书的博闻强记、博览群书。叶公超教授在课堂上半开玩笑地讲,以钱锺书的才华,他不应当进清华,而应当去牛津。不大轻易赞人的叶公超这话不无醋意,但出自其口自然是有分量的。尤其是好奖掖人才的吴宓教授,曾对他的学生们多次感叹道:"自古人才难得,出类拔萃、卓尔不群的人才尤其不易得。当今文史方面的杰出人才,在老一辈人中要推陈寅恪先生(陈寅恪当时为清华大学历史系教授,中国近现代最为博学的史学大师,著述丰富,记忆力极为惊人;又是一代语言大师,通晓 23 种外国语言和少数民族文字——笔者注),在年轻一辈人中要推钱锺书。他们都是人中之龙,其余如你我,不过尔尔。"①吴宓是哈佛大学"新人文主义"文艺批评运动领袖欧文·白璧德的弟子,是清华大学名教授,对钱锺书给予如此高的评价与赞赏,使得钱锺书的声誉大增。钱锺书在大学二年级时,本系空缺一个教职,找不到一个合适的教授,吴宓就推荐钱锺书担任临时教授。

除了本系以外,中文系、历史系、哲学系的许多教授对他都很赞赏与佩服。如哲学系教授冯友兰说:"钱锺书不但英文好,中文也好,就连哲学也有特殊的见地,真是个天才!"钱锺书同哲学系学生方志彤是好朋友,他与方志彤,还有中文系教授赵元任都是语言天才,三人的说话都有幽默、诙谐的特点。方志彤后到哈佛,曾为国外许多语言学家赞赏,他也佩服推崇钱锺书,甚为相投。钱锺书"文化大革命"后到美国访问,在哈佛大学还专门与方志彤会晤忆旧。钱锺书的清华朋友中还有学历史的吴晗、孙毓棠,学文学的林庚、曹葆华,都是一时之彦。

据说自从吴宓教授称钱锺书为"人中之龙"后,钱锺书就得到了"清华之龙"的雅号,同学中曹禺被喻为"虎",颜毓蘅被喻为"狗"(颜后来任南开大学外文系教授,"文化大革命"中被迫害致死),并称为清华外文系"三杰",钱锺书居"三杰"之首。当时在清华大学,还有所谓清华"三才子"之称,除钱锺书外,另两位才子是历史学家吴晗和考古学家夏鼐。从这些清华学生口耳相传的"封号"中,我们可以想见钱锺书当时的影响。

---

① 郑朝宗:《怀旧》,又见朱仲蔚《学人说钱锺书》,《团结报》1988 年 10 月 8 日。

1931 年 10 月,温源宁拟请钱锺书到英国伦敦大学教中国语言文学,对于一个在校大学生来说,这是一个难得的殊荣,在学生中是破天荒的。在清华的老师中,钱锺书与温源宁的关系最好,吴宓先生虽然很宽容,但"尊而不亲",钱锺书与温源宁年龄差别不是很大,共同语言也最多。温源宁曾任北京大学外国文学系主任、北平师范大学教务处长,又做清华大学外语系讲师,对于钱氏可谓亦师亦友,正好有这个机会,温源宁就想推荐他到伦敦大学东方语文学院教中国语文。钱锺书把这个消息告诉父亲。老先生听后内心自然高兴,但又担心儿子过于自喜自做,锋芒过露,有伤恕道,反于自己前途不利。父亲 1931 年 10 月 31 日回信给钱锺书,告诫他"勿太自喜",说:"子弟中自以汝与锺韩为秀出,然锺韩厚重少文,而好深沉之思;独汝才辩纵横,神采飞扬而沉潜不如。然才辩而或恶化,则尤可危。"父亲认为现在社会上所谓的"名流伟人,自吾观之,皆恶化也,汝头角渐露,须认清路头,故不得不为汝谆谆言之","不然,以汝之记丑而博,笔舌犀利而或操之以逆险之心,出之为僻坚之行,则汝之学力愈进,社会之危险愈大"。① 父亲一番话,打消了钱锺书出去的念头。这对钱锺书以后的人生态度,特别是对社会、对政治谨言慎行,起了很大的作用。

第三节　石遗老人的座上客

除博览中西文学书籍之外,钱锺书也开始写作旧体诗。钱锺书的父亲、叔父都有深厚的古典文学修养,家中来来往往的诗人名流也多。良好的家学渊源与"谈笑有鸿儒,往来无白丁"的氛围,对他的发展极为有利。除经史古文外,儿童时他已背过《唐诗三百首》,非常喜欢,经常吟诵玩味,体悟出一些旧体诗的韵味。他靠自己的揣摩与悟性,中学毕业时,旧体诗已经斐然成章②。到了清华之后,有了更多的时间写作并

① 钱基博:《谕儿锺书札两通》,《光华大学半月刊》1932 年 12 月号。
② 钱锺书:《槐聚诗存・序》,生活・读书・新知三联书店 1995 年版,第 1 页。

发表了一些旧体诗。

像一般的才子一样，开始时钱锺书总喜欢写些"晚唐体"诗，如温庭筠、李商隐之类香艳华丽的"才子诗"，辞采绮丽，但缺少风骨。父亲偶尔看其诗作，认为孺子可教，便携他拜谒了同光体大诗家陈石遗老先生。

陈衍（1856—1937），号石遗，福建侯官人，晚清同光体三大诗人之一，在清末民初的诗坛上占有重要的地位。他的诗评和诗话在当时影响极大，有《石遗室诗话》《宋诗精华录》等多种著作传世。石遗老人与钱基博友善，时有交往，或到其家，审定钱锺书的诗作，指点他在意境与风骨上下功夫。

石遗老人的诗取法江西诗派，主要倾向是宗宋，这对钱锺书有不小的影响，使他舍唐音而趋宋调。在石遗老人的指点下，钱锺书的诗进步很快，写得也越来越好。1930年2月，他以"中书君"为笔名发表了处女作《无事聊短述》，发表在《清华周刊》（总第四十八期）上，他寄呈了石遗老人。石遗老人收到钱锺书的诗作后，写信热情地鼓励他，并回赠自己的诗作，相互切磋酬唱。

石遗老人对诗人学者甚少赞许，独对钱锺书青睐。每年寒暑假钱锺书从清华回无锡，石遗老人都要邀他谈宴。起初石遗老人知道他懂外文，但不知道他在清华学的专业是外国文学，以为一定是理工或者法政、经济之类实用的科目，有次查问明白了，就感叹说："文学又何必向外国去学呢，咱们中国文学不就很好么？"钱锺书不敢和他理论，就抬出石遗老人的朋友林纾（琴南），说是读了林纾的翻译小说，对外国文学发生了兴趣。石遗老人叹道："这事做颠倒了！琴南如果知道，未必高兴。你读了他的翻译，应该进而学他的古文，怎么反而向往外国了？琴南岂不是'为渊驱鱼'么？"①但成事不说，既往不咎。钱锺书和他一谈起"咱们中国文学"，两人就有说不完的话，别人向他投诗请益都无暇复信，而与钱锺书长谈却不知疲倦。这种荣宠只有钱锺书有，也只有钱锺书堪作解人。

① 钱锺书：《林纾的翻译》，《七缀集》，生活・读书・新知三联书店 2002 年版，第 101—102 页。

1932年除夕,石遗老人特邀钱锺书到他苏州胭脂桥寓所度岁,这一对相差两代的一老一少,竟然忘形尔汝,如一对旧友班荆道故。按照石遗老人的年辈,对钱锺书的父亲子泉先生已属师长,但石遗老人却降尊纡贵,对锺书以"世兄"称之。

石遗老人对其同乡交好如严复、林纾都不大瞧得起,说他们不通经史。说严复为留洋学生,半路出家,不宜苛论。林琴南为一代宗匠,竟然连《仪礼》上的字句都读不懂,任京师大学堂教习,谬误百出①。

说到清华大学的教授,钱锺书说黄晦闻(节)教诗学。石遗说:"此君才薄如纸,七言近体较可讽咏,终不免枯干竭蹶。"②

石遗老人又说清末大诗人王闿运:"王壬秋人品极低,仪表亦恶,世兄知之乎?"钱锺书对曰:"想是个矮子。"石遗笑说:"何以知之?"锺书说:"忆王死,沪报有滑稽挽联云,'学富文中子,形同武大郎',以此揣而得之。"石遗老人点头称是。说王闿运的著作唯《湘军志》可观,其诗可取者很少,他的《石遗室诗话》中只采其两句,已记不清是哪两句了。钱锺书马上回答:似是"独惭携短剑,真为看山来"。石遗老人惊叹:"世兄记性好!"

陈石遗的记忆力是惊人的,不仅四书五经背得烂熟,十三经也多能成诵,还能背诵《说文解字》,《资治通鉴》正文就连胡三省的注音也能整段整段地背出来。他们谈到诗文典故,石遗老人年龄大了偶有遗忘,一时想不起来,钱锺书马上应声说出,毫不迟疑。石遗老人有些没有见过的版本、没有读过的诗,钱锺书也能提出来作补充,石遗老人不断点头称赏,说:"世兄诗才清妙,又佐以博闻强志,惜下笔太矜持。夫老年人须矜持,方免老手颓唐之讥,年富力强时,宜放笔直干。"③

陈石遗先生在无锡国专授课之余,还在编《石遗室诗话续编》,别裁精择,点定品评。他把钱锺书从中学到大学的诗册逐一点评,并为之作一篇热情洋溢的序言,其中说:"默存精外国语言文字,强记深思,博览载籍,文字渊雅,不屑屑枵然张架子,喜治诗,有性情,有兴会……"在他

① 钱锺书:《石语》,中国社会科学出版社1996年版,第32页。
② 钱锺书:《石语》,中国社会科学出版社1996年版,第35页。
③ 钱锺书:《石语》,中国社会科学出版社1996年版,第36页。

的《石遗室诗话续编》中,对钱锺书有这样的评价:

> 无锡钱子泉(基博)学贯四部,著述等身。肆力于古文词,于昌黎、习之,尤唢其藏而得其髓。其致吴稚晖书,不下乐毅《与燕惠王书》,唯未见其为诗。哲嗣默存(锺书)年方弱冠,精英文,诗文尤斐然可观,家学自有渊源也。性强记,喜读余诗,尝寄以近作,遂得其报章云:'新诗高妙绝跻攀,欲和徒嗟笔力孱。自分不才当被弃,漫因多病颇相关。半年行脚三冬负,万卷撑肠一字艰。那得从公参句法,孤悬灯月订愚顽。'第六句谓余见其多病,劝其多看书、少作诗也。《中秋夕作》云:'不堪无月又无人,兀坐伶仃形影神。忍更追欢圆断梦,好将修道惭前尘。杯盘草草酬佳节,鹅鸭喧喧聒比邻。诗与排愁终失计,车轮断肠步千巡。'又《秋杪杂诗》十四首绝句,多缘情凄婉之作。警句如"春阳歌曲秋声赋,光景无多又一年""巫山岂似神山远,青鸟殷勤枉探看""如此星辰如此月,与谁指点与谁看""判将壮悔题全集,尽许文章老更成""春带愁来秋带病,等闲白了少年头"。汤卿谋不可为,黄仲则尤不可为。故愿其多读少作也[①]。

在陈衍的《石遗室诗话续编》收录的诗人诗作中,钱锺书恐怕是其中最年轻的一位,他的《得石遗先生书并示〈人日思家怀人诗〉敬简一首》1932 年 3 月发表在《清华周刊》37 卷 5 期上,引起了清华园师生的羡慕。像他这样 20 岁出头的大学生,能够和年高德劭的诗坛耆宿诗文酬唱,并被收入《诗话》,多方誉扬,不仅在同学中无先例,就是在清华的教师中也不太多。这确是钱锺书青年时代最为得意的事情。两人都恃才傲物,瞧不起同侪,有许多共同语言,聊得甚欢。钱锺书对陈衍比对近代任何一位师长都尊敬,从无像对别人那样的微词,怕也有知遇之恩的情感在内吧。他也确实受陈衍影响不小,即使在他后来陶冶百家、自铸伟词的独特风格中,宋诗的倾向也是很明显的,成为其诗歌创作鲜明的特点。不过,陈衍以自己同光体诗家的眼光,只主张学宋诗,不主张

① 陈衍:《石遗室诗话续编》卷一,张寅彭:《民国诗话丛编》(第一册),上海书店出版社 2002 年版,第489 页。

学习其他人，更不赞成学习外国文学，但钱锺书并没有固守同光派的路子，而是由宋入唐，博采众长，自成一家。

钱锺书学术思想的形成，正是在这个时候。他生长于传统的旧学家庭，开始读书时，正好在五四新文化运动高涨时。他是在读了新文化运动的反对派人物，所谓"选学妖孽、桐城谬种"的林纾译的外国小说后而对外国文学产生浓厚兴趣的，进而进入西方文学领域。所以，他的身上先天的"中学""西学"兼而有之。在那个时代，受新文化运动的影响，许多学者表现出对中国传统旧学的全盘否定，陈独秀、胡适，也许还包括鲁迅。这些人往往表现出对西学的浓厚兴趣，但由于受政治和功利的影响，对西学的接受常常从其政治目的出发，体现出很强烈的党派与政治色彩。这成为中国现代文学与学术的主流。也有一些政治色彩较弱的作家学者，如宗白华、朱光潜、叶灵凤等。在守旧派的阵营里，如林纾、陈衍、钱基博等则完全与社会格格不入，特别是像章氏国学讲修班和无锡国学专修学校的青年一代学者，如黄侃和更年轻一代的钱仲联，完全是走传统清儒的路子，一门心思做旧学问。还有一派既保留着清儒汉学功夫，同时又接受西学的熏陶，中学为体，西学为用，自洋务与维新运动以来，颇为时尚，早一点的有王国维、梁启超，陈寅恪等。钱锺书就属于这个阵营。他相当谨慎地与政治保持一定的距离，与现代主流的作家学者保持一定的距离。

新文化与旧文化的重要区别在于语言，新文化以白话文为基础，旧文化则保留了传统文言文的习惯。钱锺书则白话与文言并用，他公开发表的散文、随笔、书评，全用白话，而比较私下的场合，如读书笔记、家书和个人随感则仍然保持家学的传统，一律用文言。钱锺书能同时将新学与旧学并驾齐驱，文言与白话文也都写得炉火纯青。

第四节　敢与权威论短长

有人说，钱锺书在清华，不光是外文系乃至全校的同学们对他敬仰佩服，就连教授们对他也另眼相看，人们不把他当成教授的学生，而把他看成教授的"顾问"。这话虽不免有几分夸张,但事实上,其中英文水平的高超、学问的广博,非但一般学生不能望其项背,而且也不在一些名教授之下,因为钱锺书常常在课堂内外,指出许多教授在课堂上或学术上的错误。清华大学大名鼎鼎的学者教授,如王文显、温源宁、吴宓、冯友兰,都是饱学的专家权威,但钱锺书往往纠正他们的错误。如当时只有 25 岁的赵万里已是清华有名的教授,为钱锺书他们开版本目录学课。赵万里相当自负,在谈到某书的时候说:"不是吹牛,某某版本只有我见过。"钱锺书和吴晗在课后不约而同地说:"不是那么一回事呀,只有他见过吗?我也见过!"钱锺书又说,那个版本他见过多次,与赵万里讲的就是不一样。本来赵万里计划为同学们讲十个题目,第一个题目就落下这个笑话,但他倒也开通,留下七八个题目给吴晗与钱锺书讲①。钱锺书当时的同学说,清华文史方面的教授们很少没有受过钱锺书嘲笑批评的。

1932 年,新文学大家周作人的《中国新文学的源流》由北京人文书店出版。这部书是周作人在北京辅仁大学所作的五次有关新文学源流的演讲稿,经作者修订后结集出版。这本书是当时新文学研究的重要成果。以周作人在中国新文学史上的成就和地位、新旧文学功底及生花妙笔,书一出来就好评如潮,受到学术界的重视。然而,在钱锺书看来,此书中有不少错误。他在《新月月刊》第 4 卷 4 期上发表了一篇书评,先是客客气气地谈了一番此书的优点和成绩,然后笔锋一转,毫不客气地对此书摘误指瑕,将书中的内容,从根本上的误解、基本概念的混乱不清到事实上的错误、论证上的不足等一一指了出来。周作人把文学机械地划分为"载道"与"言志"两类,认为"载道"的文学在政府强大、思想禁锢很严的时期起支配作用,"言志"的文学只有在政治统治衰微、思想控制松弛的时代才会繁荣昌盛。"载道"文学是"遵命文学",只有"言志"文学才是最先进的文学。基于此,他认为明代的公安三袁(袁宗道、袁宏道、袁中道)是言志派的典型;反对封建思想、反对儒家正统

---

① 李洪岩:《吴组缃畅谈钱锺书》,《人物》1992 年 10 月。钱锺书与吴晗批评赵万里的事,也为钱氏所否定,是传闻有误,还是传主不愿旧事重提,不得而知。

观念的"五四""文学革命"是直接继承公安派余绪的。

钱锺书不同意周作人这种机械的图式,他说:"推而上之,像韩、柳革初唐的命,欧、梅革西昆的命,同是一条线下来的,因为他们对于当时矫揉造作的形式文学都不满意,而趋向于自我表现。韩的反对'剽贼',欧的反对'挦撦',与周先生所引袁中郎的话,何尝无巧合的地方呢?"因此,周作人对文学"源流"的推断从根本上是有问题的。周作人主要是依据公安派没有成为正统文学这一事实,而不是文学本身。钱锺书说:"革命在事实上的成功便是革命在理论上的失败。"于是,公安派"才能留下无穷去后之思,使富有思古之幽情如周先生也者,旷世相感起来"。然后,钱锺书辨别载道、言志之间并非格格不入的两个命题,在中国"文学"的概念中,"文以载道""诗言志"只是分工的不同,原是并行不悖的,无所谓两派。所以许多讲"载道"的文人,做起诗来,往往抒写性灵而言志。钱锺书在批评周作人两个概念不清和简单交替循环理论之后,指出:带有反讽意味的是,正是公安派起劲地鼓吹"八股文",而八股文恰是周作人深恶痛绝的①。

钱锺书的批评,言之成理,持之有故,说理透彻,使周作人无可置辩。当然,这种评论可能太露锋芒了,会使周作人觉得难堪,换一种委婉商榷的语气也无不可,但22岁的钱锺书年轻气盛,血气方刚,禀性如此,他不愿因为周作人的地位、名气而说违心话或恭维奉承。

在校期间,钱锺书还写了不少文章,以书评与散文小品为主。他写的文章,除向《清华周刊》投稿外,叶公超教授主编的《新月月刊》与《学文周刊》,以及校外的报刊如张申府主编的《大公报》"世界思潮"上也常发表他的文章。他在 1933 年《新月月刊》4 卷 7 期上发表的《近代散文钞》书评,发展并深化了自己的观点。他否定周作人及其错误的理论影响下所形成的观点,如俞平伯对"五四"后言志派的概括和《近代散文钞》编者沈启无的选录标准的错误,他说:用"言志""载道"等标准来作根本的划分是极不妥当的,我们不必用理论来驳,只要看看本书所钞的文章,便知道小品文也有载道说理之作。他提出克服这种错误的分类方法:真正的小品

① 钱锺书:《中国新文学的源流》,《新月月刊》第 4 卷第 4 期,1932 年 11 月。

文是介于骈散、雅俗之间,格调灵活的"家常体",如笔记小说、个人尺牍、苏东坡等人的序跋文字,这才是从形式到内容都有益的文化遗产。

1933 年,他给年轻诗人曹葆华著的新诗集《落日颂》写了书评,这是仅见的钱锺书关于新诗的评论文章,从中可以看出钱锺书对新诗的关切。他特别肯定曹诗中的"神秘主义成分",说这是中国古代诗歌中一向缺乏的。他十分热烈地希望更成功的新诗的出现,说:"落日"是个误用的意象,更恰当的名字应当是"雾中的晓日",因为,"作者最好的诗是作者还没有写出来的诗;对于一位新进的诗人,有比这个更好的,不,更切实的批评吗?"①

钱锺书的这些文章才华横溢,知识渊博,说理透彻,旁征博引,使人有耳目一新之感。这些文章,钱锺书先后都寄给父亲看了。他的父亲对他的才华固然引以为荣,但对他的批评尖刻、锋芒外露则深为担忧。尤其是 1932 年 10 月 15 日《大公报》上登载了张申府的《民族自救的一个方案》,其中有这么一段话:

> 照我的青年朋友钱默存先生的解释,孔子很近乎乡绅。我相信这种看法是对的。……默存名锺书,乃是现在清华最特殊的天才,简直可以说,多半在现在全中国人中天分学力再没有一个能赶得上他的,因为默存的才力学力实在是绝对地罕有。他新近对孔子有一个解释,同我说过大意,我深感其创辟可喜。希望默存不久即能写出,交本刊发表。前期及本期已登有默存两篇书评,读者当已看出他写的是如何的雅趣深隽。

这位受正统孔孟思想影响的父亲,看到儿子对孔子有这么不恭的解释,殊以为戚,写信给钱锺书,说他的这些话"看似名隽,其实轻薄"。又说:"父母之于子女,责任有尽,意思无穷。现在外间物论,谓汝文章胜我,学问过我,我固心喜;然不如人称汝笃实过我,力行过我,我尤心慰。清识难尚,何如至德可师? 淡泊明志,宁静致远。我望汝为诸葛公、陶渊明,不喜汝为胡适之、徐志摩。"子泉先生的谆谆教诲意味深长,

①《新月月刊》第 4 卷第 6 期,1933 年 3 月。

很像马援的《诫兄子严敦书》，在学问之外，教育儿子学会做人，这对于后来钱锺书的成长有重要的告诫作用。

钱锺书还发表了不少英文作品，他的英文同中文一样富有文才。这些作品大都发表在《清华周刊》及《中国评论家》上，主要是一些书评。1931年3月在《清华周刊》上发表了他的第一篇英文作品 *Pragmatism and Potterism*，署名"Dzien Soong Su"，这原是苏州桃坞中学按苏南口音拼写的"钱锺书"的英文名字。

1933年，英国汉学家、翻译家李高洁（Le Gros Clark）选录苏东坡的诗赋译成英文，定名为《苏东坡诗集》，钱锺书写了 *Su'TungPo's Literary Background and His Prose-Poety*（《苏东坡的文学背景与诗赋》），对这本"充满着有趣的误译"给予善意的嘲讽，如指出他将"苏子"译为"苏的儿子"、"东坡居士"译为"退休的学者东坡"等。他肯定这本书的意义，说苏轼"是庾信之后最伟大的赋作者。如果说庾信向人们展示了如何在辞赋的严苛对偶格式下体现出婉转优美的话，苏东坡则成功地柔化和融解了这种僵硬的骈偶形式，磨光了其棱角，使生硬的对偶调和无间"。他反对唐代为科举而限韵的律赋，认同欧阳修、苏轼改革骈赋而以文为赋，使赋没有六朝时的"生硬"，成为形式优美活泼、朗朗上口的文赋。此文刊登于次年《学文月刊》1卷2期。后来此书重版时，译者请求钱锺书将这篇书评缀于书前作为"序言"。

钱锺书除了锋芒外露、爱挑剔教授的错误外，架子还相当大。他从不想去拜访什么人，尤其是所谓的"名流""权威"，也不要别人来打搅他。在校四年中，他不爱交游，校内外各项社团活动邀请他，他也懒得去，总是一概辞谢。其实，钱锺书并非过分清高，更不是行为怪癖、不近人情，而是不想在无谓的委蛇应酬中虚耗自己的光阴。他真正把点点滴滴的时间利用起来在图书馆读书，丰富自己的知识。但他这样做，在客观上给人一种高傲、怪癖和不可接近的感觉，也有人笑他是"书虫"。当时以博学出名的陈寅恪先生也在清华任教，但钱锺书并没有选陈先生的课，因而也没有交往。杨绛《吴宓先生与钱锺书》一文中说："钱锺书在《论交友》文中曾说过：他在大学时代五位最敬爱的老师都是以哲人、导师而做朋友的，吴宓先生就是其中一位。我常想，假如他有缘选修陈寅恪先生的课,他的哲人导师而兼做朋友的老师准会增添一人。"①

　　许多同学尤其是低年级同学闻其大名想造访,也不得不打消了念头。后来成为"钱学"开拓者的郑朝宗当年即如此。

　　钱锺书年轻时代发表的作品大都用"中书君"作为自己的笔名。这个笔名取得很妙,很显机智。"中书君"一词源出于韩愈的游戏文章《毛颖传》。《毛颖传》以笔拟人,唤笔作"毛颖",又称"中书君",后来"中书君"成为毛笔的代名词。所以"中书君"即"笔名"。钱锺书也戏取这个"笔名",歪打正着,恰谐自己的本名。而且他的父亲一生最爱韩愈的文章,这样随手拈来的名字,既妥帖自然,又无违父志,成为他青年时代最常用的名字。钱锺书与其父治学上的风格是不一样的,在这时已经显露出来:钱锺书的文章华美新奇,骈散相间,典雅之中有谐俚,与其父严肃、朴实、平正的文风大异其趣。他的父亲尽管在为人处世上对他教育严格,但在学问上却不加干涉,把他当作朋友看待,父子间的书信往来很频繁。父亲的著作出来,都要寄赠予他,他对父亲著作中有什么意见,也与父亲商榷。如1933年初,他收到父亲寄的《骈文通义》,读后写信给父亲,先赞扬父亲此书"词赅义宏,而论骈文流变,矜慎不苟,尤为精当",然后又委婉地指出此书尚有不足,说自己正拟撰写的"《文学史》中,有论骈俪数处,亦皆自信为前人所未发","略贡所见以拾大人之阙遗"②。

　　钱锺书受父亲的影响有很多方面,虽然学的专业是外国文学,但他后来最感兴趣的,还是传统的国学。他同父亲一样,都爱写古文,而且父子俩都对集部文献特别感兴趣。在治学方法上,他也受父亲很大的影响。他父亲每天都在伏案做笔记,其笔记既是读书札记,又是自己的反省思考,更是自己的著述,所有的学问、思想都集中在自己的笔记中。耳濡目染,他不能不受影响。钱锺书从大学时代就开始大量地记笔记(在他的家乡无锡,有人发现了钱锺书20世纪30年代初的读书笔记,有17册之多),这种良好的阅读习惯一直伴随着他的一生,一生看的书都在笔记中,他家里并无多少藏书,钱锺书比他父亲读的书更多,眼界更

开阔,著述更勤奋,成就也更大。他的学术成就,最主要的还是得力于家学渊源。

第五节　遇到杨绛

1932年春,杨绛进入了清华大学研究院读外国文学。钱锺书与杨绛这两位同乡的才子才女终于到了同一个地方。一个偶然的机会,他们相识了,一见如故,缔结了一生一世的伉俪情缘。

杨绛从小就喜欢文学。1928年她考大学的时候,清华大学刚开始招女生,她想考清华,可惜的是清华大学那一年不到南方来招生。她只好就近报考了东吴大学(苏州大学前身)。东吴大学没有文学,她只好选择了政治系。东吴大学是个教会大学,女生还很少。杨绛在东吴大学学习成绩相当优秀,获得过东吴大学金钥匙奖。三年级时,她的母校振华女中校长为她争取到美国韦尔斯利女子大学的奖学金,打算送她到美国深造。

在那个时代,大学生出国留学是一件非常风光的事,对于这样一个难得的机会,杨绛却谢绝了。她以前常听父亲说起留学的事。他们家的上几代都是地方的穷官、穷书生,杨绛的父亲全靠考试选拔,获得公费出国留学机会的。父亲说,穷人家的孩子留学等于送出去做"人质",全力以赴,供不应求,好比给外国的强盗捉了去,任人勒索。中国的穷学生到了国外,还得受尽外国人的欺侮。父亲有着切身的体会,也看惯了许多亲友送孩子出国的辛酸,常常发出这些感叹。但现在有了机会,父亲支持她去留学,只要她愿意留学,父亲可以全力资助。根据章程,到美国留学除了自备路费以外,每年还需两倍于学费的钱作为日常零用和假期的生活费用。因为这个,杨绛不愿意去了,她不忍心再增加家里的负担。整个家庭的负担都压在父亲一人肩上,如果自己再出国留学,父亲的负担无疑更重。杨绛对留学还有自己的看法,她系里的老师个个都是留学生,都有洋学位,也就那样,也不见得洋学位有什么了不起。她本来就对政治学不感兴趣,她想,与其到美国学政治学,还不如在本国较好的大学里学习自己喜爱的文学。别人认为她傻,不敢向父亲争取这个机会。杨绛也不辩驳。经过慎重的考虑,杨绛告诉父母不想到美国留学,想报考清华研究院读文学。三年级时,东吴大学因学潮停课。1932年春季学期,杨绛就与同学周芬、孙令衔、徐献瑜、沈福彭几个同学商议,到北京燕京大学借读以完成学业。(1932年7月杨绛完成学业,获得东吴大学毕业文凭)。其中孙令衔是钱锺书的表弟。3月2日,他们到燕京大学后,孙令衔要去清华见表哥,杨绛要去见先到清华的蒋恩钿。在各自办完事要回燕京大学时,钱锺书与杨绛在这样的场合,在清华大学古月堂前不期而遇了[①]。并且互相留下的印象相当不错。

杨绛初见钱锺书时,他穿着一件青布大褂,一双毛布底鞋,戴一副老式大眼镜。钱锺书的个子不高,面容清癯,显得瘦小,虽然不算风度"翩翩",但他的目光却炯炯有神,在目光中闪烁着机智和自负的神气。而站在钱锺书面前的杨绛虽然已是研究生,但显得娇小玲珑、温婉聪慧而又落落大方。钱锺书炯炯有神的眼神、侃侃而谈的口才、旁征博引的记忆力、诙谐幽默的谈吐,使得他光彩照人。后来杨绛母亲常跟她开玩笑:"阿季脚上拴着月下老人的红丝呢,所以心心念念只想考清华。"

那时,清华大学的女生还不多,研究院里的女高材生当然更少,女生要在大学里找个男朋友,真是太容易了。杨绛不像其他女同学那样爱打扮,衣着朴素,显得较"土气",但她是大名鼎鼎的上海大律师杨荫杭的女儿,名门闺秀,又是美国教会大学毕业,比起国内一般国立、私立大学来,东吴大学的毕业生气质上更好。她个子不高,但面容白皙清秀,身材窈窕,性格温婉和蔼,人又聪明大方,自然是男生喜欢追求的女孩子。了解当时清华生活的人说:"杨绛肄业清华大学时,才貌冠群芳,男生求为偶者达七十余人,谑者戏称杨为七十二煞。"她都芳心未许,或许是天意,让她等待一个人——等待后来相识的钱锺书。

两人一见如故,谈起家乡,谈起文学,兴致大增,这才发觉两人确实挺有缘分的。

1919年,8岁的杨绛曾随母亲到钱锺书家中去过,虽然没有见到钱

---

① 吴学昭:《听杨绛谈往事》,生活·读书·新知三联书店2008年版,第70页。

锺书，但现在却又这么巧合地续上"前缘"，这不能不令人相信缘分！而且钱锺书的父亲钱基博与杨绛的父亲杨荫杭又都是无锡当地的才俊，两人都被前辈大教育家张謇誉为"江南才子"，都是无锡有名的书香世家。套用一句才子佳人小说的滥调，真所谓"门当户对，珠联璧合"。当然最大的缘分还在于他们两人文学上的共同爱好与追求、性格上的互相吸引、心灵上的默契交融。这一切，使他们一见钟情。

正是"当时年少青衫薄"的时候，这位清华才子与这位"清水出芙蓉"的南国佳人相爱了。但他们并没有在花前月下卿卿我我，消磨所有的时光，而是在学业上互相帮助，心灵上沟通理解，文学则成了他们爱的桥梁。钱锺书的名士风度、才子气质使他们的恋爱独具风采，他在和杨绛恋爱时期，给杨绛写过不少情诗。有一首竟融宋明理学家的语录入诗，他最为自负，说："用理学家语作情诗，自来无第二人。"①其中有一联说"除蛇深草钩难着，御寇颓垣守不牢"，上句出自《佛遗教经》：烦恼毒蛇睡在汝心，早以持戒勾除，方得安眠。下句出自二程"语录"中《答吕与叔》：患思虑多日，此如破屋中御寇，前后左右驱逐不暇。他把自己的刻骨相思之情比作蛇入深草，蜿蜒动荡却捉摸不着；心府的城堡被爱的神箭攻破，无法把守。宋明理学家最主张"存天理、灭人欲"，然而钱锺书却化腐朽为神奇，把这些理学家道貌岸然的语录"点铁成金""脱胎换骨"，变成了自己的爱情宣言，这种特殊的恋爱方式恐怕也是独一无二的。

1933 年夏天，钱锺书从清华大学外文系毕业，获得文学士学位。清华大学早就有意让他留校或在西洋文学研究所攻读硕士学位。在他三年级时，罗家伦校长特地把他叫去，把当时破格录取他入校的经过告诉他，言下之意是希望他毕业后留下来，但他未置可否。在清华有一个流传很广的传说，说在他临近毕业时，陈福田、吴宓等教授都去做他的工作，想挽留他，他一概谢绝了，系里的教授对此都十分惋惜。陈福田教授有一次对人说："在清华，我们都希望钱锺书进研究院继续研究英国文学，为我们新成立的西洋文学研究所增加几分光彩，可是他一口拒

① 吴忠匡：《记钱锺书先生》，沉冰：《不一样的记忆——与钱锺书在一起》，当代世界出版社 1999 年版，第 142 页。

绝了,他对人家说:'整个清华没有一个教授有资格充当钱某人的导师',这话未免有点过分了。"①杨绛先生晚年说:"钱锺书蓄意投考中英庚款留学奖学金,而中英庚款规定,应试者必须有服务社会两年的经历,所以他急于要去教书,取得资格。他毕业后没有进清华研究院继续深造,原因在此。"杨绛先生又说:传说钱锺书狂言,清华没人有资格教他,所以不进清华研究院,这是误解。他就读清华4年,对许多教过他的老师都是很尊敬的,其中五位被他称为恩师,见于他的文章,那是诚心诚意的敬重。由于钱锺书的狂傲与口无遮拦,传说或许也并非空穴来风。吴宓教授是个厚道、宽恕的人,对年轻的钱锺书颇为期许,对他的自负盛气也最能原谅。他对钱锺书拒绝进入清华研究院并没有什么不高兴,他说:"学问和学位的修取是两回事,以钱锺书的才华,他根本不需要硕士学位。当然,他还年轻,瞧不起清华大学的现有西洋文学教授也未尝不可。"②

钱锺书父亲当时在上海光华大学任中文系主任,身体欠佳,思儿心切,到光华大学任教,考庚款与侍高堂一举两得。另一方面,钱锺书已有足够的治学能力,他的知识大都源于自学。1931年九一八事变,日本帝国主义对中国东北悍然发动进攻,由于国民党采取不抵抗政策,导致东三省沦陷,华北也岌岌可危。到了1933年,学生屡屡请愿、游行,清华大学的教学秩序几乎不能正常维持了。此时的大学生忧心国事,已经无心思再安坐于教室之中。钱锺书这一届临毕业时,许多学生都纷纷离开学校,踏上新岗位,投入社会的洪流之中。东北的局势越来越不安定,这大约是导致钱锺书南返的另一个重要原因。

钱锺书毕业一年后的1934年夏,清华大学中文系主任朱自清还与文学院代理院长蒋廷黻(院长冯友兰出国度假)商谈聘请钱锺书来中文系任教,但校方没有答应,叶公超也"为钱进言,均无效"。(《朱自清日记》1934年6月3日、6月19日)当然,到这个时候,即使校方通过了,钱锺书也未必肯回校任教了。

---

① 周榆瑞:《也谈费孝通与钱锺书》,(台北)《联合报》1979年8月4日。

② 周榆瑞:《也谈费孝通与钱锺书》,(台北)《联合报》1979年8月4日。

去清华大学读书是钱锺书的飞跃期。在这些清华大师中,遗憾的是他没有听过陈寅恪的课。假如他选了陈先生的课,会发生什么样的故事?会像和吴宓那样走得很近吗?还是会像对周作人那样发起挑战批评吗?这当然是一个非常有趣的问题。在他初露锋芒的时候,父亲的一番"勿太自喜"的谆谆告诫是给他的一剂良药,让他时刻勿忘谨言慎行。这一时期,钱锺书与杨绛结缘,从此找到了一生的知音。

第四章　玉树连理

第一节　在光华大学

　　1933 年 9 月,钱锺书来到上海光华大学任讲师。光华大学是上海一所规模较大的私立大学,有幸聘到钱锺书这样一个优秀的清华毕业生,当即破格聘他为外文系讲师,讲授西洋文学和文学批评两科。在当时,一般大学毕业生要工作两年才能做助教,几年后才能提为讲师,而这次对钱锺书却破例了。

　　钱锺书刚到光华大学时,住光华大学的教师集体宿舍。同舍另一位青年教师顾献梁,也是研究文学的。同室之初,他并不了解钱锺书。有一次,顾献梁正在埋头读一本深奥难懂的文学批评史方面的书籍,钱锺书看到了,便说:"这本书以前我念过,不知道现在还记不记得了。你抽出一段考考我看。"顾献梁听了半信半疑,特地找了几段难懂的内容来考他,一段念个开头,钱锺书就能接下去,整段整段地背诵,十之八九都正确无误。如是者多次,使得顾献梁大惊失色,为之拜服不已。顾氏后来到了国外,常常与人谈起此事,对钱锺书钦佩之至,总是赞不绝口。"文化大革命"中他还辗转与钱锺书通过几次信①。

　　钱锺书与他的父亲,一在外文系,一在中文系。其父先为中文系主任,后来又兼文学院院长。像这样父子同执教一校的情况,在民国教育

————————————————————

① 罗青:《钱著散文集〈写在人生边上〉读后》,(台北)《中国时报》1980 年 5 月 23—25 日。

史上是少见的。虽然钱锺书刚刚大学毕业,但凭其良好的口才与渊博的学识,讲课水平却不在乃翁之下。

他开的英美散文课吸引不少学生慕名前来,他备课认真,上课方式独特,喜欢旁征博引,侃侃而谈,有次考试的作文题是"*What Is Iove?*"。据光华大学一些校友的回忆,普遍反映钱锺书是光华大学最有影响、最受欢迎的教师。钱锺书在光华大学任教的时候,他的老师温源宁也正好迁居上海。温源宁与钱锺书正是在这个时候进入《中国评论周报》,并成为该刊的编委。《中国评论周报》(*The Chinese Critic*)是一份英文报刊,1928 年 5 月创刊于上海。由桂中枢担任主编,林语堂为编委。《中国评论周报》主编桂中枢、编辑陈石孚均为 20 世纪 20 年代清华大学学生,林语堂是该刊最主要的撰稿人兼"小评论"专栏作家。钱锺书到光华大学后,因为他的英文水平高,被特邀为编辑兼撰稿人。这三位清华学人共同努力,把这份《中国评论周报》办得有声有色,声名远播,在当时社会上颇有一些影响。温源宁在这个刊物用英文发表了 20 多篇描写中国名人的随笔,从中挑选出 17 篇,结集为《不够知己》(*Imperfect Understanding*)出版,钱锺书为这本有趣的书写了有趣的书评。

钱锺书这时所写的文章,有与其父商量学问的《上家大人论骈文流变书》(载 1933 年《光华大学半月刊》第 1 卷第 7 期,他也是半月刊编委会委员),《中国文学小史序论》及《中国文学小史序论补遗》发表在《国风半月刊》第 3 卷 8 期、11 期上。这是为《中国文学小史》(此书自费印行)所作的一篇序,但它讨论了中国文学的几个重大理论问题。首先,辨别文学体裁源流,品类尊卑。其次,扩展文学范围,"不在其体裁为抒作者之情,而在其效用能感动读者之情",还打通一切文学的体裁界限,辨明社会之时期与文学之时期的关系。钱锺书最反对那种机械的社会造因之说,以时代与地域来解释文学风格,因此他的论述不详述身世,主张"因文以知世",而不"因世以求文"。他认为佳作不以"使人歌泣"和读者多少而定,而应当"能呼起读者之嗜欲情感而复能满足之者也,能摇荡读者之精神魂魄,而复能抚之使静,安之使定也。盖一书之中唤应起讫,自为一周,读者不必于书外别求宣泄嗜欲情感之具也。"此外,还有《论俗气》《论不隔》《论复古》等论文,而最重要的一篇要数 1935 年 8 月在上海发表的英文论文 *Tragedy in Old Chinese Drama*(《中国古剧中的悲剧》)。

钱锺书在这篇文章中,首先对中国文学与西方文学进行比较研究,通过中国戏剧与西方优秀戏剧的对比,反思中国戏剧的不足。文章开头即提出:"不论我国古剧作为舞台表演和作为诗有何价值,作为戏剧,它们无法与西方的优秀剧作争胜。"这是一个大胆而新颖的论断,表现钱锺书对本国文化实事求是的科学态度。他说,中国戏剧事实上缺乏真正的、作为戏剧最高形态的悲剧。儒家传统思想形成等级与正统观念,被提倡的正统伦理道德观念,往往要战胜与此相左的其他新的观念。结果,中国戏剧家所持的"命运"的概念,实际上只是"诗的正义"(Poetic Justice),而不是西方剧作家如莎士比亚悲剧中所表现的"悲剧的正义(Tragic Justice)①。也就是说,它是人物行动的判断和善恶的报应,而不是性格、个性的冲突。因此,中国的悲剧不能给人由崇高而引起的激情,相反的,使人心中萦绕着个人灾祸的折磨,心情动荡以致自我蒙蔽。尤其在结局时,常常让替代性灾祸使人们软弱,带着内心的苦恼,希冀一些安慰和对善行、正义的勉励,而更大大削减了悲剧的力量。这篇文章表现了钱锺书"文学自主论"的主张,事实上,在他后来整个小说、散文创作和批评中,这是他始终坚持的观点之一。

第二节　清华重逢

不觉又是草木摇落露为霜的秋天了。

在这凉风瑟瑟的晚秋,钱锺书第一次感到离别的情怀与滋味,他想起远在北京的杨绛。他知道杨绛想家想得厉害。

那年夏天,杨绛第一个暑假回家,与父母相见。高兴热闹后,父亲对她说:"阿季,爸爸新近闹个笑话。"原来,父亲一次出庭时忽然说不出

---

① "诗的正义"和"悲剧的正义"是由英国莎士比亚专家布拉德雷(1851—1935)提出的概念。

话来,全场静静地等待他发言,他却张不开口、说不出话,只好延期开庭。杨绛一听,这哪里是笑话,这不是中风吗?她的泪水一下子涌出眼眶,想要抽泣,赶忙捂住脸,别转身去,只怕说话就哭出声来,她庆幸自己没有到美国留学①。要是有钱锺书在清华,她或许能减少一点思家之情,但现在,钱锺书离开北京,又把她孤零零地留在清华。钱锺书知道杨绛不是一个感情脆弱的女孩,但初恋的人总会有依依不舍、缠绵离愁。

从写给杨绛的《壬申年秋杪杂诗》②中,就可以看出钱锺书对杨绛的思念:

缠绵悱恻好文章,粉恋香凄足断肠。
报答情痴无别物,辛酸一把泪千行。

依嬢小妹剧关心,髻辫多情一往深。
别后经时无只字,居然惜墨抵兼金。

良宵苦被睡相谩,猎猎风声测测寒。
如此星辰如此月,与谁指点与谁看?

困人节气奈何天,泥煞衾函梦不圆。
苦雨泼寒宵似水,百虫声里怯孤眠。

海客谈瀛路渺漫,罡风弱水到应难。
巫山已似神山远,青鸟辛勤枉探看。

---

① 杨绛:《回忆我的父亲》,见《杨绛作品集》(第二册),中国社会科学出版社1993年版,第93页。
② 载《国风半月刊》第3卷第11期,1933年12月1日。据吴学昭《听杨绛谈往事》:钱先生说,1932年最后一个学期终了,钱锺书建议她留校补习一两个月考入清华研究院,两人可以再同学一年,但暑假钱锺书回去了,留下她一个人在北京,她很难受,又听到她同学袁震以及好友孙燕华(熟悉曾经跟钱锺书提过亲的叶崇范)说钱锺书的种种不好,杨绛虽然并不认为她们说的可信,但想暂时冷一下,因此就回苏州去了,打算明年再考。钱锺书不赞成她的这种想法,她无暇申辩,暂时不再理他。钱以为她从此不理他了,感伤而作《壬申年秋杪杂诗》寄给她。后经同学蒋恩钿劝说,杨绛又跟钱锺书恢复了通信。

第四章 玉树连理

051

钱锺书的多才多情在这些爱情诗中体现得最为深刻。一个青年才子，他的爱情诗最能体现文采的华美、感情的深厚、议论的奇警，真挚感人。

终于有一天机会来了。1934 年 4 月初，他由上海北游京师，"乞取东风晴十日，今年破例作春游"。钱锺书向来是不爱游玩的，闲暇的时间总是用来读书。他在清华大学上了四年，附近的景点大都没有去过。但这一次不一样，因为可以借此机会见到杨绛，共度春假。他一路上游山玩水，轻松愉快地到北京去看望恋人以及清华的师友。沿途作诗 22 首，总题为《北游纪事诗》①，发表于 1934 年 6 月 1 日出版的《国风半月刊》4 卷 11 期上，题下小注曰："原廿二首，今录廿一首，本载日记中，故略采本事作注以资索隐。"我们从中可以看出这次京师之行的许多遗事趣闻。

北行到山东，"泰山如砺河如带，凭轼临观又一回"，这里的景色很美：

> 遥山一角抹微云，日暖风迟水有纹。
> 只少花迎与柳送，江南春色可平分。

他登上岱庙，但见"寝庙荒凉法器倾，千章黛色发春荣"，不禁大发思古吊今之幽情，"分飞劳燕原同命，异处参商亦共天。自是欢娱常苦短，游仙七日已千年"。甚至离开泰山时，泰山的景物也似乎依依不舍地留恋着他："干卿底事一池水，送我深情千尺潭。"

一路行歌来到清华，这里有昔日的师长友人，还有他心心念念的杨季康。他先见了杨绛，分别半年多，这半年中"颜色依稀瘝寐通，久伤沟水各西东"，该有多少话要说啊。一向口若悬河的钱锺书竟然也不知从何说起："有地卓锥谢故人，行尘乍浣染京尘。如何欲话经时别，舌南蛮意未伸？"也许不必说什么，一切尽在不言之中。

这是他毕业以后第一次返回母校，自然免不了去拜访师友。他去

---

① 有人把这组组诗当作 1933 年初春在清华时学校组织游泰山时所写，误。只消从题目"北游纪事诗"字面上即可看出，这组组诗中写重见叶公超、吴宓、杨绛，可知是 1934 年钱锺书从上海北游泰山后再至北京的事。

拜访了叶公超先生。学生时代,他与常凤瑑、许振德、吴组缃等都是叶先生家的常客,而座中只有他与叶公超对谈,其他人只有聆听的资格。而且当时清华园中谣传钱锺书不认叶为师,这大概是钱锺书的狂言成为口实,叶公超似也有所不满,钱锺书便以诗自解,等于为自己辟谣,表明自己不会像当年章太炎脱离俞樾、周作人脱离章太炎一样来"谢本师"的,他的诗说:

> 毁出求全辩不宜,原心略迹赖相知。
> 向来一瓣香犹在,肯转多师谢本师?

表明所谓"谢本师"的话只是一时的谣传,并无根据,也无需辩驳,大学四年师生相处,只赖叶师信任,原心略迹即可想知。

叶公超又和他说起京派、海派之争。以新月派为主的京派文人原先是很盛的,自从徐志摩死后,京派有些衰微之兆,而钱锺书从清华毕业,到海派的阵地上海教书,叶公超请他评价京派、海派优劣,钱锺书说:"亦居魏阙亦江湖,兔窟营三莫守株。且执两端开别派,断章取义一葫芦。"他认为京派、海派各有所长,亦各有所短,我辈不应当偏袒一派,也不宜株守一隅,折其两端而用其中,取其所长而弃其所短。叶公超听后莞尔,颇为赞许。

钱锺书又拜访了吴宓。他与吴宓先生的关系最为密切。叶公超只比钱锺书长 5 岁,也同钱锺书一样年少气盛,睥睨一世,而吴宓教授年长而宽厚和蔼,乐于奖掖后学。温源宁在英文刊物《中国评论周报》(*The Chinese Critic*)上发表一篇未署名的英文文章《学者与绅士吴宓》一文,半开玩笑地描写吴宓,如说吴宓"脑袋形状如一颗炸弹""两只眼睛像两只火红的煤球"。吴宓也搞不清是谁写的,但清华大学一些师生从文章流畅幽默的文笔,猜测这一定出自钱锺书之手。钱锺书也听到清华园中这个传说,害得他赶快拜见吴宓,向老师辩白。钱锺书写了一首诗,半为辟谣,半为解嘲,写得很有趣:

> 褚先生莫误司迁,大作家原在那边。
> 文苑儒林公分有,淋漓难得笔如椽。

"褚先生"即补司马迁《史记》十篇散佚篇目的褚少孙。在《史记》中,补文中冠以"褚先生曰",他补的篇目文字总体上要比司马迁的文笔逊色许多,钱锺书以此自谦决不敢作"褚先生"班门弄斧来唐突吴宓先生这样的诗人学者。"大作家原在那边"典出《卢氏杂说》中引王维语。宰相王玙好为人作碑志,有送润毫(即今之稿费)者来,误叩王维门。王维曰:"大作家在那边。"钱锺书引其语自我解嘲,意谓像吴宓这样一位既是诗人又是学者的大家,自己哪得有如椽大笔为之作传呢?

吴宓先生在藤影荷声馆设宴招待弟子,介绍钱锺书认识了清华大学另一个才子,新任清华哲学系、历史系讲师的张荫麟。张荫麟1929年毕业于清华旧制留美预备部,在美国斯坦福大学学习西洋哲学、社会学与文学,获得哲学博士学位。吴先生称他与钱锺书为"北秀南能"。又有人称钱锺书、吴晗、夏鼐、张荫麟为清华四才子。张荫麟是哲学系教授张申甫的堂弟,张申甫认为钱锺书与张荫麟是"国宝"。钱锺书有诗记其事:"同门堂陛让先登,北秀南能忝并称。十驾难追惭驽马,千秋共勖望良朋。"(《槐聚诗存》)钱锺书留学回来后,在西南联大又与张荫麟同事。1942年张荫麟因肾病早逝,年仅37岁。钱锺书为此又写了《伤张荫麟》悼念他[1],情词沉痛。

至于同学间的聚饮高歌就更多了。整日招邀高谈,也是一种乐趣,"七万二千份内粮,秀才闻请意惶惶。叩门乞食陶元亮,与我一般为口忙。"不过钱锺书不善饮,"最厌伤多酒入唇,看人斟酌亦酪酊。自惭蕉叶东坡量,众醉休嗤学独醒。"

他写给同学许大千的诗,还没有忘记大学时代许振德这个"多情种"的故事。不过,当年"许眼"频送秋波,他的"无线电"并没有打动那位小姐的芳心。钱锺书的《许眼变化图》也没有促成一桩好事。钱锺书对许的失恋既有调笑又有安慰,说:

> 风云气盛讳多情,物果难求失亦轻。
> 铲削爱根如铲草,春风吹著会重生。

又有《道大千于公超师》:

---

[1] 钱锺书:《槐聚诗存》,生活·读书·新知三联书店1995年版,第72页。

矫矫出群爱此才,鹤凫长短世疑猜。

过江名士多于鲫,争及济南名士来?

既调侃这位济南名士、多情才子的个性,又赞赏他矫矫出群的名士风度,可谓谑而不虐。

鹤声一一会高飞,饭颗吟诗莫浪讥。

纵似君乡厉征士,也应狂瘦胜痴肥。

下注:"晤公起,清癯萧散,有晋宋间仪。故用王述庵鹤形当贵故事。"调笑中寓以赞许。

人生长恨,欢娱苦短,十几天的京华之行很快要过去了,杨绛陪钱锺书游了北京郊外的名胜玉泉山等地。钱锺书在清华上学四年中,时间全部用于读书,基本上都不大出去玩。清华四年中,除了去过颐和园和香山外,别处都没有去过①。这次杨绛为他当向导,游了几处胜迹,他写了《玉泉山同绛》说:

欲息人天籁,都沉车马音。

风铃呶忽语,午塔矗无阴。

久坐槛生暖,忘言意转深。

明朝即长路,珍取此时心②。

"纷飞劳燕原同命,异处参商亦共天。自是欢娱常苦短,游仙七日已千年。"(《纪四月二日至九日行》)只得依依惜别了。"却恋江南归去也,风光如此付何人?"

第三节 《中书君诗》初刊

1933 年春,钱锺书将他从中学毕业后至 1932 年冬所写的诗抄录结

---

① 杨绛:《我们仨》,生活·读书·新知三联书店 2004 年版,第 72 页。
② 据《槐聚诗存》。此诗最后两句原作"颠风明日渡,珍取此时心",取苏东坡的诗"塔上一铃独自语,明日颠风当断渡"。"颠风"和"当断渡"增强诗句的音乐性。

集,名为《中书君诗》。1934年初,又增加一些近作约百十首诗,编选为一册,定名为《中书君诗》,自费付梓。这是他自印自赏的第一本诗集,印数极少,主要用于赠送师友。战前的出版界比后来的情况要好一些,出版著作还算比较容易,即使自费出版亦不太难,但钱锺书的目的不是为了立身扬名,只是为了自己和朋友间分赠赏玩而已。印数很少,属于非卖品,并非正式出版物,外界也无缘见到。我们只能从当时刊物上公开发表的诗作约略了解其早期诗歌的大致风貌。

他早期的诗近于才子诗,学晚唐李商隐、清人黄仲则风华绮丽之体,既没有深广的生活阅历,也没有沉郁的感情,全仗才华为之,以议论为诗,以才学为诗,内容不出思乡怀人、儿女情长的樊篱,略带为赋新诗强作愁的才子习气。但他的辞采确实华美,议论颇能出新,凭着一枝灵秀的妙笔、偬傥的才思,点化古人的佳句,或正用,或反用,锻词炼句、翻新出奇。不过,尽管才气过人,援笔立就,但不像唐伯虎那样率尔操觚,在写作上仍是刻意追求,有点近于苏东坡与黄山谷。"峥嵘万象付雕搜,呕出心肝方教休。春有春愁秋有病,等闲白了少年头。"可见他写作的态度严肃认真,一丝不苟,用力甚勤。在《壬申年秋矧杂诗》中说:

> 不觉前贤畏后生,人伦诗品擅讥评。
> 判将壮悔题全集,尽许文章老更成。

更表现了他对诗歌的刻意追求。有了这样的不懈追求,所以壮年以后,远离家国,经历了时代的变迁、国家的变故,才能一变旧格,进入一个新的境界。在后来谈到早年这部《中书君诗》时,他很自谦地说当年"大胆胡闹",都是由几个做旧诗的朋友怂恿印的,"内容甚糟,侥幸没有流传"。不过这都是后话了。

吴宓收到钱锺书寄的《中书君诗》,大为高兴,题诗祝贺,写了《赋赠钱君锺书即题〈中书君诗〉初刊》:

> 才情学识谁兼具,新旧中西子竟通。
> 大器能成由早慧,人谋有补赖天工。
> 源深顾赵传家业,气盛苏黄振国风。
> 悲剧终场吾事了,交期两世许心同。

他对钱锺书给予高度的评价。前四句赞赏他的聪明早慧、博学多才，颈联复说他家学渊源深于顾（炎武）赵（翼），笔力才气可比苏（轼）黄（庭坚）。最后慨叹自己前途黯淡，表明与钱氏父子两世交情、心心相印的关系。

钱锺书又把这本《中书君诗》寄呈正在无锡国专讲学的陈石遗老先生。陈衍圈点了其诗中的警句，收入《石遗室诗话续编》，如：

> 又《秋杪杂诗》十四首绝句，多缘情凄婉之作，警句如：春阳歌曲秋声赋，光景无多复一年。巫山已似神山远，青鸟殷勤枉探看。如此星辰如此月，与谁指点与谁看。判将壮悔题全集，尽许文章老更成。春带愁来秋有病，等闲白了少年头。

对钱锺书的《北游记事诗》之"寝庙荒凉法器倾，千章黛色发春荣。最宜老杜惊人句，变雅重为《古柏行》"更推为知音，赞曰："与余《扬州杂诗》'最宜中晚唐人笔，此地来题绝句诗'貌同而心不异。"

钱锺书收到吴宓寄赠的《赋赠钱君锺书即题〈中书君诗〉初刊》一诗后，对吴师"悲剧终场吾事了"一语，深感吴宓这种悲剧的性格和对人生的悲观情绪，赶快写诗回赠并安慰这位恩师。在《雨僧师赐诗，奖饰溢分，以予谓师孤标高格，而伤心人别有怀抱，大类希腊古悲剧中主角，乃云"悲剧终场吾事了"，感呈一首》中，钱锺书写道：

> 独行开径古争强，我法凭人说短长。
> 有尽浮生犹自苦，无穷酸泪倩谁偿。
> 身同孤注伤徒掷，情入中年忏莫忘。
> 捣麝成尘莲作寸，饶能解脱也凄凉。

吴宓是一个很重感情的诗人，才子多情，正因为多情，才饱受感情的折磨；但他又是一个正直的好人，没有心计，也从不屑于攻心计。钱锺书最喜欢吴宓《空轩诗》里"未甘术取任缘差"一句，道前人未道，这可以说是吴宓一辈子坚守的做人哲学，但这种"未甘术取任缘差"的人生哲学却使吴宓错过了爱情的机缘。他为此写过《忏情诗》。他是一个很坦白的人，会把他的想法、诗中表达的思想，在上课或课余时讲给别人甚至学生听，但也很难获得别人的理解，有些人甚至以此作为笑柄，他内心更加痛苦。

吴宓（1894—1978），字雨僧，原籍陕西泾阳，1911 年 2 月考入清华大学,成为清华庚子退还赔款的留美预备生,与朱君毅(1892—1963,原名朱斌魁)同班,关系不错。朱君毅在大学时代即与表妹毛彦文(1898—1999)自由恋爱而订婚,后来,朱君毅留学美国,获得哥伦比亚大学哲学博士学位,回国后在南京东南大学做教授,而吴宓也从美国哈佛大学回来,执教该校。毛彦文时在金陵女子大学读书,对朱君毅悉心照顾,一往情深。吴宓与朱毛两人关系不错,毛彦文还把自己同学陈心一介绍给吴宓。后来朱君毅突然移情别恋,与毛彦文解除了婚约。毛彦文金陵女子大学毕业后赴美留学,1929年获得美国密歇根大学教育学硕士后归国,在暨南大学、复旦大学任教。吴宓还在清华时就觉得毛彦文很吸引人,有个性、要强、聪明秀丽,暗恋着她,认为她简直可以和古希腊神话中的女神海伦媲美(毛彦文字海伦),但发乎情,止乎礼义,一直把对她的感情留在心中。此时,毛彦文已是一个自由的人,吴宓也与陈心一离婚,开始与她通信,给她写诗、写信,向毛彦文求爱。吴宓说:"予平生所遇之女子,而实际上爱之最深且久者,则为海伦一人。"这些诗文都保留在《吴宓诗集》中,感情真挚、意味深长。但是在他们两人面前却竖着无形的屏障——他与朱君毅的同学、同事、好友的关系,隔开了他与毛彦文之间深挚绵长的感情,而且两人的性格也是格格不入。吴宓是个书呆子,苦苦追求,毛彦文很冷静,并没有答应他。此时,二次丧偶的前国务总理、66岁的熊希龄频频登门向毛彦文求婚,又发动毛的亲戚友人为之上门劝说,终于打动了毛彦文,而吴宓抱着"未甘术取任缘差"的思想,错过了姻缘。1935年2月,毛彦文嫁给了比她年长近30岁的熊希龄,这在当时是轰动文坛的新闻,有许多趣闻。沈尹默作一贺联"且舍鱼取熊,大小姐精通孟子;莫吹毛求疵,老相公重作新郎"。上联的"鱼"谐"雨"(即"雨僧")。更有人在报上刊登贺联:"熊希龄雄心不已,毛彦文茅塞顿开",极尽诙谐之能事①。

---

① 吴宓秉性方正,儿女情多,又真率自然,毫不掩饰,这是他的名士风度,所以友人弟子常爱与他调笑。金陵大学学生沈祖棻与其一位女同学知其事,两人化一女子之名作诗遥寄吴宓,附以诗篇,微露爱慕之意。吴宓大喜,向金陵大学教授汪东询问,汪先生也不知是谁。沈祖棻诗有"少年好弄惯操觚,共把风情戏老儒"之语,见《涉江诗稿》卷二《得介眉塞外书奉寄》(其五),沈祖棻:《涉江诗词集》,河北教育出版社2000年版,第167页。

吴宓的《忏情诗》发表后，颇遭时人嘲笑尤谤，钱锺书写信劝慰：

> 百年树木迟能待，顷刻开花速岂甘。
>
> 各有姻缘天注定，牵牛西北雀东南。

既是为老师感伤，又是劝导宽慰。另一首说：

> 中年哀乐托无题，想少情多近玉溪。
>
> 一笑升天鸡犬事，甘随黄九堕泥犁。

这是针对别人的诽谤而写的。说想来吴先生也是少年多情，无法排遣，把这种哀乐之情寄托于《忏情诗》中，与李商隐的《无题》是同一机杼、同一种真挚婉约的感情。多情又有何妨，何苦为此不安呢？身后是非谁管得，天堂与地狱同样虚无。佛教徒说黄庭坚因写情诗而死后堕入泥犁，钱锺书在诗下加小注："楞严经云，想多情少，轻举匪远。"反其意而用之，借佛攻佛。

吴宓在 1918 年赴美国哈佛大学留学，胡适正学成回国。跟胡适同学而观点相反的梅光迪（1890—1945），又是吴宓的学长与引荐人。梅光迪把自己的导师白璧德介绍给吴宓，白璧德此后成了吴宓一生的学业与精神导师。梅光迪对胡适的"文学革命"与白话文学极力反对。吴宓每天记日记，记载自己真实的行事与想法，有些事如追求女人、对女人的意淫痴迷等，他都毫不隐讳地真实记录，对自己进行解剖与反省，就像卢梭的《忏悔录》。初看非常猥琐变态，实则这正是吴宓的坦率诚实之处，也即钱锺书说的"为人诚愍胸无城府"（钱锺书《致吴学昭函》）。他为人极为真诚、厚道，尽管私下里通过日记骂叶公超、温源宁、林语堂，但在现实生活中与这些人私交仍然很好，仍然经常在一起吃饭聊天、有说有笑。日记成为吴宓每天解剖自己、批评别人的工具。吴宓是一个多重矛盾的人，他天性善良守旧，热爱中国传统礼教，但又是一个有着浪漫理想的人，对传统的婚姻不愿恪遵，始终怀着罗曼蒂克的幻想，这在中国注定遭受种种非议。他自己也曾反思自己："宓不幸，心爱中国旧日礼教道德之理想，而又以西方积极活动之新方法维持发展此理想。此二者常互背驰，然吾力不继，二马分道而奔，则宓将受车裂之刑矣。此宓生之悲剧也。"（《吴宓日记》1927 年 6 月 14 日）我们从中可以看出他的重重矛盾：好色多情、褊狭执着，又专一、痴情、多疑，严于责望别人、解剖自己，内心冲突非常激烈。这就是他的悲剧性格。

除了陈衍、吴宓之外，钱锺书与其他诗坛前辈如胡步曾（先骕）、汪辟疆等也有唱和。如写给汪辟疆的一首诗："教化无如广大佳，诗中疏凿费安排。略工感慨名家体，正要西江借齿牙。"汪辟疆（1887—1967），原名国垣，号方湖，又号展庵、匹园，江西彭泽人，是近代论诗又一大家。汪辟疆对陈衍的《近代诗钞》不很满意，在《光宣诗坛点将录》仅比陈衍为神机军师朱武。但他对钱锺书的诗颇为欣赏。钱锺书在诗下小注云："晤方湖先生。近世论诗，先生最有持平之论，虽石遗丈不能过也，颇称拙诗。以其为江西人，故一反元遗山《题中州集》语。余旧论诗绝句有云：'其雨及时风肆好，匹园广大接随园'。"

钱锺书的足迹除上海、北京外，1935年初春到了南京。南京是首都，山水也很优美清新，"除却夭桃红数树，春痕都在有无中"，但气魄却与北京不可相比。南方是秀丽的，但不如北方气象阔大，钱锺书喻道："山似论文法可师，此邦风物旧都输（后《槐聚诗存》定稿改为'故都气象此难追'）。只如婢学夫人字，宜写唐临晋帖诗。"议论新奇，别开生面。

尽管20多岁的钱锺书在光华大学还是很年轻的教师，上课时喜欢左手捏着牛津版的袖珍词典，眼睛看着课文，旁征博引，侃侃而谈，谈到高兴时，右手在鼻子下面横抹一把，显示出一副腼腆的书生模样，但这个纯粹的书生已从无忧无虑的学生时代接触了外界的社会，初识了人世的滋味，忧世伤生的钱锺书，在这个时候已初露端倪。

他的同学常凤瑑（1910—2002，笔名常风）毕业后回故乡太原，一度情绪极为低沉，甚至悲观得想用自杀来结束年轻的生命。他写信给钱锺书，这使钱锺书陷入沉思，赶忙回信安慰，有《得风瑑太原书，才人失路，有引刃自裁之志，危心酸鼻。予尝云：有希望死不得，而无希望又活不得，东坡曰：且复忍须臾，敢断章取义以复于君》：

> 惯迟作答忽书来，怀抱奇愁郁莫开。
> 赴死不甘心尚热，偷生无所念还灰。
> 升沉未定休尤命，忧乐遍经足养才。

埋骨难求干净土，且容蛰伏待风雷①。

既是同情安慰，又是劝解。青山在，路遥遥，人生路上的一切艰辛都要一一体味。钱锺书是善于解脱的，他解脱的方法是，既然不能改变客观的外界环境，那就只有内心的超脱，超然物外，如陶潜所谓"心远地自偏"的意思。他在《寓楼小斋》②里，由自己的蜗居引起对古人"广厦万间"的怀疑，怀疑古人是凭"豪气"而"随心幻"出的，可能根本就没有，看看自己的处境，"拔宅升霄终乏术，浮家入海欲安逃"就会知道。但他一转念就会从中得到解脱，"陋居不少回旋地，默契鸢鱼计最高"：身在容膝之内，而心游天地之外，这种精神的解脱从陶渊明以来已不多见了，这是钱锺书独特的处世方式。看起来超脱平淡，背后显得那么艰辛。正是靠着这种处世方式，他才能在后来的年代里摆脱了多少精神上的苦恼，以"默"求"存"。

"楼寓旷野，接比外国兵营，吹角呜呜，自朝达暮，斜阳弄色，炊烟远起，偶一倾耳，辄唤奈何。仿佛李陵听笳，桓伊闻笛，南屏之钟声，西陆之蝉唱。东野所云'月口星心'者，又非其伦也"，他因此作诗曰：

荡心一角破空虚，幽咽穿云作卷舒。

梁绕片时闻隐隐，风飘何处散徐徐。

乍惊梦断胶难续，渐引愁来剪莫除。

声比晨鸡原不恶，筝琶洗耳听奚如？③

外国人在中国的地盘上驻扎军营，号角连夜，作为一个有良知的中国人，其感受该是多么复杂！诗人一连用四个典故道出此时此地此情此景内心的反应，胜过多少语言的表达，尤其是"乍惊梦断胶难续，渐引愁来剪莫除"更为凄苦。相信陶渊明生于此时，也不会再安心做他的"羲皇上人"的梦吧。

国家的衰乱，时局的艰危，环境的清贫，钱锺书只能靠超脱强自遣愁。但友人的英年早逝，更使他惊恸。1934年7月，他的诗友徐景铨病

①《国风半月刊》第四卷11期"诗录"，第51页。
②《国风半月刊》第四卷11期"诗录"，第51页。
③《国风半月刊》第6卷第3、4合期。

逝。徐景铨,字管略,江苏常熟人,南京高等师范毕业后在无锡国专任教,卒年 37 岁,钱锺书作《哭管略》[①]悼念:

(一)

何难留命忍须臾,谈艺归来愿竟虚。

待哺诸儿黄口小,丧明一老白头初。

覆巢所幸能完卵,涸辙犹希倘活鱼。

见惯存亡无涕泪,殷忧尚为泣沾裾。

(二)

胸有千秋只字悭,相知唯我许追攀。

回牛笔可穿重札,窥豹文才都一斑。

平日谈笑都益恨,故乡魂魄倘知还。

发言莫赏嗟臣质,谁与微词作要删?

回首昔日谈艺论文,忽焉一去无迹,人天永隔,天丧斯文,词意凄痛,令人不忍卒读。

作为沟通中西、新旧兼长的才子,钱锺书为什么只写诗而不写词?为什么只写旧体诗而不写新诗? 在《围城》中他曾写过一首仿爱利恶德(T. S. Eliot,即艾略特)"荒原体"的歪诗,给予尖刻的挖苦,但他所嘲笑的"是模仿荒原体的劣诗,并不是荒原本身"[②],但仅此远不足以说明他为什么不写新诗,况且他还为曹葆华的新诗集写过热情洋溢的诗评。这些都是很有趣的疑问,虽然没有答案,也不必强作解人。

第四节　缔结良缘

1933 年钱锺书从清华毕业后回家度假,还没有把他与杨绛的关系告诉父亲,只是与杨绛书信往来。他们的书信有时用中文,有时用英语,锺书的父亲钱基博老先生看到了,也不打招呼,就擅自拆阅了。英

---

① 《国风半月刊》1934 年第 5 卷第 1 期。

② 水晶:《侍钱"抛书"杂记　两晤钱锺书先生》,《书城》1999 年第 1 期。

文信看不懂就算了,中文写的看得懂,还要通报锺书的叔叔,两人商量议论一番。这种庄重、严肃而又带有浓厚的封建家长的作派,有点像《围城》中的方遯翁。但老先生看过信后,对杨绛大加赞赏。杨绛在信中对钱锺书说:"现在吾两人快乐无用,须两家父母兄弟皆大欢喜,吾两人之快乐乃彻始终不受障碍。"老先生边看边赞"真是聪明人语",认为杨绛大方懂事,能体贴对方父母,对于不谙世事的儿子来说,杨绛是个再合适不过的好女孩。老先生高兴之际,也不待征求儿子的意见,便自作主张直接提笔给未见过面的儿媳妇写了一封信,把她大大夸奖一番,郑重其事地把儿子"托付"给她。杨绛突然接到素昧平生的未来"公公"的信,不知如何回复。问钱锺书,他说:"不用回。"①

杨绛也把锺书介绍给自己的父亲,杨荫杭先生也很赏识锺书。两人门当户对,甚是般配,本当就定了下来,但结婚前还有"订婚"礼不可少。两人完全是自由恋爱,但是还得遵循"父母之命,媒妁之言"。钱锺书由父亲领着去杨家,见杨绛的父母亲,正式求亲,然后请出男女两家都熟识的亲友作为男家女家的媒人来"说媒",再订婚。当时杨绛的父亲生病,诸事从简,但还是在苏州一家饭馆举办宴席,请双方的族人、至亲好友参加。订婚礼相当隆重,来了不少人,钱锺书的同族前辈学者钱穆也参加了。

订过婚后,杨绛就成为钱锺书的"未婚妻"了,不过她还在上学,仍要回清华读书。钱穆先生在燕京大学任教,正好也要北上,她未来的公公介绍"宾四先生"(钱穆)与她同行,一路照顾她②。钱锺书仍在光华大学教书。

钱锺书在光华大学教书一年有余,到1935年春,他参加了教育部第三届庚子赔款公费留学资格考试。当时国民党教育部用英国退还的庚款奖励国内成绩优秀的青年到英国留学,但录取名额极为有限,文理工等各种学科都有,总计只有20多个名额。钱锺书所报的英国文学只有一个名额,所以一般人是不敢问津的。钱锺书报了名,他自信以他的

① 吴学昭:《听杨绛谈往事》,生活·读书·新知三联书店2008年版,第80页。
② 杨绛:《车过古战场》,《杨绛作品集》(第二册),中国社会科学出版社1993年版,第264页。

英文水平不需要下什么功夫①。据说那年清华大学许多准备报考的人听说钱锺书也去参加考试,都吓得不敢去报考了。吴宓的一个研究生准备考英国文学,吴宓告诉他钱锺书准备考,就不要再去考了(见《杨绛谈往事》)。果然名不虚传,成绩下来,他以绝对优势名列榜首。中英庚款董事会会长朱家骅是主考官,他对钱锺书印象很深刻。20 世纪 40 年代钱锺书在国立中央图书馆任职时碰到朱家骅先生,他还特意提起过此事。

钱锺书告诉杨绛这一消息,希望杨绛与他一道赴英留学。他从小生活在优渥的家庭中,被娇养惯了,除了读书之外,其他生活琐事一概不关心,尤其是生活不善自理,处处得有人照顾。杨绛那时即将毕业,清华大学研究院各系每年都准许送学生出国留学,唯独外文系不能出国。杨绛打算不等毕业,与钱锺书结婚以后,两人一同出国。但她要到明年才能毕业,就决定本学期结束后办理休学手续,还剩下一门课须大考,于是就同老师商量,采用论文代替大考,终于提前一个月完成了本学期学业。

时间仓促,杨绛来不及写信通知家里,便打点行李,乘火车回苏州。她想家想得厉害,下午一到家门口,行李撇在门口不顾,便飞跑进父亲屋里。父亲听到喊声,答应一声,立刻掀开帐子下床,欣喜地说:"可不是回来了!"原来,她的父亲中午刚睡下,忽然觉得阿季回来了,坐起来听听,又没有一点动静。父亲以为她到母亲屋里去了,连忙赶去,只见母亲一人静静地在做针线活,并没有阿季的影子。父亲问:"阿季呢?"她母亲说:"哪来阿季?"父亲再去睡,一直睡不着,他的第六觉感应到女儿回来了,一直在等待着。这大概就是心灵感应吧②。

杨绛把自己提前毕业以及与钱锺书一同出国的打算告诉了父母,她的父母很赞成女儿的决定,就为她置办嫁妆,梳妆打扮,准备与钱锺书完婚。

1935 年 7 月 13 日,钱锺书与杨绛在苏州杨家举行了婚礼。由于杨

---

① 1935 年春天,钱锺书在南京参加庚款留学考试期间,与楼光来、范存忠、郭斌和等人交往甚多,看来是非常轻松的。

② 杨绛:《回忆我的父亲》,《杨绛作品集》(第二册),中国社会科学出版社 1993 年版,第 96 页。

绛父亲是在日本、美国留过学的,因此在苏州杨家举行的是新式婚礼。她父亲老圃先生主婚,张一麐(仲仁)先生证婚。乐队奏《结婚进行曲》,新郎新娘相对,行三鞠躬礼,交换戒指。并且请了照相馆摄影师为新郎新娘摄影。虽然结婚是大喜之日,但其实杨绛的内心是很悲伤的,这意味着自己马上就得离开父母了。

他们又被接到无锡七尺场钱家。钱家的婚礼是旧式婚礼,夫妻要向父母行叩拜礼。两家都是江南很有声望的文人之家,钱锺书又是长房长孙,因此,婚礼张灯结彩,披红挂绿,办得极为隆重。这天,两家的亲朋好友来了许多,连无锡国专的校长唐文治、陈衍老先生都来祝贺,还有钱锺书与杨绛的同学陈梦家、赵罗蕤等,众宾客济济一堂,喜气盈门。唐文治老先生还和已是上海交通大学教授的儿子唐庆诒合唱了昆曲《长生殿·定情》,为婚礼助兴。杨绛的三姑母杨荫榆特地从苏州赶来参加婚礼,这位从来不会打扮的三姑母,特地精心打扮了一番,穿一身簇新的白夏布的衣裙和白皮鞋,非常侉气地来了。她一进门却让贺客大吃一惊,以为她披麻戴孝来了①。结婚仪式上,钱锺书身穿黑色礼服、白色衬衣,脚蹬皮鞋,杨绛身着长裾拖地的婚纱,一对新人郎才女貌,打扮得分外漂亮。只是天气太热,新郎白衬衣的硬领给汗水浸得又黄又软,新郎新娘全都汗流满面。正如后来杨绛"淘气"的说法:"结婚照上,新人、伴娘、提花篮的女孩子、提婚纱的男孩子,一个个都像刚被警察抓获的扒手。"②

钱基博老先生对这门亲事大为满意,因为杨绛是猪年出生的,老先生特地把自己珍藏的汉代古董铜猪符送给儿媳,作为礼物,祝他们二人在以后的岁月里吉祥如意③。

钱锺书从南方无锡到清华大学上学,又从北京到了上海,读书、教书、编杂志、写文章,与京派、海派都有一些关系,但他又不属于任

---

① 杨绛:《回忆我的姑母》,《杨绛作品集》(第二册),中国社会科学出版社 1993 年版,第 125 页。

② 杨绛:《记钱锺书和〈围城〉》,《杨绛作品集》(第二册),中国社会科学出版社 1993 年版,第 133—134 页。

③ 赵昌春:《钱锺书杨绛访问记》,(香港)《新晚报》1979 年 7 月 17 日。

何一派。"南学北学,道术未裂",他兼具南北学人的优点,"南人约简,得其英华;北学繁芜,穷其枝叶"。钱锺书与杨绛结缡西行,游欧洲,这不仅是一次沟通中西的学术之旅,同时从单身到家庭,他遇到了读书路上的伴侣与知音。假如没有杨绛的守护陪伴和甘心奉献,很难说会有后来的钱锺书。

第五章　留学牛津

第一节　他乡亲情

1935 年 8 月 13 日①,钱锺书与杨绛婚后不久,即告别父母家邦,相伴出国,前往牛津大学艾克赛特学院(Exeter College)留学深造。

到底是女孩子多愁善感,当他们乘火车由无锡经过苏州时,火车停在月台旁,杨绛又想念起父母来了,忽然泪流满面,不能抑制。她想到父亲一定能感应到女儿正在想他们,父母也一定正在想她,她恨不能跳下火车,再跑回家去见父母一面。她突然有一种强烈的预感,一个似乎是永生的遗憾:再也见不到母亲了。

当钱锺书与杨绛乘船到英国牛津留学时,堂弟钱锺韩已经在伦敦大学帝国理工学院读研究生快两年了,弟弟锺英也在英国。牛津开学要到 9 月,时间还早,他们在伦敦小住。但他们到英国时接站的不是自己的弟弟,而是本家晚一辈的钱临照。锺韩与锺英相约来看大哥,三兄弟在异国他乡聚在一处,别是一番滋味。"看频疑梦寐,语杂问家乡",钱锺书有《伦敦晤文武二弟》一诗记录当时情景。著名地质学家李四光先生也在英国讲学并管理留学生事务。李四光的夫人是杨绛大姐的同学、好友,特邀他们夫妇到家里吃饭。锺韩带他们参观大英博物馆和几个有名的画廊、蜡像馆。后来也去牛津看他们,一起谈学习、生活,或到

---

① 吴学昭:《听杨绛谈往事》,生活・读书・新知三联书店 2008 年版,第 101 页。

"恼伦园"(Northam Gardens)、牛津公园散步、摄影。锺韩带有照相机,为他们拍了不少照片。

帝国理工学院是英国著名的理工大学,而牛津大学则是英国最古老的大学,它位于伦敦西北泰晤士河上游的牛津城。牛津只是一个不到十万人的小镇,幽静淡雅,因牛津大学而闻名世界。

牛津大学的文科学术水平是世界一流的,它拥有许多世界著名的专家、学者,培养出无数的政界和学术界人才,尤其是它拥有世界上第一流的图书馆。牛津博德利图书馆,比国内清华大学图书馆藏书更为丰富。博德利图书馆历史颇为悠久,早在莎士比亚在世时的 1661 年,英国书业公司就承担了把各种新书(包括重印本)都免费送一本给这个图书馆的义务,后来因为藏书急剧上升,博德利不得不把周围的所有房子全部占用,这还不够,就在地下挖掘藏书库,重盖新馆。最后仍无法应付书籍不断增加的势头,只好在各地设立专题图书馆,这种专题图书馆多达几十个。钱锺书在这里时,主要阅读文学、哲学以及心理学方面的书籍。这里的书实在太多了,他可以在此尽情饱览,他把"博德利"戏译为"饱蠹楼",这一中文译名为人们所采用,现在已成为公众认可的译名。

钱锺书考的庚款留学在国内是公费留学,但在牛津却算是自费生。自费的男女学生都穿着一件校服,背上有两条黑布飘带,男生还有一只硬的方顶帽。这是牛津学生的标志。杨绛没有,很羡慕,钱锺书也不常穿,杨绛就把这件校服作为他们青春岁月的见证,一直珍藏,保留了一辈子。2003 年,国家博物馆为筹备百年留学历史文物展,向杨绛征集其父亲及钱锺书留学的文物,她慷慨拿出展览,并把它捐赠给国家博物馆。杨绛本打算进不提供住宿的女子学院(Home Students),但那里读文学的名额已满,要入学,只能修历史,她不愿意,而且因为牛津的费用很高,她不忍心再增加学费的负担,就安心做个旁听生,随意选听自己感兴趣的课程,这种日子很惬意。杨绛在东吴大学时学的是政治学,喜欢文学却不得其门而入。考入清华后,又深感自己欠许多文学课程来不及补习,自由读自己喜欢的小说的时间也不是很多,现在所有时间都是自己的,牛津大学图书馆文学经典应有尽有,可以从容自在地随意阅读。她为自己定下一个课程表，一本一本从头到尾细读。

在牛津这样世界一流的大学，掌握数种欧洲语言是司空见惯的，也是对留学生起码的要求。钱锺书的英文水平和对其他欧洲语言的精通，在牛津大学并不显得特别突出，但他的传统国学特别是文学水平却是首屈一指的。东西学术兼擅其长，这是不可多得的。有许多西方汉学家所缺的正是这些。牛津大学汉学家 K. J. Spalding 经常请钱锺书夫妇喝茶聊天，向他请教问题。他很想让钱锺书放弃中国的公费留学资格，在牛津读哲学，做他的助手。他的哥哥 H. N. Spalding 是一位富翁，认为中国的那一点奖学金区区不足道，他可以提供更加优越的条件让钱锺书留在英国工作，但钱锺书马上婉拒了①。他不愿意为了金钱利益放弃自己的国家奖学金。当时牛津大学出版了一套"牛津大学东方哲学、宗教、艺术丛书"，曾聘他为特约编辑，他是编辑组中唯一的一个中国学生。

第二节　牛津大学的生活

牛津大学的教学非常严格，保留着书院式的导师制。一个学生有两个导师：一个是学业导师，一个是品行导师。钱锺书的学业导师 Brett-Smith 对学生要求很严格，基本上是一对一的严格训练，布置学生读书写文章，亲自改学生的文章。牛津大学的课程要求很严格、死板。钱锺书在牛津时，仍然像在国内一样，根本不受上课的约束，还是完全凭兴趣读书。对不感兴趣的课程他从来不愿听，倒是读了大量西方现代小说。牛津大学每年有三个学期，第一学期从 10 月中旬开始，至 12 月中旬结束。每个学期 8 周，然后放假 6 周。第三个学期后是暑假，长达 3 个月。一到放假，大都出去玩了，钱锺书整个第一学年都在牛津，时间都用在读书上了。只有课余时间，他与杨绛到牛津的各个街巷去散散步，名为"探险"。

19 世纪末、20 世纪初是世界发生剧烈震荡的时代，在世纪交替之

---

① 杨绛：《我们仨》，生活·读书·新知三联书店 2004 年版，第 71 页。

际，由于资本主义世界政治经济发展不平衡，矛盾斗争不断激化，最终导致了第一次世界大战的爆发。1914—1918 年的大战对西方社会造成了前所未有的震撼，从中世纪以来一直支撑着西方社会信念的基督教失去了灵光，传统文化价值观念趋向解体，正如尼采曾经宣布过的"上帝已经死了"那样。大战使得一切神圣的口号与说教失去魅力，传统思想日趋崩溃，人们普遍产生一种幻灭情绪。人们的精神状态在文学上的表现是现代主义文学的兴盛。这时，西方各种流派纷呈，涌现出一些杰出的文学家，如诗人叶芝、艾略特，小说家劳伦斯、乔伊斯、普鲁斯特等等。这批作家纷纷以新的形式来表现新的思想内容，如艾略特的《荒原》用支离破碎的语言代替富有诗意、规范流畅的语言，用零乱的层次结构代替传统诗歌结构的连贯性。小说也一样，打破叙事的连贯性，违反传统的语言习惯，放弃规范的人物表现方法。如法国普鲁斯特的多卷本小说《追忆逝水年华》、爱尔兰乔伊斯的长篇小说《尤利西斯》，更是现代主义的经典作品。这些作品是时代的产物，在当时普遍受到人们的欢迎。在欧洲留学的青年钱锺书也开始建立起这样的阅读兴趣，他读了不少现代派的小说。除此之外，钱锺书的阅读趣味还在侦探小说上，他极爱读福尔摩斯探案故事，读得几乎废寝忘食。

与此相反，牛津大学的课程极为严肃、古板。在所开设的课程中，有不少是相当枯燥的，如英国古文字学课"版本与校勘"之类。钱锺书对这些课程一点兴趣都没有，他根本不愿听这些课，不愿参考与之有关的教科书。他贪读小说，每天都要用普鲁斯特的小说或侦探小说或惊险故事来"休养脑筋"。读小说成了他最轻松、愉快的休息。他看侦探小说，每天可以读一本，几乎是一目十行地浏览而过，但这些小说的内容却在他脑海中留下很深的印象，常常再现于梦中。杨绛说，那时他晚上睡梦中常手舞足蹈，甚至又踢又蹬，不知是梦中做了侦探捕捉凶手还是做了凶手被侦探捕捉。他把读小说当作最大的业余爱好，增加生活的情趣，也可休息一下。当然，他读得更多的还是康德、黑格尔、萨特、弗洛伊德、克罗齐等人的哲学、心理学、美学著作。这一时期钱锺书究竟读了多少书，不但别人说不清，连杨绛也无法弄清，恐怕连他本人也难以道清。他的绝大多数时间都是在阅读书籍中度过的，他上课很少规规矩矩地听课，也根本不去用功地复习、预习功课。好在他的英文基础远比一般的留学生扎实、牢固，所以他的课程都以较优异的成绩通过。

但是在论文预试中，那门英国古文书学因要辨认英国15世纪以来许多相当潦草模糊的手稿，这是他未料到的。这一门课考试的要求也很奇怪，不要求把手稿全部辨认出，也不限定辨认的字数，但是不能出错，如果辨认错了，就要倒扣分。他没有认真准备，对考试要求也没看清楚，把整篇手稿文字都辨认了出来，为赶时间难免疏忽大意，认错字而被倒扣分。结果考试没有及格。没有办法，暑假中他只得硬着头皮花了点时间补课，经补考及格才了事。杨绛说，这是钱锺书在国外留学中对所学功课唯一的一次刻苦用功。

与钱锺书相比，杨绛则是很勤奋的学生，她旁听了许多课程，上课认真听讲做笔记，课余时间几乎都泡在"饱蠹楼"图书馆里，固定占一个座位，把大学阶段想读而没能读的西方文学名著，挨着次序，每天一本一本地读，并认真记笔记。经过两年的努力，她的英国文学的修养有很大的提高，为以后从事外国文学翻译与研究打下了坚实的基础。

牛津大学图书馆的书一向不外借，只能在馆阅览，只能带铅笔和本子，钱锺书和杨绛深明"书非借不能读"的道理，不买书而尽量阅读图书馆的书。钱锺书系统的读书笔记正是从此开始的。一本书读下来很快，做笔记要花上读这本书的两三倍时间，要做非常详细的读书笔记。他不仅读时做笔记，后面遇到相关内容，还会不停地补缀，他把自己的读书笔记命名为"饱蠹楼札记"。《饱蠹楼札记》第一册上写着如下几句："廿五年（一九三六年）二月起，与绛约间日赴大学图书馆读书，各携笔札，露钞雪纂，聊补三箧之无，铁画银钩，虚说千毫之秃，是为引。"第二册有题词如下："心如椰子纳群书，金匮青箱总不如，提要勾玄留指爪，忘筌他日并无鱼。"[1]牛津大学所藏的都是18世纪以前的经典书，19世纪以后的一些小说尤其是他们爱看的侦探小说都在牛津市的图书馆里，那里的

---

[1] 杨绛：《钱锺书手稿集·序》，《钱锺书手稿集·中文笔记》（第一册），商务印书馆2011年版，序第1页。

书可以外借,他们也每周都要到那里借书回来读,钱锺书靠读侦探小说"休息脑筋"。

钱锺书到牛津大学之初,也曾参加牛津的中国留学生联谊会。联谊会的会长是杨宪益,年龄虽小几岁,但能与外国人打成一片,特别是能喝酒,号称"酒仙"。联谊会没有什么活动,一年后钱锺书就不再参加了,他也不愿意把时间浪费在应酬上。向达是钱锺书家的常客,他是北平图书馆与大英博物馆交换来英的馆员,起先在大英博物馆抄敦煌卷子,后来又到牛津大学图书馆主编中文书目。他跟钱锺书比较能聊得来,同时他也社交广泛,了解许多留英学生的事情。当时他们接触较多的,是俞大缜、俞大絪姐妹两个。钱锺书的时间都用在读书上了,与其他留学生之间交往不多。

1935 年 11 月底,纽约大学现代文学教授 John Bakeless 特地来牛津看望钱锺书。他谈起准备写一部文学批评史来补充 Saintsbury 著作的缺陷,其中有关中国文学批评的内容,想请钱锺书帮忙合作。钱锺书婉言谢绝了。但这个善意的建议却促使他对中国文学批评进行思考,后来写了《中国固有的文学批评的一个特点》。

还在 1935 年春天,在钱锺书考过了庚款留学考试,正忙于和杨绛结婚出国的时候,《吴宓诗集》由中华书局出版,出版社寄给他一部诗集,他因匆忙也没来得细看和写书评。钱锺书到牛津大学后,温源宁又寄一部《吴宓诗集》给他,约他写一篇英文书评。钱锺书把书评稿子寄给温源宁后,觉得意犹未尽,又在前文的基础上加以补充扩展,写成论文《评吴宓及其诗》,直接寄给吴宓先生审阅,嘱吴先生如果审阅认可则转交温源宁。钱锺书一直认为吴宓先生是个悲剧式的人物,他为了自己的理想一往情深,付出沉重的代价,不仅得不到旁人的理解,受尽嘲弄和非议,就连他深爱的毛彦文也这样看待他,钱锺书出于不平,当然也出于幽默,在文章中给毛彦文一个"Super-annuated Coquette"的雅号,相当于我们今天开玩笑说的"资深美女",并且担心吴宓改动他的文章,声称一字不得改动。他希望吴宓把稿子转交温源宁,可以把前面那篇稿子追回来。但当吴宓看后转交温源宁时,前文已经刊登出来了。吴宓看到钱锺书的文章,把弟子一贯的幽默当作讥诋,特别是文中对毛彦文的不恭,使老先生很不高兴,在日记中说他"极尖酸刻薄之致"。更主要的,可能因为钱锺书在文章中对吴宓崇敬的导师白璧德有所讥讽,吴宓先生很生气,在当天的日记里把自己的这个得意弟子痛骂一番。但吴宓毕竟是宽厚的长辈,即使内心很不满,私下的日记里骂得很凶,但并没有直接写信训斥,钱锺书也并不知道自己的文章给老师带来的痛苦。

温源宁因为不能再刊发一篇作者相同、内容相近的文章,就把钱锺书的文章退给吴宓,温先生只淡淡地说上次文章已登,不便再刊登了。吴宓也没有说什么话,只把文章退给钱锺书。但敏感的钱锺书是能从吴宓的冷淡的回信中感受到他的不满的。他内心开始感到不安,可以说,吴宓与张申甫、冯友兰是最欣赏他的伯乐,温源宁是清华大学师长中最亲近的老师,在上海时请他们新婚夫妇吃饭,他们出国时温先生亲自送行,"还登上轮渡,直送上海轮"①。内心很敏感的钱锺书猛然反省自己的莽撞与无礼,愧疚好长时间。杨绛《吴宓先生与钱锺书》说:"锺书的失望和没趣是淋在他头上的一瓢清凉水。他随后有好多好多天都不自在。我知道他是为那篇退回的文章。我也知道他的不自在不是失望和没趣,而是内疚。"直到晚年吴宓女儿吴学昭把日记部分内容抄给他看,钱锺书才惊惧悚惶,说自己当年"弄笔取快,不意使先师伤心如此,罪不可逭,真当焚笔砚矣!内疚于心,补过无从,惟有愧悔"。他郑重地写了回信,并允以此信代即将出版的《吴宓日记》序,以弥补自己当年对老师的歉意。

1936 年,他开始写作学位论文,论文题目是《十七、十八世纪英国文学中的中国》,这篇学位论文包括三部分的精细研究,即《十七世纪英国文学中的中国》和《十八世纪英国文学中的中国》之一、之二。他引证了大量的英国文学作品材料,着力于中西文学的"打通"研究,为中国文学的研究打开了一个新局面,也进一步拓展了英国文学以及"汉学"研究。

1936 年的暑假,钱锺书考试完毕后到伦敦、巴黎去度假。牛津的

---

① 杨绛:《吴宓先生与钱锺书》,《读书》1998 第 6 期。

假期很多,留学生一放假就到处游玩。钱锺书不爱游玩,假期都用来读书。这是他们到牛津留学后第一次远行。他的堂弟钱锺韩去了德国和北欧实习,不在伦敦。他们两人就在伦敦自由地游玩"探险",就像在牛津吃过饭后沿着没有走过的巷子"探险"一样。玩了一段时间,他们从伦敦又到了巴黎。锺书和杨绛参加了 1936 年 7 月在瑞士日内瓦召开的第一届世界青年大会。钱锺书是由政府当局从国内拍电报指派去的,而杨绛则是经友人介绍,被邀请做中共的青年代表参加会议。在乘车赴日内瓦的路上,他们与国内来的陶行知同行,三人聊了一个晚上①。在这个大会上,钱锺书应该是代表"中国青年"发言的,但他不爱做这类事,正好共产党派出的代表要争取发言,钱锺书就把他写的中国青年向世界青年的致辞交给她到会上去念。他和杨绛借着开会的机会,溜去莱蒙湖玩了一圈。

在巴黎,杨绛遇见了清华同上法文课的同学盛澄华。他此时在巴黎大学研究法国文学,他听说钱锺书和杨绛有意在巴黎大学攻读学位,建议他们在暑假赶快注册入学,盛澄华代他们办理了入学手续。所以,1937 年秋天以后,他们虽身在牛津,却已经是巴黎大学的注册学生了。

1937 年,钱锺书获得了牛津大学文学士学位。牛津大学埃克塞特学院院长 Frances Cairncross 教授和牛津大学莫顿学院陈立博士合作的长篇调查报告 *Qian Zhongshu and Oxford University*(载江南大学《从无锡到牛津:钱锺书的人生历程与学术成就研讨会论文集》,见《南方周末》2021 年 2 月 9 日)说钱锺书"没有得学位",似乎应该改为"没去参加毕业典礼,领取学位证书"。杨绛《我们仨》中说:"锺书顺利地通过了论文口试。……领到一张文学学士(B. Litt)文凭。"文学士文凭相当于学位证书。

英国的大学与美国不同,它的学制比较保守,并非大学毕业即可得到学位,尤其是牛津、剑桥这些门槛很高的世界老牌大学。钱锺书顺利通过论文的口试,毕业了。牛津大学的学位口试是非常严格的。同届一位留英国的庚款生口试后很得意地说:"考官们只提出一个问题就没

———————————

① 杨绛:《我们仨》,生活·读书·新知三联书店 2004 年版,第 82—83 页。

有再问了。"他本以为十拿九稳的,结果没有通过,论文还得重写。同学院的一个英国同学口试也没有通过。在 20 世纪 30 年代,这些学校一般是不承认外国学校的学位的,当时这种学位极少颁发给以中文为母语的学生,所以留英学生能在牛津得到文学士学位是很不容易的。钱锺书还获得了最优等荣誉(First Class Honours)。

这一年 5 月 19 日,他的女儿钱瑗出生,她不仅给钱锺书夫妇增加了欢乐,也给他们增加了生活的负担。

第三节　在巴黎大学

钱锺书获得的庚款奖学金本来可以在英国留学四年的,但因杨绛是专攻拉丁语言文学的,得到法国去学习,钱锺书便提前两年毕业。校方此年决定聘他为中文讲师(reader ship),他谢绝了这项聘任,与杨绛一起转到法国巴黎大学。他觉得为了学位,花大量时间学那些不必要的课程不划算,不如省出时间看书,他不打算读学位,只旁听一些课程,剩下的时间读了不少法、意等国的文学著作,更加熟练地掌握了数种欧洲语言。钱锺书原来主攻的是英语,法语是自学的,法语水平不如夫人。初到法国,他开始是与杨绛同读福楼拜的《包法利夫人》,起初他的生字比杨绛多,一年之后,他的法语水平已经远远超过了杨绛。钱锺书在巴黎这一年,没有了学位课程的压力,自己下功夫扎扎实实地读书。自 15 世纪的诗人维庸(Villon)读起,到 18、19 世纪的作家作品,德文也是如此。他每日读中文、英文,隔日读法文、德文,后来又加上意大利文。这是爱书如命的钱锺书恣意读书的一年①。

巴黎不像牛津死板,特别有法国人的情调。他们的学习生活较自由,他以前的同窗友人盛澄华也正在巴黎留学,同住在巴黎的拉丁区,相距不远。钱锺书与杨绛常到盛澄华处去玩。盛澄华不同于一般留学生,专门攻纪德作品,并常就近向纪德本人请教,抗战期间译出《伪币制

---

① 杨绛:《我们仨》,生活·读书·新知三联书店 2004 年版,第 91 页。

造者》等作品。在这里,钱锺书、杨绛也结识了一些留学生朋友,如王辛笛、徐訏、林藜光等,原来在英国的向达这时也到了巴黎,大家在街头朝夕相遇,或出去坐咖啡馆聊天。朋友们很快发现钱锺书博闻强记,他对于音乐、舞蹈、绘画似乎都不爱好,也不像一些进步青年留学生喜欢马克思主义,他文学书籍看得很多,而且谈什么都可以引出名作者或诗人说过的话,以致盛澄华对徐訏开玩笑说:"钱锺书说的话好像没有一句是他自己的。"①钱锺书与杨绛也常去逛古旧书店,从一只只书筐里"淘宝贝",带回去,晚上静静地阅读。这时,钱锺书还常把自己的作品寄回国内,发表在朱光潜主编的《文学杂志》和中央大学教授柳诒徵主编的《国风半月刊》(后来改为《国风月刊》)上。主要是诗歌,偶尔也写一些散文,如《谈交友》等。

关于这段巴黎留学生活,杨绛后来在《记钱锺书与〈围城〉》一文中还有一些"外史"材料,很生动有趣。如他们有两个巴黎时的男同胞,一个爱"天仙的美"(女神),一个却爱"妖精的美"(妓女)。他们坐在咖啡馆里的谈笑,都被钱锺书写入《围城》。钱锺书有一首诗《巴黎咖啡馆有见》,其中说:"绝怜浅笑轻颦态,难忖残羹冷炙心。开镜凝妆劳屡整,停觞薄酒惜余阴。"这些"妖精的美",在灯红酒绿的交际场中,在美丽的外表下,隐藏着的该是黄花将落、美人迟暮的感慨吧。

第四节　哀江南

钱锺书与杨绛虽然在巴黎过着法国情调的舒适安逸的留学生活,但内心却并不宁静。身处异国他乡,这里的山水景色近于江南,常常触起他们的乡愁,然而这时的父母之邦,正经历着变故,个人的、祖国的,一连串令人惊愕的变故,无时无刻不牵动着他们的心。钱锺书通过家书和法国当地的报纸,了解国内的局势,写了大量的感怀时事的诗。如

---

① 王辛笛《君子之交,其淡如水》,沉冰:《不一样的记忆——与钱锺书在一起》,当代世界出版社 1999 年版,第 158 页。

1937 年《新岁感怀适闻故都寇氛》、1938 年听到家乡沦陷后作《哀望》《将归》诸诗,"试量方寸玲珑地,恒订悲欢贮几多?"(《观心》)

　　1937 年,钱锺书最尊敬的前辈石遗老人陈衍去世。石遗老人是最早赏识他的隔代知音,几年来与他互通信息。钱锺书到了牛津,石遗老人仍没有忘记他,1935 年 12 月有《寄默存贤伉俪》诗:

> 青眼高歌久,于君慰已奢。
> 旁行书满腹,同梦笔生花。
> 对影前身月,双烟一气霞。
> 乘槎过万里,不是浪浮家。

　　陈衍很欣赏他们夫妇的才华与恩爱,他们夫妇二人对石遗老先生也非常敬重。1935 年农历五月十日,陈衍在苏州胭脂桥寓所度过他 80 岁生日,钱锺书登堂拜寿,这是他出国前最后一次拜访石遗先生,老先生拉着他的手,怃然说:"子将西渡,予欲南归,残年远道,恐此生无复见期。"①钱锺书连忙以金石之坚、松柏之寿为老先生颂祷。没想到未及两年,石遗先生遽归道山,真的是永无相见之日了。

　　钱锺书在《石遗先生挽诗》②中说:

> 几副卿谋泪,悬河决溜时。
> 百身难命赎,一老不天遗。

只有登高望远,长歌当哭,以酬知遇了。

　　更大的打击接踵而至。1937 年,日本侵略者的铁蹄已经践踏到了东南一带,他们的家乡无锡、苏州开始遭到日军的空袭。钱锺书的父亲钱基博在之江大学任教,一家人由叔父带领着逃到上海租界。而杨绛家就更惨痛了。日军的飞机就在她家上空不停地盘旋,邻居都纷纷逃难,她家里由于母亲病重,只好就近暂时躲到香山。深秋,杨绛的母亲得了恶性疟疾,奄奄一息,已没有办法再逃。父亲与大姐只好陪着母亲在香山,打算与病人同归于尽。她的小妹妹杨必才 15 岁,父亲叫杨必

① 钱锺书:《石语·序》,中国社会科学出版社 1996 年版,第 29 页。
② 钱锺书:《槐聚诗存》,生活·读书·新知三联书店 1995 年版,第 1 页。

跟着两个姑姑逃难,她怎么也不肯丢下妈妈。香山失陷前夕,杨绛的母亲去世,父亲用几担米换得一具棺材送往坟地,用砖石砌起来,厝在坟地上。乱世夫妻生死情,杨荫杭老人在荒野里失声恸哭,在棺木上、瓦上、砖上、周围的树木上、石头上,凡是可以写字的地方都写上自己的名字,算是在兵荒马乱、连天炮火中与老伴留下一线联系,免得战乱以后寻找不着。然后,他不得不舍下 40 年患难与共的老伴,带着两个女儿别处逃生。

杨绛的父亲与姐妹东逃西逃,整个苏南一带全都沦陷了,无处安身,只好又冒险逃回苏州,苏州已是一座死城。他们回到自家中,发现家已在乱中被别人趁火打劫,下人和他们的乡亲在这里各取所需。日本兵接二连三地打门,寻找"花姑娘",杨绛的姐姐、妹妹剃光了头,改成男装,听见日军来,赶忙躲入草堆,躲过了日本兵的搜查。杨绛的三姑母杨荫榆住在苏州盘门,虽然脾气怪,但颇有胆量、有正义感,周围的邻居饱受日军的烧杀抢掠,杨荫榆不止一次地去见日本军官,用日语责备他们纵容部下奸淫掳掠,日本军官就勒令部下退还所抢的四邻的财物。街坊上的妇女害怕日军挨家挨户地找"花姑娘",都躲到杨荫榆家里。日本兵终于对她下了毒手,1939 年 1 月 1 日,两个日本兵把她骗出门外,走到一座桥顶上,一个士兵突然向她开枪,另一个把她抛入河里。刽子手们发现她还没有死,就连发几枪,看见河水已被鲜血染红,才扬长而去①。

国破家亡的一幕幕场景,使钱锺书真正懂得了杜甫那种沉郁顿挫、忧世伤生的深广情怀,他在巴黎有一首《哀望》诗:

白骨堆山满白城,败亡鬼哭亦吞声。
熟知重死胜轻死,纵卜他生惜此生。
身即化灰尚赍恨,天为积气本无情。
艾芝玉石归同尽,哀望江南赋不成。

亡国之民命如蝼蚁,爱国志士身为国殇,他只恨自己不能杀敌,空有一腔报国之情、亡国之恨。

---

① 杨绛:《回忆我的姑母》,《杨绛作品集》(第二册),中国社会科学出版社 1993 年版,第 126 页。

1937 年，日本侵华，家乡沦陷，杨绛母亲去世，他们为国为家都十分焦虑，奖学金还能延期一年，但他们急于回国了。

　　在这几年的留学生涯中，杨绛给了钱锺书最大的支持，为钱锺书的学业完成作出了很大的牺牲。钱锺书除了钟情于书之外，在生活上缺乏常识，是一个"痴气"盎然的人，有时候又充满孩子气。比如有一次，杨绛中午睡觉的时候，他一时兴起，提笔在夫人白嫩的脸庞上画个花脸，害得杨绛差一点把脸皮洗破。他以后不敢再恶作剧了，只给杨绛画了一幅肖像，在杨绛的肖像上再添眼镜和胡子，聊以过瘾①。杨绛确实是脾气好，她对丈夫的天才很佩服，对天才的这些痴气也很宽容，从没和他红过脸。钱锺书在生活上不会照料自己，常常弄出许多笑话，多亏杨绛为他烧饭、带孩子、料理家务，给他腾出大量的时间看书写作。钱锺书看着杨绛为了生活这般忙碌，很不忍心，幻想着假如能学得不食人间烟火的仙人多好，可以免除贤夫人多少的操劳。他有一首《赠绛》："卷袖围裙为口忙，朝朝洗手作羹汤。忧卿烟火熏颜色，欲觅仙人辟谷方。"②假如没有杨绛的话，钱锺书的生活恐怕是无法想象的。杨绛尽管带小孩、做家务，仍出色地完成了自己的学业。事业上她是知音解人，与钱锺书志同道合，生活上她又是贤妻良母，温柔体贴，富有牺牲精神。

　　1936—1938 年，这个世界正在酝酿着一场浩劫，一场毁灭性的灾难。世界的秩序变得一团糟。德、意、日缔结了反动的法西斯同盟。1936 年，西班牙内战开始，德国、意大利于此年 10 月 25 日对西班牙作战，继而入侵捷克、奥地利，整个欧洲的局势日渐动荡不安。法国在 1936 年 10 月由于经济危机的影响，通过了法郎贬值法案，次年 7 月宣布法郎贬值。虽然这时的法国尚未遭到德国入侵，但已潜伏着各种危机。1937 年 7 月 7 日卢沟桥事变，中国开始全面抗战，以抗击日军入侵。1938 年 8 月，希特勒宣布征兵，军事演习，进行全面总动员，随时准备挑起法西斯战争。法国人为之惶恐不安，全面战争到了一触即发的态势。从报刊和国内的家书中，钱锺书深深地感到国内局势的危机。

① 杨绛：《记钱锺书与〈围城〉》，《杨绛作品集》（第二册），中国社会科学出版社 1993 年版，第150 页。
② 钱锺书：《槐聚诗存》，生活·读书·新知三联书店 1995 年版，第 9—10 页。

日军入侵，东北、中原、东南相继陷落；法国也一直处在德、意的威胁之下，世界正处于又一次大战全面爆发的前夜。他看出前景的危险，法国非久居之地。他的思想变得深沉、忧虑、严肃，认真地决定了要走的路。此时，他们再也无心在法国读书，而只是心心念念地想着回到祖国，回到他们日思夜想、遍体鳞伤的祖国。

> 将归远客已三年，难学王尼到处便。
> 染血真忧成赤县，返魂空与阙黄泉。
> 蜉蝣身世桑田变，蝼蚁朝廷槐国全。
> 闻道舆图新换稿，向人青祇旧时天。

这首题为《将归》的诗是钱锺书回国前内心苦闷的写照。钱锺书在1938年3月12日写给他牛津同学司徒亚的信中说："我们将于9月回家，而我们已无家可归。我们各自的家虽然没有遭到轰炸，都已被抢劫一空。……我的妻子失去了她的母亲，我也没有任何指望能找到合适的工作（指国难期间），但每个人的遭遇，终究是和自己的同胞连在一起的，我准备过些艰苦的日子。"[①]

钱锺书向国内的师友和有关单位写信谋事，陆续回信约聘的有外交部、英文《天下月刊》和上海西童公学。后来，临回国前夕又收到了西南联大文学院院长冯友兰的回信。冯先生邀请他回清华大学任外国文学系教授，月薪300元。据冯友兰信中说，聘他为教授，这在清华大学还属于破例。这所国内最有名的高等学府有个惯例：刚从国外留学回来的学生只能做讲师。冯友兰是援引清华聘华罗庚的先例和月薪来聘请钱锺书的。

钱锺书出色的才华和博学给清华师长印象极深，外文系主任叶公超特地请求钱基博同意，让钱锺书到清华任教。按理，钱锺书的奖学金本来还可以在巴黎多学一年，但当时的社会背景是，日军入侵中国，抗日战争进行了一年，留学生都急于回国。一方面因为经费（不管是公费还是自费）随时有可能被切断，而英、法等国对留学生一概不予资助（与

---

① 吴学昭：《听杨绛谈往事》，生活·读书·新知三联书店2008年版，第137页。

美国的大学不一样），留学生都怕留在国外会陷入困境；而国内国民党军虽连连失利、节节败退，但日军只能占领少数据点，太平洋战争尚未爆发，上海租界还比较平静，回国后仍有亲友可以投靠，工作也不难找。另一方面，更主要的是大部分留学生都是爱国的热血青年，急于想回到祖国，为自己的国家出一分力。钱锺书在国外思念祖国、思念亲人，他常常吟诵柳永的名句"衣带渐宽终不悔，为伊消得人憔悴"来抒发自己"眷恋家国"的思归之情。此时正好收到冯友兰寄来的邀请信，钱锺书与杨绛便决定提前回国。就在1938年的8月间，钱锺书夫妻俩携带着只有1岁的女儿和沉重的书籍行李，乘法国邮船"阿多士Ⅱ（Athos）"回国。

钱锺书与杨绛的提前归国确实是十分明智的举动。他们预感在法国前景的不妙和被困的危险，立即动身。事实上，次年就爆发了第二次世界大战。法国对德宣战不久，1940年5月德军狂轰滥炸，大举入侵法国。后来钱锺书回忆说："幸亏那个时候早一点归国，如果再延迟一年，遇到了战争，恐怕就回不来了。"

船到马赛，钱锺书结识了同船回国的诗人冒效鲁。冒效鲁，字景璠，江苏如皋人，是明末四公子之一冒辟疆的后代。冒效鲁的父亲冒广生，字鹤汀，号疚斋，是清末著名的学者。冒效鲁于此年结束了在莫斯科的外交官生涯，取道欧洲回国。他深受父亲影响，对古典诗文兴趣颇浓，钱锺书所谓"吾党言诗有癖者"，同时，因为是外交官，口才也相当好，极为健谈，而且也像钱锺书那样自负。两人一见如故，谈诗论文，乐此不疲，大有相见恨晚之感。在以后几十年的生活中酬唱不断，正是钱锺书所说的"篇什周旋角两雄，狂言顿觉九州空"（《答叔子》）。

钱锺书在香港上岸后，杨绛带着女儿继续乘船回到上海。

这时无锡已经沦陷，杨绛全家迁到了上海租界。钱锺书则由香港上岸，直奔云南昆明，到迁在此地的清华大学任教。由于华北沦陷，北方的三所高校北京大学、清华大学、南开大学的一部分分别内迁，先迁到长沙，后迁至云南昆明，成立了西南联合大学，简称西南联大，钱锺书被聘为外文系教授。外文系的教师基本上还是他在清华读书时的老师。那一年，钱锺书28岁，他成了清华最年轻的教授。

从中国到西方,钱锺书的眼界更为开阔。站在西方的角度看中国,就会和传统的国学家不同;站在中国的角度看西方,也和西方的汉学家不同,这为他将来从事打通中西方文化的研究奠定了坚实的基础。从故乡到国外,经过了抗日战争和故乡家庭的变故,强烈的家国之情也使钱锺书的思想变得更加深邃成熟,激发了文学创作的热情。

第六章　从联大到国师

第一节　西南联大的年轻教授

钱锺书再到清华后，由原来的学生一变而成为教授，而且是很受欢迎的年轻教授。他在外文系开了三门课程："欧洲文艺复兴""当代西方文学"和"大一英文"。前两门是高年级的选修课，上过他这些课的学生有许国璋、杨周翰、王佐良、周珏良、李赋宁、查良铮（即穆旦）、许渊冲、赵瑞蕻等。比钱锺书只小 5 岁的学生许国璋在《外语教育往事谈》中说："钱师讲课，从不满足于讲史实、析名作。凡具体之事，概括带过，而致力于理出思想脉络，所讲文学史，实是思想史。师讲课，必写出讲稿，但堂上绝不翻阅，既词句洒脱，敷陈自如，又禁邪制放，无取冗长。学生听到会神处，往往停笔默记，盖一次讲课，即是一篇好文章，一次美的感受。"他最后总结说："钱师，中国之大儒，近世之通人也。"①钱锺书的这些学生，后来都成为国内很有影响的翻译家与学者。

"大一英文"课是西南联大一年级不分院系都上的必修课，起初有些学生以为是年高德劭的老教授上课，当见到是与他们年龄相差不大的年轻人时，不免失望，有些人便向外文系打听这位年轻人，才知道他就是"清华三才子"之一的钱锺书。联大的学生差不多都听说过，以前

---

① 转引自许渊冲《钱锺书先生及译诗》，钱锺书研究编委会：《钱锺书研究》（第二辑），文化艺术出版社1990 年版，275 页。

清华有个钱锺书,从不听课,但考试总考第一,现在钱锺书来上课了,他们当然大为高兴。钱锺书个头不高,长相又很年轻,有点像学生模样,他上课时常戴一副黑边大眼镜,镜片后深邃的目光显出几分神秘。他穿一身藏青色西服,脚上穿着一双黑皮鞋,这样便可以使他的年龄显得稍大一点,老成一些。和叶公超、陈福田、吴宓等教授比较起来,钱锺书不像叶公超那样说中文多英文少、提问多讲解少;也不像吴宓、陈福田那样上课缺乏感染力。钱锺书上课只说英文,不说中文;只讲书,不提问;既不表扬,也不批评,但脸上时常露出微笑,谈笑风生。他能用戏剧化和拟人化的方法把平淡无奇的课文讲活。那时学校正放电影《罗密欧与朱丽叶》,他上课就微笑着说:有些人看了电影,男的想做罗密欧,女的想做朱丽叶。他上课妙语连珠,语言甚为清新。如他解释"怀疑主义"时说:"Everything is a question mark, nothing is a full stop.(一切都是问号,没有句号)"言简意赅,生动形象,常被人引用。他在课上给学生出的考题也别致,如一道英文作文题是"世界的历史是模式的竞赛",这个题目就非常的精彩。用他的学生许渊冲的话说,他的讲课大有"语不惊人死不休"之概①。

　　钱锺书重回清华,当然首先要去看望他的师长,冯友兰自不必说,吴宓先生自上次文章之后,要专门去看望并表示歉意的。钱锺书到联大后,专门去看望了吴宓先生,也为上次写的那篇造次文章道歉。吴宓先生说,他早已忘了。可见吴先生虽然内心深刻严厉,而实际待人仍是极宽厚的。《吴宓日记》1938 年 11 月 29 日只记钱锺书来谈,两人多次在一起吃饭,访陈梦家、冯友兰,与众师友聚餐,可见吴先生并不存芥蒂。吴宓在后边的日记里还多次记载他看钱锺书的诗文与讲义"甚佩""亦佳"等,他们师生感情是非常融洽的,并不像某些研究者所恶意猜度的那样。(均见《吴宓日记》1938—1940)

----

① 许渊冲说,钱锺书在联大教大一英文,下注:当时"大一英文"分三个组:A 组陈福田,注重美国英语,B组的钱锺书注重英国英文,C 组的潘家洵注重中文翻译。在学生中最受欢迎的是潘家洵,很多人在窗子外面听他的课,听他翻译易卜生的作品。陈福田和叶公超都有排斥钱先生的思想……(见沉冰《许渊冲眼中的钱锺书》,沉冰:《不一样的记忆——与钱锺书在一起》,当代世界出版社 1999 年版,第 236 页)

这时，钱锺书仍然担任"牛津大学东方哲学、宗教、艺术丛书"的特邀编辑。课余，他写了不少杂感、随笔。他在西南联大时的寓所即昆明市文化巷 11 号，是赁居的民房，非常狭隘简陋，钱锺书名其室曰"冷屋"。同院居住的有顾宪良（即顾献梁），外文系高年级的学生李赋宁、周珏良等。钱锺书在写给杨绛的诗中说："屋小檐深昼不明，板床支凳兀难平。"①他把在联大由教授集资筹办的刊物《今日评论》上发表的散文，总称为"冷屋随笔"。1939 年 1 月 3 日发表"冷屋随笔"之一《论文人》；2 月 5 日写之二《释文盲》；4 月 2 日写之三《一个偏见》；5 月 28 日写之四《说笑》，共有四篇。这四篇散文嬉笑怒骂皆成文章，包含着对许多丑恶得可憎可笑的社会现象的批评与嘲讽。尤其是针对学术界与文坛上的丑恶现象，如讽刺一些所谓"文人"的"文盲"本质，对文坛上流行的庸俗"卖笑"式的幽默等社会现实，他都毫不留情地予以讽刺，他把博学与幽默结合起来，写出了有钱锺书自己独特风格的散文，当时联大学生读了无不拍手称妙。后来这些作品都收进了他的散文集《写在人生边上》。

钱锺书在昆明还认识了美术史家滕固，应滕固之邀写了《中国诗与中国画》一文。滕固（1901—1941），字若渠，上海宝山人，1918 年毕业于上海美术专科学校，1919 年赴日本留学，考入东京帝国大学，专攻美术考古与美术史论。1924 年回国后任上海美专教授，1929 年赴德国柏林大学留学，三年后获得美术史学博士，回国后一度从政。1938 年国立北平艺专与国立杭州艺专合并成立昆明国立艺术专科学科，滕固出任校长。滕固与吴宓、钱锺书都有交往，与钱锺书有唱和，交往较为密切。

钱锺书 1939 年暑假回沪离开昆明时，滕固饯别，约他有空把朋友"快谈"时有关中国诗与中国画的论断整理一下，为国立艺专讲几个专题②。钱锺书作诗《滕若渠饯别有诗赋答》："相逢差不负投荒，又对离筵进急觞。作恶连朝先忽忽，为欢明日两茫茫。归心弦箭争徐疾，别绪江流问短长。莫赋囚山摹子厚，诸峰易挫割愁肠。"滕固不久也离开昆明

---

① 钱锺书：《槐聚诗存》，生活·读书·新知三联书店 1995 年版，第 26 页。
② 沈宁：《滕固年谱长编》，上海书画出版社 2018 年版，第 479、487 页。

到重庆。钱锺书到蓝田后,两人还有诗书往还。两年以后,滕固因家庭纠纷死于非命,钱锺书作《哀若渠》诗四首悼念他①,哀婉沉痛,溢于言表。

杨绛回到上海,与父亲、姐妹又得以团圆,虽然她的母亲已不在人世,但在这个乱世里,能够求得一家人生活在一起也不失为一种安慰。钱锺书的父亲在之江大学教书,母亲与叔父家也都住在上海。杨绛有时住在钱家,有时住到自己家里,来回照顾两家的生活。这时,她的父亲已从战乱的奔波疲劳疾病中稍稍稳定下来,戒掉了安眠药,剃掉长须,神色也渐渐清朗,在震旦大学教一门《诗经》课,聊作消遣。只是心里一直牵挂着厝在苏州的亡妻还未安葬。厝棺的地方只有他一人记得。在兵荒马乱的年代,苏州乡间很不安宁,他买了灵岩山一块墓地,便化装成一个乡下人,潜回苏州去找妻子的棺材。1939 年秋,杨绛的弟弟也从国外回来,父亲便带着杨绛姐弟回苏州去安葬他们的母亲。

杨绛又回到离别几年的苏州旧家。虽然只有几年时间,却恍如隔世。昔日花木掩映、枝柯扶疏的优美的庭院,已是败叶枯藤荒草丛生,长廊朱栏也早没有旧时的光彩。昔日室内优雅的摆设,如古玩玉器和珍贵书画等也大都被洗劫,一片狼藉,再也找不出一丝从前的温馨。钱锺书在昆明寄给她的诗中曾回忆说:"苦爱君家好巷坊,无多岁月已沧桑。绿槐恰在朱栏外,想发浓荫覆旧房。"他没有见到劫后的家,也没有想到会变成这个模样。

杨绛在公墓的礼堂上只能看到母亲的棺材,她的仁慈善良的母亲再也看不到她们姐弟了,乌光锃亮的棺材透着冷冷的寒气,她们流着泪,隔着棺木抚摸着,各用手绢小心地把棺上的每一点灰尘都拂拭干净,泣不成声地呜咽着,与母亲作最后的告别。然后棺材放入水泥圹里,倒下一筐筐石灰,用水泥封好。姐弟又安葬了坎坷一生的三姑母,才挥泪离开②。

钱锺书在西南联大任教前后算来不超过一年的时间,想来也并不

---

① 钱锺书:《哀若渠》,《槐聚诗存》,生活·读书·新知三联书店 1995 年版,第 60—61 页。
② 杨绛:《回忆我的父亲》,《杨绛作品集》(第二册),中国社会科学出版社 1993 年版,第 126 页。

怎么得意。他在学校里受欢迎大概颇引起一些人的嫉妒,他任意臧否人物和在报刊上发表讽刺文章也肯定会得罪那些爱"对号入座"的人。因此,尽管他上课不错,又有学问,但在人事上却是受排挤的。战时联大图书资料不足,常有偿收购教授转让的个人藏书,钱锺书从国外带回来的西文书籍转让给系里,系主任叶公超却没有依价偿付书款①。叶公超走后,陈福田也因钱锺书受学生欢迎,而对他有嫉妒排挤之意。

1939年夏天,钱锺书利用暑假回上海小住,与妻子、女儿和父母作短暂团圆。他家当时租住在上海辣斐德路。杨绛中学时的母校振华女中,因苏州沦陷,许多学生都逃难到上海,因此在上海筹备成立了振华女中分校,任命杨绛为校长。钱锺书父亲的老友廖世承在湖南宝庆县蓝田镇的国立师范学院任校长,廖邀请钱基博担任中文系主任,并想通过钱基博劝钱锺书也来此校,筹建外文系,这样公私兼顾,既于学校有利,又可以照顾他父亲的生活。钱锺书父亲写信让他到蓝田去,当英文系主任,同时可以侍奉起居。其时,他父亲身体还很健康,而且有非常得力的弟子吴忠匡作为助教,侍奉起居,照顾得非常好,并不需要儿子照料。钱锺书心里并不情愿,但又父命难违。钱锺书接信后愁容满面,与杨绛商量,杨绛也感到为难:清华破格聘钱锺书为教授,清华大学是很理想的单位,在清华工作还未满一年,他不愿意丢弃这份工作,而且也不应该走。思前想后,他在9月中旬给联大外语系主任叶公超写了一封信,讲了他父亲想命他去蓝田的事,他想借叶先生的挽留,找到不去蓝田的理由。但叶先生一直未有回复。久等没有音讯,10月初,他就和蓝田师院的新同事上路去了国立师范学院②。

10月中旬,钱锺书刚走,杨绛就收到清华大学的电报,问钱锺书为什么不回复梅校长的电报?他们压根就没有收到过梅贻琦校长的电报!杨绛把这份电报转到蓝田国立师院,一边又给清华回电报,说未收到梅的电报。钱锺书在路上走了34天才到蓝田,他对梅贻琦校长深深感激又无限抱愧,赶快写信陈明缘由,赔礼致歉。钱锺书在路上的34

① 吴学昭:《听杨绛谈往事》,生活·读书·新知三联书店2008年版,第164—165页。
② 杨绛:《我们仨》,生活·读书·新知三联书店2004年版,第99页。

天是非常艰难的。他又写信给清华大学秘书长沈履（沈是杨绛的堂姐夫）代他致歉，说："梅公赐电，实未收到，否则断无不复之理。"又说："老父多病，思子欲痴，遂百计强不才来，以便明夏同归……此中隐情，不堪为外人道。"①

据传，钱锺书临走时，说过一句"颇伤感情"的话。他曾对别人说："西南联大的外文系根本不行，叶公超太懒，吴宓太笨，陈福田太俗。"这句话虽然流传很广，但却是非常靠不住的。这话最初的出处见于周榆瑞《也谈费孝通和钱锺书》，说是从外文系同事李赋宁口中听说的。但李赋宁先生却否认听过这话，也未转述过此话。他晚年有个郑重声明："我从未听见钱锺书先生说：'叶公超太懒，陈福田太俗，吴宓太笨'或类似的话。我也从未说过我曾听见钱先生这样说。我也不相信钱先生会说这样的话。"②钱锺书往往会口没遮拦，有时也会因此伤人。叶公超对钱锺书的不满大约是从这时候开始的。从吴宓的日记中可以看出，叶公超与陈福田向清华校长进言，不聘请钱锺书，钱锺书的那封信正好成为解聘的理由，大概是妒忌钱锺书在学问与声望上超过了他们，对他们构成威胁吧。后来据说叶公超接受采访时，当被问到钱锺书是否当时在西南联大，他说不记得钱锺书曾在那里教书，这不符合叶氏特地写信给钱基博聘请钱锺书的事实。钱锺书精确无误地记得此事，而且在 1938 年高级英语研修班上，特请钱锺书上课，叶公超还亲自向学生得意地介绍钱锺书为自己的弟子。是否叶公超害怕采访人追问那句不愉快的传言而故意含糊其词了呢？其实，钱锺书对叶公超、吴宓、陈福田等一批师长是很尊敬的，师长们也很赏识他，至于在学问上的挑战则又另当别论了。也许，所谓钱锺书的"狂言"，根本就没有那回事，但这事毕竟说明钱锺书终于留给别人"狂士"的印象和口实了。

钱锺书离开联大后，围绕他未被续聘有过一番争斗。吴宓是个爱惜人才的仁慈宽厚长者，虽然他与钱锺书有许多观念上的矛盾。吴先

---

① 钱锺书致沈履函，转引自吴学昭《听杨绛谈往事》，生活·读书·新知三联书店 2008 年版，第 168 页。
② 杨绛：《吴宓先生与钱锺书》，《读书》1998 第 6 期。

生极力反对以胡适为代表的新文化运动,对胡适、徐志摩所谓新月派的诗人很戒备,他认为温源宁、钱锺书都是胡适一派,因此,当1937年冯友兰跟他谈将来打算聘钱锺书为外国语文系主任时,他就本能地想"惟钱之来,则不啻为胡适派,即新月派新文学派,在清华占取外国语系,结果宓必遭排斥,此则可痛可忧之甚者"(《吴宓日记》1937年6月28日)。钱锺书实际上是独来独往的,不能像吴宓理解的那样归入胡适、徐志摩的新月派文人圈子。钱锺书新旧文学兼而有之,对新诗评价并不高,怎么能归为一派呢?

　　结果钱锺书一到清华就来拜访吴宓,连日交谈甚欢,这个锋芒逼人的弟子并未对自己有任何威胁。1939年暑假之后,钱锺书离开联大,吴宓倒有惋惜之情,他用一周时间详细地读了别人记录的钱锺书两门课程的讲义,感叹"并甚佩服,而惜钱君今年之改就师范学院教职也"(《吴宓日记》1939年10月4日)。估计清华校长梅贻琦想要亲自问钱锺书为何辞去清华教职,故有电报询问之事,但被嫉妒他的人私自藏匿了起来。1940年3月8日,梅贻琦邀请吴宓至西仓坡宅中喝茶与咖啡,席间听说叶公超与陈福田因对钱锺书不满而向梅贻琦校长进言。吴宓对此愤愤不平,斥为"皆妇妾之道也",在日记里怨恨叶公超、陈福田"殊无公平爱才之意",自己"不觉慨然"。冯友兰对钱锺书被排挤而改就国立师范学院教职非常惋惜,向外文系主任提出重新聘请钱锺书,但次年春,外文系主任陈福田仍没有聘请之意。吴宓与陈寅恪都认为钱锺书"人才难得",他为此事奔走呼吁,不得其果,"终憾人之度量不广,各存学校町畦,不重人才"。但吴宓仍不放弃争取,终于到1940年秋,陈福田迫于压力才不得不到上海去"请"钱锺书。

第二节　去蓝田

　　钱锺书应聘到湖南国立师范学院任外文系主任,他决定约同徐燕谋等几人一道赴湖南宝庆蓝田镇。1939年10月间,他们先预订好了上海至浙江宁波的船票。然而,不久日军开始封锁港口,一切船只都不能通航,直到 11 月初他们才得以乘船出发。过吴淞口,经过一天多的航行,他们终于进入浙江的宁波附近。船行两岸有高山,景色甚为优美。到了宁波郊外之后,他们下船乘黄包车前行,夜半行路,又逢大雨,道路泥泞不堪,一行半夜便在一家小旅店住宿。次日出门,面对的是宁波郊外的名胜古迹雪窦山和雪窦寺,他们便乘兴游山。面对名山胜景,钱锺书不禁诗兴大发,写了《游雪窦山》五首纪游诗。其二云:

> 天风吹海水,屹立作山势;
> 浪头飞碎白,积雪疑几世。
> 我常观乎山,起伏有水致。
> 蜿蜒若没骨,皱具波涛意。
> 乃知水与山,思各出其位。
> 譬如豪杰人,异量美能备。
> 固哉鲁中叟,祇解别仁智。

用水比山,把雪窦山的景色表现得优美而富有动感。又用山水比豪杰,"异量美能备",议论新奇,富有理趣。仍是那副狂态,连孔夫子在他眼中也变成了凡夫俗子。但这只是他的表面,他的思想深处也有忧虑、不平之气,如其三:

> 山容太古静,而中藏瀑布,
> 不舍昼夜流,得雨势更怒。
> 辛酸亦有泪,贮胸敢倾吐;
> 略似此山然,外勿改其度。
> 相契默无言,远役喜一晤。
> 微恨多游踪,藏焉未为固。
> 衷曲莫浪陈,悠悠彼行路。

在宁波待了两天,他们便出发向溪口。从宁波到溪口,他们一段乘汽油船,一段坐黄包车,足足走了一天,吃了不少苦头,到达金华。在金华又滞留了 7 天,此后全乘长途汽车,每站都停留三五天,不是买不到票,就是须等候行李到达,没有一站是顺利通过的。时值凶年,兵荒马乱,他们乘的是像《围城》中所描写的那样的大车,长路颠簸。徐燕谋有《纪湘行》,

诗中说："车行历崎岖，疾徐漫无节。上坡蜗缘墙，下坡鹿惊笞。时或折其轴，时或脱其辖。人处车厢中，若指之受拶。男履错女舄，痴突互填轧。衣襟污呕吐，行李纷撞搾。壮夫烂漫睡，张口出小鳜。老妪伛偻立，缩头入瓮鳖。"景况狼狈。沿途田野一派萧瑟，荆棘丛生。由于日军的侵略，加上国内战争、自然灾害，广袤的浙赣一带，"十里断炊烟，荆棘未剪伐"，人们流离失所，四周荒无人烟。

车过宁都、宁兴，到了庐陵时，他们盘缠已无，囊空如洗，于是，几个人凑些钱，在街上买了一些烤山芋，堂堂的大学教授却穷得像叫花子一样站在街头分吃烤山芋，又怕碰见熟人，只好背过身去，狼吞虎咽，这极为一般的山芋也吃得像蜜一样香甜。幸而得到一家旅馆主人的好心照顾，搞了一只鸡给几个人分吃。分吃之后，便在这个破乱的旅店中和衣躺下。斗室局促，男女杂居，外边是凄风苦雨，里边是跳蚤横飞，他们彻夜不寐地挨到天明，又一起出发。钱锺书事后回忆说："军兴而后，余往返浙、赣、湘、桂、滇、黔间……形羸乃供蚤饱，肠饥不避蝇余；恕肉无时，真如士蔚所赋；吐食乃已，殊愧子瞻之言。每至人血我血，搀和一蚤之腹；彼病此病，交递一蝇之身。"[1]身体上的痛苦还在其次，更主要的"擘我妻女去，酷哉此别离"的精神折磨。他在宁都刚睡下，就梦见女儿阿媛跟着跑来了，他有诗说："汝岂解吾觅，梦中能再过。犹禁出庭户，谁导越山河？汝祖盼吾切，如吾念汝多。方疑背母至，惊醒失相诃！"[2]原是一场梦！乱世离情，何处不是梦呢？

这样一程又一程，一日复一日，一冈连一冈，一山接一山，跋山涉水，一路流浪，终于到达湖南宝庆县蓝田小镇。这么长时间的颠簸困顿，同行的人都苦不堪言，后来连看水赏山的兴致都没有了，唯有钱锺书却珍惜分分秒秒的时间，整日手不释卷地读书。同行到湖南大学任教的同乡、友人邹文海走近问他看什么书，才知他在读一本英文字典。邹文海大为惊奇，对他这种静心读书的修养功夫非常敬佩。钱锺书正色说："字典是旅途中的良伴，上次去英国时，轮船上唯有约翰生博士的字典随身相伴，深

① 钱锺书：《谈艺录》，中华书局1984年版，第184页。
② 钱锺书：《宁都再梦圆女》，《槐聚诗存》，生活·读书·新知三联书店1995年版，第39页。

得读字典的乐趣，现在已养成习惯。"邹文海道："我最厌字典，看书时宁肯望文生义地胡猜，也不愿废时失业去查字典。"钱锺书略带揶揄地笑道："你这种不求甚解的态度不能用之于精读，而且旅途中不能做有系统的研究，唯有随翻随玩，遇到生冷的字固然可以多记几个字的用法。更可喜者，前人所著字典常常记载旧时口语，表现旧时习俗，趣味之深有不足为外人道者。"① 读字典是钱锺书的一种特殊爱好，对重得拿不动的字典、词典、百科全书等，他不仅能挨着字母逐条细读，见了新版本还不厌其烦地把新条目增补在旧书上。这种习惯一直坚持到老。② 有人说他读破过几部英文辞典，比如一本抽屉般大小的《韦氏大辞典》，他竟能读三遍。他有一部 20 世纪 40 年代末流行的《简明牛津字典》，在每一页的空白处都密密麻麻地写满批注③。这种阅读习惯和照相机式的记忆力，使他具备广博的知识，成为百科全书式的学者。

第三节　父与子，不同的风采

到宝庆蓝田后，钱锺书着手筹建外文系，他除了担任系主任外，还兼几门课程。他讲课生动，知识渊博，与任中文系主任的父亲一样，都是校内赫赫有名的教授。他们父子再度同执一校，且同为系主任，这在民国教育史上更是绝无仅有的，成为一时传诵的佳话。授课之余，钱锺书不忘学习，他阅读了国立师院图书馆的大量中、外文藏书。国立师范学院虽然地处偏僻的湘西宝庆蓝田小镇，但因为是"国立"的，学校的资金还比较充裕，学校用巨款典借从长沙来的湖南南轩图书馆的全部藏书，又接受山东大学和安徽大学的部分藏书，因此，图书馆馆藏还是很丰富。举凡《四部丛刊》《四部备要》《四库珍本》《丛书集成》《古今图

---

① 邹文海：《忆钱锺书》，(台北)《传记文学》1962 年 6 月，沉冰：《不一样的记忆——与钱锺书在一起》，当代世界出版社 1999 年版，第 81 页。
② 杨绛：《记钱锺书与〈围城〉》，杨绛作品集(第二册)，中国社会科学出版社 1993 年版，第 149 页。
③ 参见沙林《记文学所部分老研究员》、张建术《魔镜里的钱锺书》、周简段《钱锺书记忆惊人》、王水照《对话的余思》等。

书集成》等大部头丛书类书，以及为数繁多的明清集部，应有尽有。钱锺书除了午饭、晚饭后到父亲那儿坐坐，陪父亲聊聊天外，其他时间就用来阅读。通常，午前的时间，他阅读从国外带回来的大量外语原著，有时也阅读一些二王、苏、黄的法帖，以及清人张廉卿的墨迹，随便练练字，午后及晚上的时间多是阅读能看到的各种书籍，一边阅读，一边做读书笔记或写作。经过一段时间，他几乎把图书馆的书都浏览了一遍。他几乎过目不忘，尤其是集部之书更为精通，一些著名的文学家的诗文别集不用说，有些无多大名气的作家的诗文集、小说、笔记和日记，只要考问他，他都能基本不差地复述下来，有许多是成段成段地背诵下来。然而，他并不满足于这种记问之学，对每个问题又能穷源溯流、旁征博引，一一指陈得失，如数家珍。

因为在蓝田没有什么文化娱乐和消遣，当时同事们最大的消遣、娱乐就是听钱锺书晚饭之后"侃大山"。钱基博的助教吴忠匡，与钱锺书年龄相若，又同住在校内李园楼中，跟随钱锺书最多。吴忠匡回忆说："晚饭之后三五好友，往往聚拢一起，听钱锺书纵谈上下古今。他才思敏捷，富有灵感，又具有非凡的记忆力和尖锐的幽默感，每到这一时刻，钱锺书就显得容颜焕发，光彩照人，口若悬河，滔滔不绝；他的声音圆润，富有音乐质感，听者好像在看表演和听音乐，而且能尽情地分享他的知识。当评论某一个人物时，他不但谈论这个人物的正面，也往往涉及他们的少为人知的侧面和各种荒唐事。譬如袁子才（枚）、龚定庵（自珍）、魏默深（源）、曾涤生（国藩）、李越缦（慈铭）、王壬秋（闿运）等，他都能通过他们的遗闻、轶事，描述得比他们的本来面目更为真实，更具真人相。"钱锺书的满腹故事与知识使许多人着迷。

有一次，钱锺书与友人吴忠匡等吃过晚饭，到同事徐燕谋在校本部外的寓处金盆园去聊天，正巧徐燕谋这边有几位同事在座，看到钱锺书来了，围上前去听他清谈。他此时兴致很好，于是便侃侃而谈，吐出满腹的诗书故事，谈起文人才子的奇闻轶事，上下左右，东西南北，娓娓道来。钱锺书越说越投入，越说越激昂慷慨，拿着手杖（当时大后方学府中的教授，不论年龄大小，都爱拎手杖、戴礼帽，一时成为风气，这似乎标志着绅士的身份），手舞足蹈，在座诸人聚精会神，听得不亦乐乎。谈了足足两个小时，直到讲得兴尽告别时，徐燕谋才发现他的蚊帐被钱锺书的手杖戳了好几个大窟窿。钱锺书一看不妙，大笑着拉起吴忠匡逃跑了。

尽管当时学校的生活比较刻板单调，然而对钱氏父子来说，生活又极丰富多彩。钱基博老先生每天黎明即起，一直坐在大书案前，足不出户，一丝不苟地著书立说，编撰《现代中国文学史》或写读书日记。钱锺书也是整天埋头读书写作。当时条件很差，钱锺书与几位好友点桐油灯或植物油灯读书。冬日严寒，屋内用木炭生火取暖，读书至午夜，拿废旧报纸裹鸡蛋，用水湿透，投入炭火中，鸡蛋煨熟后，一人一枚，当作夜宵。后来他在答友人王辛笛的七绝诗中还深情地回忆道："雪压吴淞忆举杯，卅年存殁两堪哀；何时榾柮炉边坐，共拨寒灰话劫灰。"共拨寒灰，即回忆当年情景。

两年的系主任，钱锺书尽心尽职。由于外文系的教师不多，除他外只有汪梧封、徐燕谋等数十人，他们不仅要教外文系的课，还要负担全校的外文教学，全校学生都要上外文课。当一位教大一英语的老师生病后，钱锺书除自己的课外，还亲自代替任课教师上了几个月课。为活跃学校气氛，学生中社团活动很多，外文系的外国文学研究会每月都要举行学术讲座，由外文系的教授轮流作报告，钱锺书承担得最多，而且演讲最精彩。那时国师或国师以外的人们，对他们父子的轶事津津乐道。据当时一位听者的记载：钱锺书一次在课堂上谈起他父亲，说"家父读的书太少"。有个学生把这话转告子泉老先生。没想到老先生坦率地说："他说得对，我是没有他读的书多。首先，他懂得好几种外文，我却只能看林琴南译的《茶花女遗事》，其次，就是中国的古书，他也读得比我多。"[1]他也与父执前辈如钟泰、张振镛等时常会面，诗文酬唱。

第四节 《中书君近诗》

钱锺书一行从上海到湘西蓝田，在近一个月时间的旅途中，他作了

---

[1] 吴忠匡：《记钱锺书先生》，沉冰：《不一样的记忆——与钱锺书在一起》，当代世界出版社 1999 年版，第 142 页。

不少诗,纪游、抒怀。他们走的路就是钱锺书后来在他的《围城》中所描写的方鸿渐、赵辛楣、李梅亭们从上海到三闾大学所走的路,只不过《围城》中那条路是略带夸张的,而他的纪游诗却是写实的,诗歌与小说可以互为印证。如前边所举的《游雪窦山》诗就是一例。钱锺书将路上所见所感,随得随书,到蓝田时已经积成一册,交给友人吴忠匡。吴忠匡在镇上唯一的一家小印刷厂,用折子本印了 200 份给他,他挥笔署上《中书君近诗》。同《中书君诗》一样,《中书君近诗》也是"非卖品",这是他自印自赏的第二本诗集。

在蓝田国立师院两年中,他除了授课读书之外,还写了大量的旧体诗。这一段时间,钱锺书的内心非常苦闷,由于日军的入侵,不少大城市都已陷落,许多高等学府被迫迁到偏远的地方,连这所"国立"的师范学院也建在了湘西穷乡僻壤的山区。战时学校的条件极差,物质生活和精神文化生活都得不到可靠的保证,由《围城》中的三闾大学可见一斑。一个纯粹的充满书生气的学者作为系主任,负责全校的外文教学和外文系工作,校内的派系关系又极复杂,钱锺书的苦闷是可想而知的。他曾作有《燕谋、忠匡相约作诗遣日,余因首唱》:

> 昔游睡起理残梦,春事阴成表晚花。
> 忧患遍均安得外,欢娱分减已为奢。
> 宾筵落落冰投炭,讲肆悠悠饭煮沙。
> 笔砚犹堪驱使在,姑容涂抹度年华。

处在这样的条件下,忧患当然是免不了的,欢娱只不过是暂时的,用典故说诗人忧患重重、郁郁不乐,写出了蓝田生活的凄苦。唯有自己书笔俱在,可以埋首笔耕,忘却世事。诗人的苦闷忧患并不仅是这些,往往是更深一层的,是对世界、对人生的渺茫感。钱锺书在他的作品中,不论是小说还是散文,似乎总有一种对人生深深的悲观与消极感,这是一种哲人的悲观。

试看他的《新岁见萤火》:

> 孤村乱山攒,着春地太少。
> 春应不屑来,新正忽夏燠。

日落峰吐阴，暝色如合抱。

墨涅输此浓，月黑失其皎。

守玄行无烛，萤火出枯草。

孤明才一点，自照差可了。

端赖斯物微，光为天地保。

流辉坐人衣，飞熠生木杪。

从夜深处来，入夜深处杳。

嗟我百年间，譬冥行长道。

未知所税驾，却曲畏蹉倒。

辨径仗心光，明灭风萤悄。

二豪与螟蛉，物齐无大小。

上天视梦梦，前途问渺渺。

东山不出月，漫漫姑待晓。

从这里我们可以感受到他的苦闷、彷徨，以及看不到前途的消极情绪。人生百年，正如飞萤夜行长道，看不到前景，前也是黑暗，后也是黑暗，又要时时担心跌倒。按照庄子的齐物论观点，人与这些小虫"物齐无大小"，没有什么根本的差别，人的灵魂之灯也如飞萤一样，忽明忽暗，甚为微弱，也同样茫然，"上天视梦梦，前途问渺渺"。这是一首充满哲理的诗，表现出他在那个时代里对人生的消极看法。当然，这也可能是他心中闪烁一时的看法，诗常常因情因景因时因地而异。

这一段时间是钱锺书旧体诗创作的高峰期，他公开发表的诗作以1938—1942年为最多；这也是他诗歌创作的成熟期，这一阶段的诗写得也最好。忧患出诗人，江山的不幸成全了他的诗歌。他自述学诗的经历，说：

余十九岁始学为韵语，好义山（李商隐）、仲则（黄景仁）风华绮丽之体，为才子诗，全恃才华为之，曾刻一小册子。其后游欧洲，涉少陵（杜甫）、遗山（元好问）之庭，眷怀家国，所作亦往往似之。归国以来，一变旧格，炼意炼格尤所经意。字字有出处而不尚运典，人遂以宋诗目我。实则予于古今诗家，初无偏嗜，所作亦与为同光体以入西江者迥异。倘与宋贤有几微之似，毋亦曰唯其有之耳。自谓于少陵、东野、柳州、东坡、荆公、山谷、简斋、遗山、仲则诸集，用力较劬。少所作诗，惹人爱怜，今则用思渐细入，运笔稍老到，或者病吾诗一"紧"字，是亦知言。①

读万卷书，行万里路，他都做到了。他的诗作有了更大的进步。钱锺书的诗如同他的学问一样，颇为广博，兼杜甫之沉郁、孟郊之瘦寒、黄庭坚之深辟、杨万里之清新、黄仲则之自然，他不薄唐诗爱宋诗，遍涉多家，博采众长，转益多师，熔铸成自己的独特风格。驱典隶事，字字有出处，句句有来历，平易中又有"微言大义"；抒情说理，务出新意，富有理趣；格调瘦癯硬朗，以筋理见长，这些又颇近于宋诗。没有门户之见，学得其髓，这是钱诗最大的长处。但句句讲究出处、来历，过多地用典，病在晦涩，常难索解人；用意过密，理语多于意境；于一唱三叹之致，有所欠焉。这恐怕是其短处。

从西南联大到蓝田国立师范学院，时间虽然不长，但在钱锺书的一生中却有着重要的意义。人生并不都是顺境，过惯清华、牛津名牌大学生活的钱锺书，也要经历被排挤、被解聘的尴尬，也要经历跋山涉水、颠沛流离的生活。从上海辗转到蓝田，钱锺书这一段路走得很辛苦，但也很值得。正是有了这一段生活阅历，才有了《围城》中精彩的描写，也正是有了被排挤、被解聘的尴尬，才有了《围城》中绝妙的幽默与讽刺。

① 吴忠匡：《记钱锺书先生》，沉冰：《不一样的记忆——与钱锺书在一起》，当代世界出版社 1999 年版，第 143—144 页。

第七章 "写在人生边上"的 "人兽鬼"世界

第一节 上海沦陷

　　1941 年暑假,钱锺书由陆路改乘轮船辗转回到上海。清华已决议聘他回校。这消息是吴宓先生告诉的,《吴宓日记》1940 年 11 月 6 日记:系里研究决定请钱锺书回校,"忌之者明示反对,但卒通过"。[①] 1941 年 3 月 4 日,清华有聘请钱锺书回校的会议记录。所以钱锺书决定辞去国师的职务,再回联大任教。

　　他满以为很快会有通知和聘书,但一直杳无消息。快开学了,仍没有消息,眼看有失业的危险了,他的好友陈麟瑞当时任暨南大学英文系主任,钱锺书向陈麟瑞求职。陈说:"正好,系里都对孙大雨不满,你来就顶了他。"钱锺书只闻孙大雨之名,并不认识他。但他决不肯这样夺取别人的职位,所以就一口回绝了[②]。他岳父把自己在震旦女校的课,让给他来上。

　　一直到了 10 月,陈福田有事到上海来,以清华大学外文系主任的身份来"请"钱锺书回校。钱锺书想:清华既已聘请,应当聘书早该寄来了。聘书迟迟不到,显然是有人不欢迎他,把聘书扣下了,他又何苦挨

① 吴学昭:《听杨绛谈往事》,生活・读书・新知三联书店 2008 年版,第 176 页。
② 吴学昭:《听杨绛谈往事》,生活・读书・新知三联书店 2008 年版,第 185 页。

上去自讨没趣呢？他就客客气气地辞谢了，陈福田算是完成了他的任务，也就起身告辞。他们总共没谈几句话。

两个多月以后，珍珠港事件爆发，上海沦陷，钱锺书再也出不去了。他在震旦女子文理学院上课后，校方甚为满意，负责人见了他，又立即为他增加几个钟点的课。他还收了一名拜门的弟子，后来又收了两个弟子，靠着这些收入，也能勉强维持生计。

1941 年 8 月正式成立的上海私立合众图书馆为钱锺书在沦陷的上海提供了一个读书的地方。合众图书馆由叶景葵、张元济、陈陶遗联合创办，前辈师长李宣龚、徐森玉为常务董事，顾廷龙为总干事，负责日常管理。合众图书馆以抢救民间散落藏书为职责，同时几位创办人私人捐书，很快就有 20 多万册。钱锺书经常去那里看书，他与顾颉刚、潘承弼等被聘为顾问，与顾廷龙、顾颉刚、李宣龚、徐森玉、潘承弼经常诗文唱和，排遣了高压气氛下的苦闷忧愤。

第二节　忧世伤生

这时候，杨绛的几部剧作连续在上海的剧坛上公演，为她带来极大的名声，也使得他们的生活没有那么艰难了。杨绛当时在文坛上崭露头角，名气已远比丈夫大。但是她知道沦陷区政治环境的复杂与险恶，她是一个不爱出头露面的人，她与钱锺书一样不喜交游，尤其不喜在公开的场合出头露面。沦陷区上海的文坛是日本与汪伪的天下，人们的心头笼罩着黑暗与窒息。这是一个特殊的时期，日本侵略者与汪伪汉奸要为这个死气沉沉的上海粉饰装点出"太平"的景象，大力提倡文艺。侵略者与汉奸一手操着血淋淋的屠刀与棍棒杀人，一手又操着杀人不见血的软刀子笔杆，办报纸、办刊物，汪精卫、周佛海、陈公博以及他们手下的大小汉奸文人都在报刊上发文章，写些诗词或怀旧散文、山水游记，借以泯灭民族仇恨，粉饰太平。他们不谈政治，声嘶力竭地提倡文艺。文学作品只要不涉及他们日本主子的忌讳，一概允许，造成沦陷区文坛畸形的"繁荣"，黑幕小说、武打色情片、隐私揭秘故事充斥于上海文坛。

文人作家要生活下去，不得不靠卖文为生。但在这个极其复杂的环境下，处处有陷阱。稍微涉及政治内容，就立即招来日本宪兵的搜查。钱锺书与杨绛的文学朋友柯灵、李健吾、陈麟瑞、黄佐临，都先后被抓到贝当路日本宪兵队受过酷刑。有些作家作品虽然没有"政治问题"，但名气大了被汪伪汉奸捧场利用，仍然不免招来麻烦。苏青与张爱玲的小说都是由汪伪汉奸捧起来的，虽然她们的作品只与生活琐事、儿女私情有关，与政治无关，作品也取得了很高的艺术成就，但这段经历终不免白璧之玷，招来物议①，导致后来政治上被批判与围攻。

对于大多数立身谨慎的人来说，虽然现实生活中不得不卖文为生，但又要善于韬光养晦、和光同尘，静待河清海晏，像傅雷、郑振铎、李健吾、陈麟瑞，以及钱锺书与杨绛都是这样。

他们夫妇二人与大多数中国文人一样，很注重出处大节，洁身自爱，不肯与俗浮沉，更不愿在上海这个大"万牲园"里跳交谊舞。他们朋友不多，但都是志同道合的知心朋友。除了陈麟瑞、李健吾、郑振铎之外，还有傅雷朱梅馥夫妇、宋淇、陈西禾诸人。钱锺书与傅雷家相去不远，他们晚饭后常常聚到傅雷家夜谈。这些志趣相投的文学朋友有着许多共同语言，聚在傅雷家朴素雅洁的会客厅里无话不谈，非常投机。虽然身处兵荒马乱的时代，高压禁锢的气氛使他们压抑苦闷，但他们都还是中年人，春秋正富，有的是希望和信心，朋友间的聚谈欢笑好比铁屋之中开开窗子、透透空气，冲淡了郁积在胸中的苦闷。

除了朋友间的聚谈外，钱锺书与杨绛大部分时间还是在家中闭门读书写作。沦陷之初，钱锺书一时没有工作，生活相当艰难。恰好这时，他的散文集《写在人生边上》在上海出版，得些稿酬，稍微补贴了一下清苦生活。

第三节 《写在人生边上》的"偏见"

在西南联大时，钱锺书开始了散文创作，在联大《今日评论》中写了

---

① 参见苏青《续结婚十年》"代序"，张爱玲：《传奇（增订本）》"有几句话同读者说"。

一系列"冷屋随笔"，后来应出版社要求，结集出版。他那时在蓝田国立师院，就由杨绛在上海替他编选了一本，定名为《写在人生边上》，交陈麟瑞、李健吾审阅。1941年12月，由开明书店出版。为了表示感谢，钱锺书在此书的扉页上郑重地写下"赠予季康，三十年六月二十日"①，作为他们友情与爱情的礼物。

这是一本薄薄的散文集，除《序》以外，包括《魔鬼夜访钱锺书先生》《窗》《论快乐》《说笑》《吃饭》《读〈伊索寓言〉》《谈教训》《一个偏见》《释文盲》《论文人》，共十篇。其中有几篇在报刊上先后发表过。钱锺书在《序》中说：

> 人生据说是一部大书。
>
> 假使人生真是这样，那末，我们一大半作者只能算是书评家，具有书评家的本领，无须看得几页书，议论早已发了一大堆，书评一篇写完缴卷。

他说自己属于这样一种人：这种人读人生这部大书，"有种业余消遣者的随便和从容，他们不慌不忙地浏览，每到有什么意见，他们随手在书边的空白上注几个字，写一个问号或感叹号……因为是随时批识，先后也许彼此矛盾，说话过火。他们也懒得去理会，反正是消遣，不像书评家负有指导读者、教训作者的重大使命。"钱锺书在"谬悠之说，荒唐之言，无端涯之辞"中却蕴含着许多深刻的哲理，蕴含着对人生这一严肃主题的思考。他说："假使人生是一部大书，那末，下面的几篇散文只能算是写在人生边上的。"

这些写在人生边上的"偏见"处处包含着"正"理。在《魔鬼夜访钱锺书先生》中，魔鬼说："现在是新传记文学时代。为别人做传记也是自我表现的一种，不妨加入自己的主见，借别人为题目来发挥自己。反过来说，做自传的人往往并无自己可传，就称心如意地描摹出自己老婆、儿子都认不得的形象，或者东拉西扯地记载交游传述别人的轶事。所以你要知道一个人的自己，你得看他为别人做的传；你要知道别人，你

---

① 钱锺书：《写在人生边上》，开明书店1941年初版"致谢"后一页。

倒该看他为自己做的传。自传就是别传。"《窗》中说:"学问的捷径,在乎书背后的引得,若从前面正文看起,反见得迂远了。"(《围城》中李梅亭卡片箱里的卡片不就是最好的证明吗?)《吃饭》中谈吃饭,钱锺书说:"吃饭还有许多社交的功用,譬如联络感情、谈生意经等等,那就是'请吃饭'了。社交的吃饭种类虽然复杂,性质却极为简单。把饭给自己有饭的人吃,那是请饭;自己有饭可吃而去吃人家的饭,那是赏面子。"《谈教训》说:"自己有了道德而来教训他人,那有什么希奇;没有道德而也能以道德教人,这才见得本领。有学问能教书,不过见得有学问;没有学问而偏能教书,好比无本钱的生意,那就是艺术了。""所以最不配教训人的人最宜教训人,愈是假道学愈该攻击假道学。"《释文盲》说:"偏是把文学当作职业的人,文盲的程度似乎愈加厉害。好多文学研究者,对于诗文的美丑高低,竟毫无欣赏与鉴别。"

钱锺书的散文,爱用这些看似荒唐、充满偏见的话来表达,反话正说,寓庄于谐。正如他在《一个偏见》中所说的:"偏见可以说是思想的放假。它是没有思想的人的家常日用,而是有思想的人的星期日娱乐。假如我们不能怀挟偏见,随时随地必须得客观公平、正经严肃,那就像造屋只有客厅,没有卧室,又好比在浴室里照镜子还得做出摄影机头前的姿态。""只有人生边上的随笔、热恋时的情书等等,那才是老老实实、痛痛快快的一偏之见。"

虽然写在人生这一部大厚书边上的,只是这么一本薄薄的小册子,"就是写过的边上也还留下好多空白",但很精致,文字洗练,字字珠玑。他善于把丰富的知识与尖刻的幽默结合起来,在让人发噱的同时又受到知识的熏陶,从中学到古今中外很多知识。他的每一句话都言之有据,字字有来历、有出处,但又不是用典,而把典故剪裁成自己的东西。《魔鬼夜访钱锺书先生》对魔鬼的描写和魔鬼的话都有典故,作者怕人不懂,一一加了注释,却毫不枯燥板滞,反而趣味横生,令人捧腹。他的散文,用自己的机智诙谐驱使满腹典故,随意挥洒,捎带着对人世的嘲讽。比如魔鬼说:"你知道,我是做灵魂生意的。人类的灵魂一部分由上帝挑去,此外全归我。谁料这几十年来,生意清淡得只好喝阴风。除了极少数外,人类几乎全无灵魂。有点灵魂的又是好人,该归上帝掌管。"

但是钱锺书的散文"谑而多虐",讽刺得过于尖刻,加上他的自负与架子大,便使人对他产生了文坛"狂人"的印象。司马长风的《中国新文学史》中曾说,现代作家中有两个狂人,一个是无名氏,另一个是钱锺书。无名氏狂在志趣,野心太大了,狂得严肃认真。钱锺书狂在才气,汪洋恣肆,酷似古代的庄生。又说:在现代散文家中,钱锺书与梁实秋的幽默小品驰名当时。梁实秋的幽默不伤大雅,处处有谨厚之气;钱锺书的散文,往往与他的狂气结合,"口没遮拦,往往伤人"。譬如 30 年代,林语堂提倡幽默文学,照司马长风的说法,林语堂并不算是个"幽默家",而只是个"提倡幽默的作家",他提倡的"幽默文学"实际上也没有多大的影响。钱锺书《写在人生边上》中篇《说笑》就是直接针对林语堂倡导的"幽默文学"而言的:

> 自从幽默文学提倡以来,卖笑变成了文人的职业。幽默当然用笑来发泄,但笑未必就表示着幽默。刘继庄《广阳杂记》云:"驴鸣似哭,马嘶如笑",而马并不以幽默名家,大约是因为脸太长的缘故吧。老实说,一大部分人的笑,也只等于马鸣萧萧,充不得什么幽默。

> ……所以,幽默提倡以后,并不产生幽默家,只添了无数舞弄笔墨的小花脸。

把这些受林语堂影响的所谓的"幽默文学"家一概骂倒,未免过于刻薄。当然,他并不是针对具体某一人而言的,是他的性格使然。不同的人,秉性不同,说话风格迥异。同样是哈姆雷特骂女人爱打扮的一句话:"God has given thou one face, but you make yourself another",在梁实秋笔下是"上帝给你一张脸,你自己还要造出另一个面孔",而到了钱锺书笔下,就成了"爱面子而不要脸"。即使是一句译文还差别这么大,更何况创作呢? 这就是厚道与尖刻的区别吧。

第四节 《人·兽·鬼》

《写在人生边上》是在上海沦陷前所写的,沦陷以后,钱锺书的《谈艺录》刚刚写成了初稿,还待修改补充,但战时的条件极差,图书资料零乱不全,查阅困难,在短时间内不能写定出版。况且这种学术著作即使出版,销路也不会很佳,对于以文谋生的学者来说,出这种书只能是赔本生意,他只好转入创作。钱锺书看到夫人在戏剧和小说创作上的极大成功,也跃跃欲试。他开始闭门写作①。有贤妻操持家务,不劳他为生活奔波操心,他便一心写他的小说。他一口气写了四个短篇小说,后来定名为《人·兽·鬼》结集出版,包括《上帝的梦》《猫》《灵感》《纪念》。

《上帝的梦》大概是最先写就的。这是一篇带有寓言性质的小说,或者说是略具小说结构的散文。写上帝造人的神话,既不是宗教上的,也不是科学上的写法,而以小说的笔法,对上帝及其所造的人随性地揶揄挖苦。被人创造出的上帝又被人赋予其造人的功绩,然后人们对上帝虔诚地祈祷,但这根本上是靠不住的。上帝造人仿佛是一场梦,于是,"这许多虔诚的表示,好比家人寄给流浪者的信,父母生前对于遗腹子的愿望,上帝丝毫没有领略到。"

上帝是什么?他为什么造人?上帝假如有,一定是一个像人一样喜欢滥用权力,想要有一个忠实虔诚的伴侣,无条件地赞美他,满足他的虚荣心。钱锺书说,上帝像自鸣得意的公鸡,"比公鸡伟大数倍的上帝,这时候心理上也就和它相去不远,只恨天演的历程没有化生出相当于母鸡的东西来配他,听他夸口。这可不是天演的缺陷,有它科学上的根据。正像一切优生学配合出的动物(譬如骡),或者受人崇拜的独裁元首(譬如只有一个睾丸的希特勒),上帝是不传种的,无须配偶。"上帝用"自然主义的写实作风"照着自己水中的影子造成了男人,不知是自己手工的拙劣还是上帝本身的丑陋,还是泥坯太粗,看不顺眼。又从流水的波纹里采取了曲线来作新模型的体态,从朝霞的嫩光里选出绮红色,向晴空里提炼出蔚蓝浓缩入它的眼睛,收住一阵轻飘浮荡的风灌注进泥型。"风的性子是膨胀而流动的,所以这模型活起来,第一桩事就是伸个软软的懒腰,打个长长的呵欠,为天下伤春的少女定下了榜样。"这就是女人。有了男人和女人,上帝成为多余的第三者,反而更增加他

---

① 李健吾:《咀华新篇:重读〈围城〉》,《文艺报》1981 年第 3 期。

的孤独和不满。女人偷偷请求上帝再造出一个更漂亮细腻的男人，正像男人也要上帝再造一个女人一样，上帝找到报复的机会，生出猛兽、虱、毒蚊子、苍蝇来惩罚男女，人类终于灭绝了，上帝一梦醒来，仍然是孤独。

这篇小说放在开头有其用意，是《人·兽·鬼》的第一系列"人"。人的渊源来自上帝，也秉承了上帝一切的劣根，不过上帝没有"性"的能力与配偶，人有，但同样是孤独，有着无厌的情欲要求，为后来人世间男女的偷情埋下了种子。

作为兽类的猫，与主人有着相通之处。猫是宠物，喜欢被人逗着玩，女主人公爱默也和猫一样。和她的丈夫李建侯在北平生活，家中就是个"文化沙龙"，她是沙龙里的夫人，也受赏识。因此，常有一些"京派"名流在这里聚会，像什么"有名的政论家"马用中呀，留洋学生袁友春呀，除掉向日葵之外没有比他更亲日的陆伯麟呀，还有"科学家"郑须溪，什么学术机关的主任赵玉山，讲话柔软悦耳举动斯文的曹世昌，高傲得患了斜眼症的傅聚卿，西洋画家陈侠君，等等。"这些有自家名望的中年人到李太太家来，是他们现在唯一经济保险的浪漫关系，不会出乱子，不会闹笑话，不要花费而获得精神上的休假，有了逃避家庭的俱乐部。"这些"名流"在李太太这里可以尽情地卖弄，大谈政治形势、国际局势，围绕在李太太身边，享受着不出问题的约会。李建侯是一个平庸的人，但他有钱，正像爱默有闲一样，他不甘平庸，在夫人的鼓励下，企图写"回忆录"来立身扬名，他雇用了一个年轻人齐颐谷做秘书代自己操刀。可是不久，爱默却对年轻的齐颐谷产生了好感，常常要齐颐谷为自己办事，齐颐谷也越来越鄙视李建侯的无聊、虚荣和理智的贫乏。处于弱势的建侯出于妒忌，对妻子发作，发生一场争吵。吵过后，他一直跑在外边。出于报复，他又找了一个女孩子。爱默闻知感到了惊异、伤心和愤怒，干脆把齐颐谷作为自己的情人，主动来找齐，以图对建侯进行报复。齐颐谷尽管以前对爱默抱有幻想，但此时意识到事态的严重和自己的猥琐，吓得寻找借口转身离去。作者在这篇小说中，主要刻画了这些小资产阶级知识分子的虚荣、无聊、空虚、庸俗的心理，同时对围绕在他们周围的一群"京派"文人进行漫画式的刻画与戏谑式的嘲讽，他们在一场灾难性的战争即将爆发时还在沙龙内寻欢作乐、吹嘘争执、争风吃醋,作着"两三年内不会有战争"的局势分析。这些都带有浓郁的讽刺意味。

《灵感》与《纪念》是这本小说集中写与"鬼"有关的事。

《灵感》也许是最俏皮有趣的小说了。写"作家"在竞争诺贝尔文学奖失败后生病气死,灵魂因著作过重被摔落到"中国地产公司"。在地产公司里,一群虚浮的形象挤进现场,有气无力地齐喊:"还我命来!"原来,这些都是作家小说、戏剧里的人物,他们"控诉"作家:"我们向你要命,你在书里写得我们又呆又死,全无生气;一言一动都像傀儡,算不得活泼泼的人物。你写了我们,没给我们生命,所以你该偿命。"接着,每个角色都来控告"作家":那毁尽裙下男人的妖妇、在姨太太群中虚荡一生的老色鬼、嘴边常挂几句粗话的穷汉、鼓吹消灭家庭制度的青年以及为母爱狂热而梦呓似的男人,都以自己在书中的陈腔滥调来控诉作家。正在这位作家搪塞敷衍时,"文化企业家"的鬼魂又来大声痛骂"作家",因为这位文化企业家的死,完全归咎于"作家"那篇庆祝他五十生辰的寿文,太令人作呕的吹捧文字,要了他的命,这使"作家"大为震惊。判官判决结果,给"作家"合理的惩罚:一位青年作者要写一部"破天荒的综合体"的作品,为了让"作家"亲自尝尝自己笔下众多不死不活角色的滋味,判官判令让"作家"去做那篇未来杰作的主人公。这样"作家"遂被传令送到青年作者的脑中。"作家"被押回阳间送给那位青年作者时,那位青年作者正为寻找灵感进行最后的实验:与房东女儿私通。为了逃避不愉快的命运,"作家"改道钻入房东女儿的耳朵里,令她受孕①,于是青年作者只好娶了房东女儿,放弃写这部伟大小说的计划。过了一段时间,"作家"投胎转世,托生成一个小孩,"直到现在我们还猜不出这孩子长大了是否要成为作家"。

《人·兽·鬼》中艺术上最好的一篇是《纪念》。主人公女大学生曼倩毕业后,与才叔结婚。因为战争,他们移居到内地,丈夫才叔在一个

---

① 作者自注:"据中世纪欧洲神学家的说法,女人的耳孔是一条受胎的间道。"可见钱锺书的小说也都充满书卷气。

小城的政府机关工作。他们夫妇二人朋友很少,曼倩成天一人在家,又没有什么文化娱乐可以消遣,甚觉寂寞、空虚。空军部队住进了小城,飞行员天健是才叔的表弟。天健常来曼倩家玩,而且多在下午曼倩独处时,这给曼倩解除了寂寞。两人慢慢产生了感情。虽然曼倩拒绝天健对她的感情,但她也确实需要天健来弥补她生活的空虚。终于在一个疲惫的春日,她第一次也是唯一的一次和天健外出幽会。天健蛮横而强行与她发生了性关系。她在回家的路上担心、内疚、失望,但"想到她身上该换下洗的旧衬衣,她此刻还面红耳赤,反比方才的事情更使她惭愤"。几星期之后,天健在执行任务中丧生,此时,曼倩已经怀上了他的孩子,才叔完全不知道曼倩和天健的私恋关系,真诚地表示:假如生个男孩,就取名天健来纪念死者。

钱锺书写了这样一个婚外恋的故事,多少带点"黑色幽默"(sick humor)的味道,作品对曼倩的心理刻画细致入微。曼倩既觉空虚,思恋着天健,又不愿也不敢有肉体接触,接触后便觉得内疚。她需要一种"不落言筌,不着痕迹"的婚外恋情,为黯淡的生活增加几许颜色。她与天健幽会后内心悔恨好长时间,到天健死后如释重负,却又觉得天健可怜,至于两个人的秘密,"现在忽然减少了可憎,变成了一个值得保存的私人纪念,像一片枫叶,一瓣荷花,夹在书里,让时间慢慢减退它的颜色,但每次打开书,总得看见。"这样的描写,体现出钱锺书心理刻画和驾驭语言的高超技巧。

这本小说集代表了20世纪40年代初钱锺书首次尝试小说的成就。作品在人物心理的挖掘刻画、语言的讽刺性和表现力上取得了相当大的成功。但也存在一些明显的甚至严重的缺陷。

《上帝的梦》就不像小说,只是对这个神话一种嘲讽性的解释,成段成段作者的议论,显得枝蔓,不够集中。《猫》中对一些京派文人一个挨一个静态的介绍,虽然内容很有趣,却过于板滞,与沙龙里众人围坐聚谈的描写不和谐。作者为了显示幽默与博学,插入大量的议论,作者过多的议论在一定程度上破坏了文学的自然性。这些不足,到后来的《围城》时才得到弥补与克服。

钱锺书的短篇小说和散文并不多,但风格很独特,在现代文学史上别具风采。他身兼学者、作家两重身份,是一个学者型的作家,或者说是一个作家型的学者,这个特点构成了他独特的创作风格。他的小说和散文,篇幅都不太长,也不太注重对社会现实的挖掘和批判,充满浓郁的书卷气,丰富的学问知识、犀利诙谐的笔墨,把掩藏在人们(尤其是酸腐的知识分子)灵魂深处的"小"挖出来,暴露出人灵魂中的弱点或者说是劣根性,诸如人的虚荣、伪善、好色、贪财、酸腐等等,用笑予以嘲讽、调侃,篇幅不长,却很隽永、精致、深刻,富有哲理意味。

钱锺书的作品大多数取材于自己并不丰富的生活阅历与经验,主要是针对文学界、学术界如作家、教授等知识分子,为了避免嫌疑或被攻击,钱锺书为这本小说集写了这么一段妙趣横生的《序》,说他的作品里:

> 不但人是安分守法的良民,兽是驯服的家畜,而且鬼也并非没管束的野鬼;他们都只在本书范围里生活,决不越轨溜出书外。假如谁要顶认自己是这本集子里的人、兽或鬼,这等于说我幻想虚构的书中角色,竟会走出了书,别具血肉、心灵和生命,变成了他,在现实里自由活动。从黄土抟人以来,怕没有这样创造的奇迹。我不敢梦想我的艺术会那么成功,惟有事先否认,并且敬谢他抬举我的好意。

虽然他在《人·兽·鬼》的《序》中告诫人们不要对他书中的人或事索隐、顶认、对号入座,但这样否认的结果,正如夏志清所说:哪怕再粗心的读者,都会自然而然地因为这篇序而立生好奇,去猜测书中许多人物的真实身份。有不少人,尤其是海外的研究者对此书中的人物是否影射何人,常常会穿凿附会地到现实生活中找对应人物,这其实是不足为训的。歌德说:知识必自经验始,而不尽自经验出。钱锺书小说中的人物当然出自钱锺书本人生活的经验,他创造的人物可能都会有一些现实的影子,但文学创作毕竟是把生活的经验提炼加工,塑造出似曾相识的艺术形象,而不是直接影射现实中的某某人。艺术形象毕竟还是虚构的,"虚而非伪,诚而不实"。如小说《猫》中的女主人公爱默,有一些学者从"京城""沙龙"等字眼,就武断地认为影射林徽因,并且由钱锺书与林徽因作邻居时,帮自己家的猫打架的事,附会猜测两人之间莫须有的"矛盾",并把围绕在爱默周围的人一个一个坐实为现实中的某某人。这种机械式的比附不是文学研究,根本不懂文学创作的特点,抓住一点去比附,不及其余。即使从女主人角度说,也仅仅是京派、文化的沙龙这一点像,其他都对不上。里面的许多人物都像现实中的某某人,写得很真实,只是似曾相识,某个方面特别像某人,但仔细看却又不是。

第五节 《中国诗与中国画》及其他

钱锺书还写了不少的单篇文章,其中主要是论文。如 1937 年 8 月的《中国固有的文学批评的一个特点》、1940 年 2 月的《中国诗与中国画》、1941 年 8 月的《中国诗与中国画》(二)、1945 年 10 月的《小说识小》(一、二),同年 12 月《谈中国诗》、9 月书评《补评〈英文新字辞典〉》、12 月书评《游历者的眼睛》,还写了为数不少的英文作品。他的这些文章,尤其是《中国诗与中国画》《小说识小》《谈中国诗》以及学位论文"China in the English Literature of the Seventeenth and Eighteenth Century"(《十七、十八世纪英国文学中的中国》)和"The Return of the Native"(《回归自然》)影响较大。赵景深在《文坛忆旧》中说,当时读到钱锺书的这些书评和论文,很感兴趣,非常佩服。他特别提到钱锺书对小说的考证、对汉译第一首英文诗的考证都很精辟。他写信约请钱锺书为自己的刊物撰稿。

但直到 1945 年 12 月中华全国文艺协会上海分会开成立大会时,因为钱锺书、杨绛与赵景深都是会员,都出席了这次会议,赵景深这才首次见到了钱锺书,而且惊奇地发现钱锺书、杨绛还是夫妻[①]!

钱锺书这一时期最重要的论文是《中国诗与中国画》,这是他颇为得意的作品,初载 1940 年蓝田《国立师范学院季刊》第 6 期,1941 年载成都私立齐鲁大学国学研究所刊行的《责善半月刊》,1947 年 2 月收入

---

① 赵景深:《钱锺书与杨绛夫妇》,《文坛忆旧》,北新书局 1948 年版,第 121 页。

《开明书店二十周年纪念文集》，新中国成立后又修改后载入其《旧文四篇》与《七缀集》。在这篇文章中，钱锺书指出中、西方都把诗、画看作是"姐妹艺术"，但当中、西方批评家说"画中有诗"时，他们所表达的是不大相同的意思：在中国，这"诗"字指一幅画中特别抒情的情感；而在西方则表示画包含了对事件过程的描摹。中国的独特背景形成了中国伟大的传统。尽管在中国认为诗画是"姐妹艺术"，但中国传统的理论对诗与画却采取了不同的评价标准。杜甫的厚重在一定程度上是诗的规范，而吴道子的画，其特点是同样的厚重，却从未成为画的规范。同样，王维画风中的清淡，使他在画论上具有卓越地位，而其诗中相同的清淡，却未起到相同的作用。

　　钱锺书进而解释不同标准的差别与联系。由于诗与画的介体不同，譬如画的介体是颜色，可以表示具体的迹象，诗的介体是文字，可以传达意思情感。可是大画家偏偏不甘心于刻迹画像，而要用画来"写意"，大诗人偏不甘心于"写意"，而要诗有具体的感觉，兼国画的作用。诗和画都企图越出自己的本位。

　　钱锺书另一类作品是一些散文、随笔。他在英国留学第二年写的《谈交友》未被收入散文集中，这篇文章论交友，把朋友分为功利性的和无私利动机的两种，否认了前者，以调侃的态度嘲讽了功利之交。钱锺书说："西谚云'急需或困乏时的朋友，才是真正的朋友'，不免肤浅。我们有急需的时候，是最不需要朋友的时候。朋友有钱，我们需要他的钱；朋友有米，我们缺乏的是他的米。""我们也许需要真正的朋友，不过我们真正的需要不是朋友。"他歌颂了真正的友谊应是不带私利动机的："在困乏时的友谊，是最不值钱了，不，是最可以用钱来估定价值了！"[①]这篇散文篇幅比较长，表现出其散文最初的风格，但笔调似还未成熟，缺少《写在人生边上》的精练、隽永、整饬与讽刺力量。钱锺书擅长讽刺，于是，讽刺和幽默便成为其散文的基本格调。机锋所指，犹在士林，对知识分子似更感兴趣，他讽刺一些文人在写作中卖弄、装腔作势的行为，说："'文如其人'，这话靠不住。许多人作起文来——尤其是

---

① 《文学杂志》第 1 卷第 1 期，1937 年 5 月，187—196 页。

政论或硬性的学术文字——一定要装点些文艺辞藻，扭捏出文艺姿态，说不尽的搔首弄姿。他们以为这样才算是'文'。'文如其女人'似乎更切些，只希望女人千万别像这种文章。"

他还有一段关于"著作"和"专家"的妙语。"作品遭人毁骂，我们常能置之不理，说人家误解了我们或根本不了解我们；作品有人赞美，我们无不欣然引为知音。但是，赞美很可能跟毁骂一样的盲目，而且往往对作家心理上的影响更坏。""任何一个大作家的作品，决不可能每部都好，总有些优劣不齐，这当然是句老生常谈，但好像一切老生常谈无人把它挂在心上。我们为某一种作品写得好因而爱好它的作者，这也是人之常情。不过，爱上了作者以后，我们每对他起了偏袒，推及于他的全部作品"，读者爱上一个作家后，往往对他的全部作品"不分皂白的溺爱"，"专家有从一而终的贞节、死心塌地的忠实；更如俾斯麦所谓崇拜与倾倒的肌肉特别发达，但他们说不上文艺鉴赏。正如沙龙的女主人爱好的是艺术家，不是艺术，或影剧迷看中了明星，并非对剧艺真有兴趣。"①

钱锺书的生活阅历也许并不是非常复杂的，但是上海的沦陷，让他的思想变得更加深沉。在沦陷区这个群魔乱舞的舞台上，有日本侵略者，有汪伪政权，也有其他政治派别，更多的是为了生活卖文为生的文人，人、兽、鬼杂陈。卖文是为了维持生计，但绝不能卖身求荣，钱锺书和杨绛在这个时候保持着高度的清醒，深居简出，写小说、写散文，卖文为生，但绝不参加任何有政治色彩的活动。此时，他的小说和散文都带有深刻的寓言色彩。

---

① 钱锺书：《杂言——关于著作的》，《观察》第 4 卷第 2 期，1948 年 3 月 6 日。

第八章　钱锺书与《围城》

第一节　创作初衷

弄翰然脂咏玉台，青编粉指更勤开。

偏生怪我耽书癖，忘却身为女秀才。

世情搬演栩如生，空际传神着墨轻。

自笑争名文士习，厌闻清照与明诚。

这是 1959 年钱锺书回首当年写给杨绛的十首诗中的两首，对我们理解 20 世纪 40 年代钱锺书与杨绛很有帮助。第一首赞扬杨绛的才学。她为了支持丈夫的学问事业，担负起全部沉重的家务，牺牲了大量宝贵的时间，忘却了自己的创作。第二首将他们二人比作李清照与赵明诚。赵明诚是个学问家，才气上却不如妻子李清照，他赌气不服，闭门谢客三昼夜，一口气作了 50 首词，与李清照比高低，他的朋友看过，只赞许其中三句："莫道不消魂，帘卷西风，人比黄花瘦。"这三句原来还是借用李清照的(见元伊世珍《琅嬛记》)。杨绛的创作空际传神，栩栩如生，而自己却大类赵明诚，文士争名的习气，使他要与爱妻一比高低。钱锺书不服输的结果就是创作了长篇小说《围城》①。

---

① 杨绛：《钱锺书与〈围城〉》。《杨绛作品集》(第二册)，中国社会科学出版社 1993 年版，第 131—
　　132 页。

那时候，杨绛的喜剧《风絮》《弄真成假》在上海演出，相当风靡，有段时间，上海几家大剧院同时都在演杨绛的喜剧作品，杨绛的名声要远远高于钱锺书。这使得争强好胜的钱锺书很不服气①。一次，他们二人同去看杨绛的喜剧《弄真成假》，回家后，钱锺书对杨绛说："我想写一部长篇小说。"他向杨绛讲了小说的题目和主要情节内容。杨绛听了，大为高兴，催他快写。那时钱锺书正在偷空写短篇小说，还在修改《谈艺录》，怕没有时间写长篇。杨绛说不要紧，如果来不及他可以减少震旦大学的授课时间，专心写作。他们的生活已经很省俭，还可以再省俭些。女佣因家乡生活好转正要回去，杨绛不勉强她，也不再花钱另雇女佣，女佣的活自己全兼了。杨绛从小生活在优裕人家，劈柴、生火烧饭、洗衣都是外行，经常给煤烟染成花脸或熏得满眼是泪，或给滚油烫出泡来，或切菜切破手指。可是，她急切地要看钱锺书的《围城》，就是作灶下婢也心甘情愿。

钱锺书在《围城》序中说："这本书整整写了两年。两年里忧世伤生，屡想中止。由于杨绛女士不断地督促，替我挡了许多事，省出时间来，得以锱铢积累地写完。照例这本书该献给她。"这表现了钱锺书对夫人的无限感激之情，也可以看出杨绛为人的贤惠和无私的精神。杨绛给予钱锺书的不仅仅是承担家务、照料好他的生活，更是一种精神上的支持、文学上的志同道合，互相鼓励、互相促进，互为对方的最早读者与知音。

《围城》1944 年动笔。杨绛说："这本书是'锱铢积累'写成的，我是'锱铢积累'读完的。每天晚上，他把写成的稿子给我看，急切地瞧我怎么反应。我笑，他也笑；我大笑，他也大笑，因为笑的不仅是书上的事，还有书外的事。我不用说明笑什么，反正彼此心照不宣。然后，他就告诉我下一段打算写什么，我就急切地等着看他怎么写，他平均每天写五百字左右。他给我看的是定稿，不再改动。"

从 1944 年到 1946 年，钱锺书在忧世伤生的岁月里用了两年时间

---

① 如与他们相熟的郑西谛、李健吾，只知道钱锺书是个"书生"或者"书痴"。宋淇（悌芬）说："钱锺书对于杨绛新建立的名声表示出玩笑式的嫉妒。"（胡志德：《钱锺书》第一章，参见邹文海《忆钱锺书》中记钱氏的话。

完成了他的长篇小说《围城》，这是他写成的第一部，也是唯一一部长篇小说。从 1946 年 2 月起，在郑振铎主编的《文艺复兴》杂志连载，至 1946 年 12 月结束。杂志上一连载，人们就争相传看，看完一期，迫不及待地等着下期，好多人打听钱锺书是谁？后来人们才知道，钱锺书是杨绛的丈夫。1947 年 5 月，上海晨光出版公司编辑赵家璧通过陈西禾，请求钱锺书将这部书稿交由上海晨光出版公司出版单行本，列为"晨光文学丛书"第八种。《围城》出版后很受欢迎，1948 年 9 月再版，1949 年 3 月第三次印刷。此书在知识分子中间流传颇广，畅销不衰。赵景深在《文坛忆旧》中这样写道："他的《围城》，都已经成为我们家中的 favourite(宠物)了。我的儿子、内侄、姨女、内嫂以及我自己都争夺般地抢着看，消磨了一个炎热的长夏。"①复旦大学外文系主任全增嘏的一个朋友容太太，看了《围城》，成为钱锺书的粉丝，自行登门拜访来认识作者。其受欢迎程度可见一斑。

但当时文坛上，此书却招来许多极"左"的批评。一些自命为革命派的"左派"文人，对此书却持极力批判的态度，骂围城是"香粉铺""活春宫"。不久，巴人(王任叔)在报刊上发表一篇文章，声明骂《围城》的并不是共产党，他代表共产党发表此文。巴人的文章发表后，对《围城》的攻击偃旗息鼓②。新中国成立后，《围城》更进一步受到冷落。许多现代文学史著作都忽略不提。然而在国外，此书却不乏知音，享誉甚高。美籍华人、著名小说史家夏志清更极力揄扬。1961 年，耶鲁大学出版社出版了夏志清的英文版《中国现代小说史》(A History of Modern Chinese Fiction)，该书第十六章专论钱锺书，对他的《围城》推崇备至。夏志清认为："《围城》是中国近代文学中最有趣和最用心经营的小说，可能亦是最伟大的一部。"又说："《围城》尤其比任何中国古典讽刺小说优秀。由于它对当时中国风情的有趣写照，它的喜剧气氛和悲剧意识，我们可以肯定地说，对未来时代的中国读者，这将是民国时代的小说中最受他们喜爱的作品。"司马长风的《中国新文学史》对《围城》也作了较

---

① 赵景深：《钱锺书与杨绛夫妇》，《文坛忆旧》，北新书局 1948 年版，第 122 页。
② 吴学昭：《听杨绛谈往事》，生活·读书·新知三联书店 2008 年版，第 221 页。

高的评价。在美国的大学中,研究中国文学的硕士、博士有好多以此书为学位论文题目,使得此书在海外声名大振。有的评论家还把它作为中国的"经典"作品,认为堪与鲁迅的《阿Q正传》、茅盾的《子夜》相媲美。有趣的是,在国内则恰恰相反,《围城》受到了几十年的冷落。1980年以前,几乎所有中国现代文学史或小说史的专著都忽略了此书,有的甚至只字不提,许多青年人根本不知有《围城》一书,连钱锺书的名字也未曾听说过。1980年,人民文学出版社重印此书,13万册印后不久即销光,次年9月第二次印刷,1982年8月第三次印刷,1985年8月第四次印刷,1990年、1991年又连续印刷数次,现代文学专著与教材中也增加专论钱锺书与《围城》的章节。于是,《围城》在国内青年中引起了强烈的反响,成为广泛流传的名著。除晨光出版公司几次印刷和海内外各个时期不同的盗版无法统计之外,仅人民文学出版社几次印刷,累计已超过百万册,每次发行不久即告罄。上海某高校的读书调查显示:"《围城》是大学生最喜爱的十种世界文学名著之一。"西安交大的学生把一本《围城》争相传阅,以至于废寝忘食,忘时旷课。北京交道口某理发店也以《围城》为名,陈书柜窗,以资号召。自1990年12月电视连续剧《围城》在中央电视台播出后,《围城》更是家喻户晓,形成了人人看《围城》、说《围城》的热烈场面。

第二节 《围城》里的悲喜剧

　　《围城》里的主人公方鸿渐是一个性格善良、有几分小聪明又颇有几分浪荡公子哥气质的人物,也是一个除口才极佳外不学无术的懦夫。在上大学时,他的父亲方遯翁为他包办婚姻,跟一个素不相识的同乡女子订下婚约,他既不情愿,又不敢与父亲反抗,幸而这个女孩子不久就知趣地死去了。女孩的父亲是点金银行的周老板,为了纪念爱女,就把准备给她做嫁妆的钱用来资助方鸿渐出国留学。方鸿渐到欧洲之后,四年中换了三个地方:伦敦大学、巴黎大学、柏林大学。随便听几门课程,兴趣颇广,心得全无,生活尤其懒散,究竟学了多少专业知识和实际生活中有用的东西，只有天知道！比方说，他在柏林大学听教授演说，只"从中明白爱情和性欲是一胞双生，类而不同"等内容。快毕业时，他居然急中生智，只花 30 多美金，就连骗带买搞到了一个纯属子虚乌有的世界"名牌"高等学府"克莱登大学"的"哲学博士"学位。"学成"后乘船回中国，故事正是从这里开始的。

他抵挡不住同船的充满性感的东南亚女郎鲍小姐的肉体诱惑，与她偷情；轮船到岸后，方鸿渐看到鲍小姐一头扑进未婚夫怀里，连头都不回，他大为失望。同船回国的留法文学博士苏文纨小姐极力想讨好他，可苏文纨又过于矫揉造作爱面子，方鸿渐对她没有兴趣，只是勉强敷衍。未到上海，他的"岳父"即在《沪报》上登了一则新闻："本埠商界闻人点金银行总经理周厚卿快婿方鸿渐，由周君资送出洋深造，留学英国伦敦、法国巴黎、德国柏林各大学，精研政治、经济、历史、社会等科，莫不成绩优良，名列前茅，顷由德国克莱登大学荣授哲学博士，将赴各国游历考察，秋凉回国，闻各大机关正争相礼聘云。"方鸿渐立刻成为家乡名人。他回乡时，两位记者前来采访他对世界"局势"的看法，为他拍照，请他题词。当地中学校长登门请他演讲，但他忘了带从历史教科书上抄来的讲稿，急忙中只得信口开河，胡言乱语，编些话来应付，说："海通几百年来，只有两件西洋东西在整个中国社会里长存不灭，一件是鸦片，一件是梅毒。"还说鸦片可以引发灵感，梅毒据说也能刺激天才之类。一时满堂哗然，后来连家有女儿的世交也不愿招他为婿了。

没办法，他又混到上海"未婚妻"家中，在银行临时工作，这时，他与苏文纨来往起来。苏文纨使出浑身解数诱惑他，拉拢他，但他对虚荣的苏小姐及她周围一些附庸风雅的人，如"剑桥诗人"曹元朗、给西方哲学家写恭维信以换取回信的褚慎明、"遗少诗人"董斜川等人非常反感恶心，却喜欢上了苏小姐的表妹唐晓芙——摩登社会里的一个真正的女孩子，并暗暗地追求她。但方鸿渐性格优柔寡断，又不敢与苏小姐果断摊牌。直到最后实在没有退路，才写信给苏小姐表示拒绝，苏小姐盛怒之下对唐晓芙大骂方鸿渐是骗子、恶棍，并把他买假文凭和船上偷情的事都一一抖了出来。唐晓芙其实还是比较喜欢方鸿渐的，但这时碍于苏文纨的情面，又怒方鸿渐的懦弱不争，生气地责怪与挖苦他，就这样两人由于误会分开了。

　　他的浪漫纠葛使他"丈人"一家对他生气且冷淡了。以前自认为是方鸿渐的"情敌"的赵辛楣，在与曹元郎竞争苏小姐失利后，与方鸿渐成为"同情兄"，二人决定接受内地新办的三闾大学的聘请，去当教授。同行者有吝啬的老色鬼李梅亭"教授"、狡猾卑鄙的顾尔谦"教授"，以及年轻助教孙柔嘉，他们路上风尘仆仆，受尽旅途的颠簸、虱子的叮咬、空袭的危险。但他们同时又勾心斗角，各忙各的私事。李梅亭与苏州寡妇勾搭调情。顾尔谦盘算着怎样吃里爬外，省下自己的钱。赵辛楣与方鸿渐在与孙小姐说笑谈天，互相逗乐。

　　到了学校，方鸿渐才体会到这个学校中的个人恩怨和明争暗斗。校长高松年专门招致一些不大知名的人物，是为了便于管理。他发现方鸿渐不是博士，就给他一个副教授（别的同事都是教授）头衔，而且教的课是方自己也一窍不通的论理学（逻辑学）。方鸿渐心地诚实，城府不深，不善于算计别人，反而常遭别人算计排挤。而同事中如高松年、韩学愈、李梅亭、刘东方等人表面上客客气气，背地里互相倾轧争斗，方鸿渐就成为这些派性斗争旋涡中的牺牲品。孙柔嘉做了讲师教英语，由于教职的明争暗斗，韩学愈鼓动学生在课堂上时常捣乱，在孙柔嘉上课时，让学生造出"You are my wife, I'm your husband"等诸如此类的侮辱性句子来。与孙小姐争教职的是历史系主任韩学愈的妻子，一个奇丑无比而自称是"美国血统"的白俄女人。韩学愈也是赫赫有名的"克莱登大学"博士，至于这位韩"博士"的著作却是"散见于美国各大报刊"，封存于战时的图书馆，谁也无法见到。其实韩在这些报刊上"发表"的"文章"只不过是征集杂志、联系家教的启事而已。这个学校虽有图书馆，却是七零八落，没几本杂志，又没有文化娱乐之地，师生尽可互相串门，搬弄是非，诽谤他人。

　　与方鸿渐关系最密切的唯一朋友赵辛楣在学校待了一年，因受汪处厚的夫人勾引被人发现，突然奔赴重庆。方鸿渐在学校更是落落寡合，与人不合，处处遭排挤，而孙柔嘉也觉得孤独思乡，同病相怜中，两个人日渐亲密，找到了爱情的勇气，并订下婚约。方鸿渐次年未被续聘，两人只好回上海，途中在香港结了婚。回到上海，方鸿渐工作不如意,加之双方恋爱时温情脉脉的面纱逐渐揭开,原本的真面目逐渐暴露,两人性格上格格不入,夫妻间的感情日趋恶化。孙柔嘉不喜欢丈夫家的所有人,迂腐而爱管闲事、充满封建专制作风的方遯翁,两个满怀敌意盯着她身子看是否"双喜临门"的弟媳,都令她讨厌。

她对方鸿渐的懦弱、优柔寡断、落落寡合的性格很瞧不起;而她自己又缺乏修养,自私任性乖僻,极力去讨好有钱的姑妈和姑丈。尽管方鸿渐做了不少让步,极力想维持这个家,但两个人由性格冲突造成了不可调和的矛盾,进而互相憎恶对方的家属,反过来又加重两人之间的矛盾。尤其是孙柔嘉的姑妈,市侩而势利,爱搬弄是非,她挑唆孙柔嘉与方鸿渐吵闹,破坏了他们本来就不稳定的婚姻关系,造成两人不可挽回的悲剧结局……

作品中"围城"的含义,是通过几个人的谈话揭示的:婚姻像一座被围困的城堡,城外的人想冲进去,城里的人想逃出来,故取名"围城"。当然,它的寓意不仅仅指爱情。《围城》是一部具有极浓哲理意味的小说。小说通过方鸿渐和孙柔嘉的爱情婚姻以及方鸿渐的生活遭遇,表达对婚姻、爱情以及整个人生的看法。

《围城》还刻画了许多个性鲜明、形象突出的知识分子形象,刻画出"新儒林"群丑,如李梅亭、韩学愈、高松年、方遯翁、苏文纨等个性鲜明的人物,暴露鞭挞了知识分子庸俗、无聊、虚荣、争斗等劣根性。

因此可以说,《围城》既是一部愤世嫉俗的哲理小说,又是一部充满哲理意味的爱情小说。

第三节　独具匠心的小说

《围城》是一部具有很深的悲剧意味的讽刺小说,但又充满着强烈的喜剧色彩。小说的语言成就很高,人物的描写刻画简练生动,作者的议论深刻精辟,整部作品充满了幽默感,有很强烈的讽刺性,让人在掩卷大笑之余,陷入沉思。《围城》最大的艺术魅力主要来源于钱锺书式的讽刺与幽默,对人物心理、性格细致入微的刻画,对人性中自私虚伪的鞭挞,堪称中国现代文学史上讽刺小说的典范。

钱锺书的语言是第一流的,他能动用古今中外的奇思妙语于笔端,变为自己的语言。他特别长于用比喻,他的比喻总是异想天开、不落俗套。如他描写孙柔嘉的外貌:

> 孙小姐长圆脸,旧象牙色的颧颊上微有雀斑,两眼分得太开,使她常常带着惊异的表情;打扮甚为素净,怕生得一句话也不敢讲,脸上滚滚不断的红晕。

多么巧妙传神!在回国船上,穿衣很少、充满性感的鲍小姐,使"那些男学生看得心头起火,口角流水,背着鲍小姐说笑个不了。有人叫她'熟食铺子',因为只有熟食店会把那许多颜色暖热的肉公开陈列;又有人叫她'真理',因为据说'真理是赤裸裸的'。鲍小姐并未一丝不挂,所以他们修正为'局部的真理'。"这样的比喻议论就代替了描写,给人比描写更深刻的印象。

小说写方鸿渐请鲍小姐上西菜馆:"上来的汤是凉的,冰淇淋倒是热的;鱼像海军陆战队,已经登陆好几天了;肉像潜水艇士兵,会长期伏在水里;除醋以外,面包、牛油、红酒无一不酸。"几乎每一句话都透出俏皮。又如,爱虚荣的陆子潇把他行政院高官亲戚给他回的一封信摆在桌上炫耀:

> 这左角印"行政院"的大信封上大书着"陆子潇先生",就仿佛行政院都要让他正位居中似的。他写给外交部那位朋友的信,信封虽然不大,而上面开的地址"外交部欧美司"六字,笔酣墨饱,字字端楷,文盲在黑夜里也该一目了然的。这一封来函、一封去信,轮流地在他桌上装点着。大前天早晨,该死的听差收拾房间,不小心打翻了墨水瓶,把行政院淹得昏天黑地,陆子潇挽救不及,跳脚痛骂。

唐弢说:"《围城》最大的成功是它的心理描写。"钱锺书刻画人物心理入木三分。韩学愈木讷的外表中,却隐含着狡诈的伎俩,不露声色。他与方鸿渐一样是从那个爱尔兰骗子手中买的假文凭,方鸿渐想试探一下他的"克莱登"与自己的是不是同样货色,没想到韩学愈撒着弥天

大谎竟泰然自若,作品写道:

鸿渐只好找话敷衍,便问:"听说嫂夫人是在美国娶的?"

韩学愈点头,伸颈咽口唾沫,唾沫下去,一句话从喉核下浮上:"方先生到过美国没有?"

"没有去过——"索性试探他一下——"可是,我一度想去,曾经跟一个 Dr. Mahoney 通信。"是不是自己神经过敏呢?韩学愈似乎脸色微红,像阴天忽透太阳。

"这人是个骗子。"韩学愈的声调并不激动,说话也不增多。

"我知道。什么克莱登大学! 我险的上了他的当。"鸿渐一面想,这人肯说那爱尔兰人是"骗子",一定知道瞒不了自己了。

"你没上他的当罢! 克莱登是好学校,他是这学校里一个开除的小职员,借着幌子向外国不知道的人骗钱,你真没有上当? 唔,那最好。"

"真有克莱登这学校么? 我以为全是那爱尔兰人捣的鬼。"鸿渐诧异得站起来。

"很认真严格的学校,虽然知道的人很少——普通学生不容易进。"

从这一段对话中,我们可以领略到韩学愈脸不改色心不跳的撒谎胆量和本领。

《围城》中议论精警,发人深思。钱锺书在作品中多用比喻,据粗略地统计,《围城》一书中的比喻多达 700 余条。方鸿渐留学快要毕业的时候,迫于他的父亲和岳父的两面夹攻,才知道留学文凭的重要,"这一张文凭,仿佛有亚当、夏娃下身那片树叶的功用,可以遮羞包丑;小小的一方纸能把一个人的空疏、寡陋、愚笨都掩盖起来。自己没文凭,好像精神上赤条条的,没有包裹。"他骗了爱尔兰人的文凭,又吓唬了这个骗子,作者议论道:"这事也许是中国自有外交或订商约以来唯一的胜利。"钱锺书的幽默语言,常常把两个看似差别很大的意象联系起来,在字面上翻新出奇,造成新意。他讽刺洋买办张吉民说话中总爱夹杂些英文:"他并无中文难达的新意需要用英文来讲;所以他说话里嵌的英文字，还比不得嘴里嵌的金牙，因为金牙不仅装点，尚可使用，只好比牙缝里嵌的肉屑，表示饭菜吃得好，此外全无用处。"

有些幽默充满生活气息，一看就懂，有些幽默则充满书卷气，如方遯翁预先为孙子取的体现"学问"的各种名字，则需要对历史上的人物典故有了解才能欣赏。作者有许多不动声色的幽默是建立在书卷基础之上的。如写李梅亭"先秦小说史"班上，学生笑声不绝。只要看看这"先秦小说史"五个字，就令人忍俊不禁，可以想象出来李梅亭"无中生有"的高论。不仅在《围城》中，包括他的短篇小说、散文甚至学术著作中，都能体现出钱锺书式的幽默语言风格。

第四节　钱锺书写《围城》

《围城》这部令人拍案叫绝的奇书，是如何创作出来的呢？当时以及后来的读者对这部书和这部书的作者钱锺书都充满好奇，常常作出各种各样的猜测。40 年后，杨绛接受胡乔木的建议，写了《记钱锺书与〈围城〉》，才给了人们一个权威性的答案，从中我们可以了解到钱锺书当时写作的情景以及《围城》内外的故事。杨绛最有资格为此书"作注"，她不仅知道"书内之事"，更知道"书外之事"，这"书外之事"正是《围城》的取材之源。这部书正是钱锺书将他和杨绛在国外留学和内地教书时所熟知的人物情事，加以综合、想象和提炼而成的。

中国人对文学作品特别讲究"本事"，对诗词如此，对小说更如此。《围城》的"本事"既不是某一两个人物的真实事件，更不是指钱锺书与杨绛本人，而是正如鲁迅所说"杂取种种人，捏成一个"的典型创造。杨绛说：

> 方鸿渐取材于两个亲戚：一个志大才疏，常满腹牢骚，狂妄自大，爱自吹自唱。两人都读过《围城》，但是谁也没有自认为是方鸿渐，因为他们从未有方鸿渐的经历。锺书把方鸿渐作为故事的中心，常从他的眼里看事，从他的心里感受。不经意的读者会对他由了解而同情，由同情而关切，甚至把自己和他合而为一。许多读者

以为他就是作者本人。……方鸿渐和钱锺书不过都是无锡人罢了，他们的经历远不相同。

我们乘法国邮船阿多士Ⅱ（Athos Ⅱ）回国，甲板上的情景和《围城》里写得很像，包括法国警官和犹太女人调情，以及中国留学生打麻将，等等。鲍小姐却纯是虚构。我们出国时同船有一个富有曲线的南洋姑娘，船上的外国人对她大有兴趣，把她看作东方美人。我们在牛津认识一个由未婚夫资助留学的女学生，听说很风流。牛津有个研究英国语文的埃及女学生，皮肤黑黑的，我们两人都觉得她很美。鲍小姐是综合了东方美人、风流未婚妻和埃及美人而抟捏出来的。锺书曾听到过中国留学生在邮船上偷情的故事，小说里的方鸿渐就受了鲍小姐的引诱。鲍鱼之肆是臭的，所以那位小姐姓鲍。

苏小姐也是个复合体。相貌是经过美化的一个同学，心眼和感情则属于另一人；这人可一点不美。走单帮贩私货的又另是一人。苏小姐做的那首诗是锺书央我翻译的，他嘱我不要翻得好，一般就行。苏小姐的丈夫是另一个同学，小说里是乱点了鸳鸯谱。结婚穿黑色礼服、白硬领圈给汗水漫得又黄又软的那位新郎，不是别人，正是锺书自己。

赵辛楣是由我们喜欢的一个五六岁的男孩子变大的，锺书为他加上了二十多岁年纪。这孩子至今没有长成赵辛楣，当然也不可能有赵辛楣的经历。如果作者说："方鸿渐，就是我。"他准也会说："赵辛楣，就是我。"

有两个不甚重要的人物有真人的影子，作者信手拈来，未加融化，因此，那两位相识都"对号入座"了。一位满不在乎，另一位听说很生气。锺书夸张了董斜川的一方面，未及其他。但董斜川的谈吐和诗句，并没有一言半语抄袭了现成，全都是捏造的。褚慎明和他的影子并不对号。那个影子的真身比褚慎明更夸张些呢。有一次我和他同乘火车从巴黎郊外进城，他忽从口袋里掏出一张纸，上面开列了少女选择丈夫的种种条件，如相貌、年龄、学问、品性、家世等等共十七八项，逼我一一批分数，并排列先后。我知道他的用意,也知道他的对象,所以小心翼翼地应付过去。他接着气呼呼地对我说:"她们说他(指锺书)年少'翩翩',你倒说说,他'翩翩'不'翩翩'?"我应该厚道些,老实告诉他,我初识锺书的时候,他穿一件青布大褂,一双毛布底鞋,戴一副老式大眼镜,一点也不"翩翩"。可是我瞧他认为我应和他站在同一立场,就忍不住淘气说:"我当然最觉得他'翩翩'了。"他听了怫然,半天不言语。后来我称赞他西装笔挺,他惊喜说:"真的吗?我总觉得自己的衣服不挺,每星期洗熨一次也不如别人的挺。"我肯定他衣服确实笔挺,他才高兴。其实褚慎明也是个复合体,小说里的那杯牛奶是另一个人喝的。那人也是我们在巴黎时的同伴,他尚未结婚,曾对我们讲:他爱"天仙的美",不爱"妖精的美"。他的朋友却欣赏"妖精的美",对一个牵狗的妓女大有兴趣,想"叫一个局",把那妓女请来同喝点什么,谈谈话。有一晚,我们一群人同坐咖啡馆,看见那个牵狗的妓女进另一家咖啡馆去了。"天仙美"的爱慕者对"妖精美"的爱慕者自告奋勇说:"我给你去把她找来。"他去了好久不见回来,锺书说:"别给蜘蛛精网在盘丝洞里了,我去救他吧。"锺书跑进那家咖啡馆,只见"天仙美"的爱慕者独坐一桌,正在喝一杯很烫的牛奶,四周都是妓女,在窃窃笑他。锺书"救"了他回来。

方遯翁也是复合体。读者因为他是方鸿渐的父亲,就确定他是锺书的父亲,其实方遯翁和他父亲只有几分相像……如果说方遯翁有二三分像他父亲,那么更有四五分像他叔父,还有几分是捏造,因为亲友间常见到这类的封建家长。锺书的父亲和叔父都读过《围城》。他父亲莞尔而笑;他叔父的表情我们没看见。我们夫妇常私下捉摸他们是否觉得方遯翁和自己有相似之处。①

还有苏州寡妇、李梅亭、汪处厚夫人等等,是如何由钱锺书一个个地塑造而成,就不再详细援引说明了。孙柔嘉这个人当然也不是杨绛,杨绛说:"孙柔嘉虽然跟着方鸿渐同到湖南又同回上海,我却从未见过,相识

① 杨绛:《记钱锺书与〈围城〉》,《杨绛作品集》(第二册),中国社会科学出版社1993年版,第132—135页。本节除注明出处外,均见此文。

的女人中间(包括我自己),没有一个和她相貌相似。"但这种人在知识分子之中也很常见。"她受过高等教育,没有什么特长,可也不笨;不是美人,可也不丑;没有什么兴趣,却有自己的主张。""她享受的自由有限,能从城外挤到城里,又从城里挤到城外。她最大的成功是嫁了一个方鸿渐,最大的失败也是嫁了一个方鸿渐。"想是作者杂糅更多的人而成的。

《围城》里,上海的场面、三闾大学的教授们、由上海到三闾大学的旅途,都是作者所亲历亲见,钱锺书曾经由上海经浙江宁波、江西吉安到湖南宝庆国立师范学院。钱锺书在学校时,学校里常有一些庸俗不堪的教授,为了提高自己的地位,满足虚荣心理,瞒天过海地吹嘘自己,或装模作样地表现自己,故作高深,却常常露出破绽,显得更是滑稽可笑。这些人的内心生活中,其实是很空虚、无聊、猥琐的,为了名利、地位互相猜忌、互相拆台,又没有多少学问,属于"先用论文哄过自己的先生,再用讲义哄过自己的学生"之类的"教授"。钱锺书对这些三家村学究式的"教授"们很看不惯,他的秉性和性格使得他对这些人深深反感和厌恶。他在学校里碰到这号人,礼帽一拉,低头拎着手杖就径自过去了。在许多场合下,他甚至还对这些人采取不留情面的讽刺与嘲笑,并终于将他们点化成笔下的李梅亭、顾尔谦、高松年、韩学愈等形象,收入《围城》之中。聊举一例:钱锺书在国师时,当时全校都有外语和第二外语课,按学校规定,这些课程都统一由外文系负责开课,派出教师任教。但当时数学系主任李某却不经过外文系同意让他的德国妻子上数学系的二外德语课。钱锺书以及廖世承院长都不予承认,李某依仗人多,还与廖世承大闹一番。这与《围城》中历史系主任韩学愈要他的白俄妻子在外文系当教授,争上外语课情景很相似。前边提到的褚慎明,恐怕是影射钱锺书的同乡许思园。许思园把汪精卫的诗歌翻译成英文,汪精卫送他出国留学。"有位爱才的阔官僚花一万美金送他出洋",大约指的就是此事。

《围城》虽然动笔于1944年,但在蓝田时,钱锺书已有打算,书中许多故事、人物、情节都构思好了。1980年《围城》重印后,友人徐燕谋在给别人的信中曾说:"锺书君《围城》一书虽成于上海,而构思布局实在湘西穷山中,四十年前坐地炉旁,听君话书中故事,犹历历在目。"夏志清称赞《围城》是一部"最用心经营"的小说,一点不错。

第五节　《围城》之外的"传奇"

　　因为写得生动、逼真，《围城》出版后，读者常以中国人的习惯，把文学作品中的人物当作生活中的人来索隐附会，有人便把它看作钱锺书的"自传"，有学究先生则常常去考证、索隐、猜测其"本事"。如有位老先生由方鸿渐的家乡无锡、欧洲留学、上海居住、内地教书的经历联想到钱锺书的经历，得出"方鸿渐就是钱锺书"的结论，甚至推断钱锺书的学位文凭也靠不住，恐怕也是一个"克莱登"，令人失笑。

　　如果说方鸿渐是钱锺书，女主人公孙柔嘉就自然而然地成为杨绛的化身了。有些人，尤其是当年那些好心善良的年轻女同胞，认为钱锺书也像方鸿渐一样身陷"围城"，纷纷来信，除对他的"不幸婚姻"大表同情外，就是对他的才华表示"崇拜"与"向往"。殊不知"理论总是不实践的人制定的"（钱锺书语），与书中的人物恰恰相反，钱锺书与杨绛这对佳侣恩恩爱爱、志同道合几十年，是现代文坛上人人称道的幸福伉俪。钱锺书每提起这段旧话，常为此开怀大笑。但杨绛却背了孙柔嘉的锅，钱锺书内心歉然，有诗说："荒唐满纸古为新，流俗从教幻认真。恼煞风声名缘我损，无端说梦向痴人。"（《偶见二十六年前为绛所书诗册，电谢流波，似尘如梦。复书十章》）①

　　自然，钱锺书也因此遭到了一些非议。因为"他是一个对人类的虚荣心理的盲目性很感兴趣的作家"②，这种虚荣心理在人类中有其共性，是人性中的"劣根性"，表现在具体的人身上，只不过或多或少罢了。加上他如实的典型描写，很容易引起人们对号入座，误认为自己便是书中的讽刺对象。如书中说女大学生把装在镜框里的大学毕业文凭和学士帽照片当作嫁妆里代表文化的部分，触动了不少女读者的虚荣心，有的女同胞为此颇"愤愤不平"，甚至大骂钱锺书"人不厚道"。

---

① 钱锺书：《槐聚诗存》，生活·读书·新知三联书店 1995 年版，第 113 页。
② 〔美〕E.冈恩：《美国作家评钱锺书》，张家译，《译海》1986 年第 3 期，第 72—84 页。

　　《围城》的命运如钱锺书的命运一样,也经历了大落大起的坎坷历程。《围城》写作并连载、出版于抗战后期,抗日战争是当时社会的主要任务,因此,抗战文学也成为文学的主流。1938年3月成立的中华全国文艺界抗敌协会(简称"文协"),是中国共产党领导下的为广泛团结一切抗日力量而成立的文艺界统一战线组织。在文协领导下,组织作家宣传抗战,提倡文艺为抗战服务来唤醒民众,但在执行过程中难免过头,出现了一种极"左"思潮,片面强调抗战文学的"宣传"性,而忽视了"文学"性,对不少不是直接宣传抗战的作家采取排斥与批判的态度,如梁实秋的"与抗战无关论"、沈从文的"反对作家从政"等,都受到了批判。《围城》也受到了批判,因为《围城》没有直接地宣传抗战,没有紧密地为现实斗争服务。在当时的背景下,《围城》的时代氛围确实有些不太突出,这些缺点是不可否认的。一些进步作家与评论家对此进行了批评,如批评钱锺书对现实采取了居高临下的态度①,对《围城》艺术上的一些特点也有人提出批评。钱锺书以学者的个性创作小说,浓郁的书卷气,语言的幽默俏皮,与当时的文学风尚极不相同,钱锺书为此付出了一定的代价。唐湜在评师陀的《结婚》时,虽然列举了《围城》,认为它与茅盾的《子夜》是中国最有代表性的小说,但仍然批评《围城》在作品中出现太多干扰,结果使作品成为"一盘散沙,草草收场"②。屏奚认为作者注重情节,是把《围城》当成展示其光彩夺目的写作风格的媒介③。另外有一些人则以极"左"的观点对此书横加指责,批评作者以如此显著的才华,竟然倾注于这样琐屑平常、争风吃醋的题材。甚至有人说《围城》是一幅有美皆臻、无美不备的春宫图,是一剂外包糖衣、内含毒素的滋阴补肾丸"云云,并对作者进行人身攻击,说:"作者对于女人无孔不入的观察,真使你不能不相信他是一位风月场中的老手,或者竟是一个穿了裙子的男人。"④然而有趣的是,被极"左"的人如此谩骂的《围城》,在上海解放之初却被上海沪西区党委列为学员们"思想教育"

---

① 无咎(巴人):《读〈围城〉》,《小说月刊》第1卷第1期,1948年7月。
② 唐湜:《师陀的"结婚":"晨光文学丛书"之一》,《文讯》第8卷第3期,1948年3月。
③ 屏奚(沈立人):《〈围城〉读后》,《大公报》1947年8月19日。
④ 方典:《论香粉铺之类》,《横眉小辑》第一辑,横眉社1948年第1期,"方典"即王元化的化名。

的辅助参考读物,党员干部通过读《围城》,"从感性上加深了对《新民主主义论》中某些章节的认识","加深了对《历史唯心观的破产》等文件的感性认识"。学员们并整理出《运用〈围城〉等文艺作品进行思想教育的几点体会》①。同样一部小说,解读却大相径庭,不管恶意的还是善意的,都令人啼笑皆非。

《围城》在中国现代小说中有其非常独特的地方。其讽刺是超越时代或阶级的。最突出的是叙述语言,显示了与人不同的幽默与智慧。有人说:"钱锺书也能列榜于新文学史上不多的思想型作家。"小说中叙述者的魅力,无疑要远远超过角色的光彩,叙述者永远是或隐或现的"在场者"②。

学术上的是非曲直,见仁见智,各有攸宜,是完全正常的。但一部作品遭受的褒贬抑扬反差如此之大,《围城》是甚为突出的。此书从新中国成立后到 1980 年,遭遇颇为冷落。它悄无声息,绝版多年,不仅青年人不知有此书,就连文学评论专著、文章、各种现代文学史都几乎一字不提。当年唐弢、郑振铎、吴组缃为此书的出版都曾出过力,他们大都与钱锺书关系密切,但唐弢主编的《中国现代文学史》对《围城》只字未提。著者可能自有其评价标准,但一部文学史对曾经产生过很大影响的作品置若罔闻,无论如何不能不说是一大缺憾。1980 年之后,这部小说俨然以"经典"的面目出现在青年人之中,它的影响差不多可与《阿 Q 正传》比肩。《围城》的命运出现了戏剧性的变化,现实也许同我们的批评家开了个大玩笑。当然,在一片赞扬声中,也有人提出非议,提出批评,如香港的霍汉姬,认为此书题材远离现实,语言油滑,是一部"完全失败之作"③。但总的说来,目前评论界对《围城》的评价是褒大于贬。究竟是好是坏,我们似无须轩轾,唯有时间能检验其生命力,读者也会根据自己的思想、兴趣来作出正确的评价判断。

---

① 沈鹏年:《〈围城〉引起的回忆》,《读书》1981 年 7 月。
② 文尖:《作家钱锺书通论》,陆文虎编:《钱锺书研究采辑》(第二辑),生活·读书·新知三联书店 1996 年版,第 19 页。
③ 霍汉姬:《也谈钱锺书》,(香港)《明报》1981 年 2 月 26 日。

　　《围城》是钱锺书"用心经营"的讽刺小说，就像韩愈的《毛颖传》一样，可以叫它"学人小说"。作者用自己独特的语言技巧与才能，把自己从西南联大到蓝田国师的生活经历写成了一部妙趣横生的讽刺小说。由于钱锺书小说描写的逼真性，许多人（包括许多研究者）往往把书中的人物与现实中的真实人物一一对号入座，并由此附会钱锺书、杨绛周围的人际关系，这些都违背了文学创作的规律。

第九章 《谈艺录》成书始末

第一节 咳唾随风成珠玉

钱锺书喜谈诗,因为他读书多,反应快,语言风趣幽默,知识丰富,谈起诗来新见迭出,妙语连珠,使他的听众为之击节,拍案叫绝。不少人都敦促他把这些谈诗文的话记录下来。

1939 年夏,他从昆明西南联大回到上海小住,时与友人冒效鲁过从。冒效鲁也是一个很喜欢谈诗的学者,他的父亲冒广生是近代名诗人,与近代文人多有交往。钱锺书和冒效鲁也常与上海前辈诗人如李宣龚、夏敬观、金松岑、徐森玉等酬唱,颇博这些前辈诗人的赞赏。冒广生(鹤亭)、李宣龚(拔可)、夏敬观(剑丞)三人都是光绪二十年(甲午科)举人,时称"甲午三诗人"。钱锺书认识李宣龚也是经过陈衍的介绍,他回国后,石遗先生已归道山,李宣龚《赠钱默存》说:"识君自石遗,一面遂远别。君归石遗逝,坐对两呜咽。石遗书等身,墨守不改辙。得君通其邮,意可中边彻。"① 金松岑《赠钱默存锺书世讲》说:"谈艺江楼隽不厌,喜君词辩剑同铦。老夫对此一敌国,年少多才信不廉。"② 钱锺书喜

---

① 李宣龚:《硕果亭诗续》,民国二十九年印本,参见卞孝萱《诗坛前辈咏钱锺书》,沉冰:《不一样的记忆——与钱锺书在一起》,当代世界出版社 1999 年版,第 114 页。
② 金松岑:《天放楼诗集》卷二十一。金氏对另一钱氏钱仲联也有过"老夫对此,隐若敌国"的赞评。参见卞孝萱《诗坛前辈咏钱锺书》,沉冰:《不一样的记忆——与钱锺书在一起》,当代世界出版社 1999 年版,第 114 页。

与前辈诗人谈诗衡文,夏敬观给他的诗中有四句说:"年老衰飒似穷秋,差喜逢君许俊游。小坐谈深成史料,一笺誊溢走诗邮。"[①]对他学兼中西很佩服。冒效鲁知道,钱锺书不仅具有传统诗人深厚的旧学功底,更有传统诗人所不具备的西学知识、开阔敏锐的思维,是写诗话的最好的人选。冒效鲁极力劝说钱锺书写一部诗话,并说:"你这样把奇文妙语随风抛掷太可惜了,最好写成诗话,嘉惠学人。"钱锺书听了,觉得言之有理,也"颇技痒",便想把近几年来发表的谈诗论文的文章收集起来,再附上诗话为外篇,与之表里经纬。上海小住后,他又回到了蓝田国立师院外文系。在这里除了教课看书外,闲暇颇多,他便开始写作《谈艺录》。蓝田小镇地处偏僻,物产非常贫乏,他用从镇上买来的极为粗糙的直行毛边纸写,每晚上写一章,隔天后又在原稿上补充、修订,稿子的夹缝中、天地头,填写得密密麻麻。那时候有几位友人,如吴忠匡、徐燕谋、汪梧封等与他相处甚为融洽,钱锺书每写好一篇就交给吴忠匡等读,然后再写。最先写成了论陶渊明、李长吉、梅圣俞、杨万里、陈简斋、蒋士铨、袁子才等章,他的朋友们都有过录本。到了1941年他离开蓝田时,已经完成了一多半的篇幅了。这时他有病,准备回上海疗养,便花了几天时间,奋力把初稿誊清一遍,订成厚厚的一大本,在原稿上写了"付忠匡藏之"五个字,把它赠送给吴忠匡,就带着清稿走了。[②]

第二节 "忧患之书"

从1939年至1942年,钱锺书完成了《谈艺录》初稿,然后簏藏阁置,不断地补充修订。没多久,誊清的稿子上又涂改修补上密密麻麻的细字,还夹了许多要补入的字条。万方多难,当时还来不及整理出版。抗战后期,上海沦陷后钱锺书与杨绛的生活更艰苦了。杨绛当时在一所中学教书,她的正式工资还不够养活自己,钱锺书也兼作补习老师,

---

① 夏敬观:《忍古楼诗续集》(卷二),中华书局1946年版,第6页。
② 吴忠匡:《记锺书先生》,沉冰:《不一样的记忆——与钱锺书在一起》,当代世界出版社1999年版,第138—139页。

靠几份薪水来弥补生活之用,有了什么好吃的就弄来给岳父尝尝。他的岳父常得意地对人夸奖说,钱锺书是"爱妻敬丈姆"(无锡方言,丈姆即丈人)。

钱锺书困居在上海,工作没有着落,岳父就把自己在震旦女子文理学院授课的钟点给他,让他去教《诗经》。这时他们的生活极为凄苦萧瑟。时局动荡不安,惶惶不可终日。钱锺书处在这样的环境中,痛苦郁愤的心情可想而知。他写给李宣龚的诗《酷暑简李拔可丈》中有一联说:"应指中天呼曷丧,欲提下界去安之",用《尚书》"时日曷丧,予及汝偕亡"和宋代王令的诗"不能手提天下往,何忍身去游其间",表达了对侵华日军的仇恨,对国土沦丧、人民遭受蹂躏,自己却无法杀敌报国、救民水火的愤懑。

在这一段凄苦困窘、心情忧郁的生活中,钱锺书写了大量感时伤世的诗歌,增加了其诗歌的社会内容。这些诗作感情沉痛、忧愤深广,格律更为工细,最近杜甫诗歌风格,体现出钱锺书学杜诗的成就,也反映了此时生活的境况和思想的痛苦。

试看其中最具代表性的几首,如《中秋夜月》[①]:

> 赢得儿童尽笑欢,盈盈露洗挂云端。
> 一生几见当头满,四野哀嗷彻骨寒。
> 楼宇难归风孰借,山河普照影差完。
> 旧时碧海青天月,触绪年来未忍看。

中秋之夜,明月高照,应当是人们欢聚团圆的佳节,但此时的中国,却是人民离乡背井、躲避战乱、四野哀鸿的惨痛局面。国破山河在,有家难归还,这碧海青天与明月,到现在已不忍心再看,怕触起自己忧伤的情绪和内心的痛楚。人们期待着解放,期待着最终战胜日军,然而现实却令人不堪闻见。

钱锺书又有《故国》诗一首:

---

① 以下四首诗皆见吴忠匡《记钱锺书先生》,沉冰:《不一样的记忆——与钱锺书在一起》,当代世界出版社 1999 年版,第 143 页。又见《槐聚诗存》,生活·读书·新知三联书店 1995 年版。

故国同谁话劫灰,偷生坯户待惊雷。

壮图空说黄龙捣,恶识真看白雁来。

骨尽踣街随地痛,泪倾涨海接天哀。

伤时浑托伤春惯,怀抱明年倘好开?

日军入侵越来越跋扈,国民党军不思抗日,节节退让,"壮图空说黄龙捣"反用岳飞"直抵黄龙府,与诸君痛饮耳"的典故,"恶识真看白雁来"用杜甫"旧国霜前白雁来"的典故,说明国民党军采取投降政策,使得收复沦陷区的希望成为泡影,白雁飞来更引起诗人不祥的预感。尤其是第三联,用沉郁的笔触刻画人民死伤的惨状与悲哀,最为沉痛,触目惊心。

钱锺书还有两首诗表现了其思想的痛苦,努力地摆脱挣扎。

《感怀》:

岂真踽踽作诗囚,海外虚传更九州。

只有天空无梗塞,稍余魂梦自专由。

愁孙恨子忧相续,竹稚莲娃景不留。

得似杜陵吟望未? 几分待白苦低头。

《乙酉元旦》:

倍还春色渺无凭,乱里偏惊易岁勤。

一世老添非我独,百端忧集有谁分?

蕉芽心境参摩诘,枯树生机感仲文。

豪气聊留供自暖,吴箫燕筑断知闻。

这两首诗抒发诗人当时的忧愤心情和力求解脱的愿望。后一首"蕉芽心境参摩诘"典出《净名赋》;"枯树生机感仲文"典出庾信《枯树赋》,表现自己欲超脱而不能,看不到前途而苦闷,以及此愁无计可消除的复杂的思想。

在钱锺书的作品中,这些诗歌最真切、最深刻、最直接地表现出他对时势、对祖国前途命运的担忧,一脱初期才子诗的绮丽华美和浪漫情调,变得严肃、深沉、凝重。毫无疑问,他并不是对现实漠不关心,更不是那种"做了人类想成仙,生在地上要上天",远离现实的作家,只是他表达的方式不同罢了,他不愿在纯文学和纯学术性作品中硬性塞进政治内容,抹上政治色彩,而是让思想在作品中不人为、不做作、自然而然地流露出来。这便是他写作《谈艺录》一书时的思想状况。

钱锺书在《谈艺录》序中首句即开宗明义:"《谈艺录》一卷,虽赏析之作,实忧患之书也。"接着具体述说作者的思想情感和写作目的,"予侍亲率眷,兵罅偷生。如危幕之燕巢,同枯槐之蚁聚。忧天将压,避地无之,虽欲出门西向笑而不敢也。销愁舒愤,述往思来,托无能之词,遣有涯之日。以匡鼎之说诗解颐,为赵岐之乱思系志,篇藏阁置,以待贞元。时日曷丧,清河可俟。古人固传心不死,老我而扪舌犹存。方将继是,复有谈焉。"在这种环境与心情下,思垂空文以自见,所以闭门著书,写成了《谈艺录》一书。

他定书名为《谈艺录》。以"谈艺录"为名的书有不少,明代徐祯卿有一本《谈艺录》,陈衍也有一本由其早年弟子黄秋岳编的《谈艺录》。按理,钱锺书应当加以标别,或在前面标上斋室的美名,或加上作者的字号,以示区别,赏奇乐志,两美能并。但钱锺书并没这样,因为日寇侵略,国破家亡,他老家无锡已被日军占领,故国乔木,梦绕魂萦,有家难归,在上海赁屋而居,自己下无立锥之地、上无盖头之茅,更不敢在书上虚加斋室之美名,连字号也取"槐聚":"同枯槐之蚁聚"——取自元好问诗"枯槐聚蚁无多地,秋水鸣蛙自一天"——渺如蝼蚁,聚于槐安国里。所以,他径以《谈艺录》名书。

在那个民族危机、国家多难的年代,生活上的艰苦固不必说,心绪上的苦闷与忧虑更是复杂。日本兵会随时随地沿街抓人。朋友间见面,常常谈到某人被捕了,柯灵、李健吾、黄佐临等都曾被捕,谁也说不定哪一天会轮到自己。

1945年4月间,两个日本宪兵(其中一个是高丽兵)突然闯入钱家。钱锺书还在学校上课,杨绛机警地意识到危险性,先请日本兵坐下,自己借沏茶的机会,跑上半楼梯上的亭子间把《谈艺录》稿本藏好。她知道,这部书虽是学术著作,但用毛边纸写出的零乱的稿子却经不起日本宪兵粗暴的翻检。把稿子藏到安全之处后,她才下来与日本兵应付周旋。她又悄悄地吩咐钱锺书的九堂弟,在大门口等着钱锺书,叫他暂时先别回家,到隔壁陈麟瑞家去躲一躲。由于杨绛机智地保护,此书手稿才得以躲过日本宪兵的搜查,未被毁灭①。

此书纵论中国古典诗文,从陶渊明到近代的不少诗家诗作,而重点放在唐宋和明清时代。著述此书,钱锺书参引了大量的中外文学资料,其内容之广博,实为空前。由于时局动荡,图书材料难觅,他只能凭借自己的记忆以及平时所做的札记,前辈、时贤也曾为他提供材料,如李宣龚、徐森玉、李玄伯、徐调孚、陈麟瑞、李健吾、徐承谟(徐燕谋)、顾起潜(顾廷龙)、郑朝宗、周节之等等都帮了他不少忙,"或录文相邮,或发箧而授"。1939 年 8 月,叶景葵、张元济在上海创立合众图书馆,顾廷龙任总干事。几年时间,联合众力,或出家藏,或捐书捐款,藏书迅速增加,最多时达 25 万册,拓片 15000 种。顾廷龙与钱锺书交游颇密,钱锺书受聘为顾问,合众图书馆给他提供了可以读书的机会,抗战后期他经常去那里看书。虽然在沦陷区上海,但钱锺书《谈艺录》仍然参考征引了大量的文献资料。

初稿写定后,钱锺书自己并不十分满意,只是秘藏于室,时时补充、删削、修改,他也希望听听同行的意见,于是,他的初稿又常被朋友同仁借阅传看。友人观后,人人称道,一致怂恿出版。当时开明书店的两位饱学先生王伯祥、叶圣陶听说后,征求钱锺书意见,准备在开明书店付梓,并商定由周振甫担任该书编辑。周振甫原为无锡国专毕业生,是钱基博的弟子,国学基础扎实,深知钱锺书的学问。他为编辑此书倾注了大量心血,在编辑《谈艺录》的过程中,他一一核校原文,并给每篇立目次,以便读者翻检。周振甫严谨认真的态度使钱锺书大为感动,从此周振甫便成为钱锺书的莫逆之交。

第三节　谈艺玉屑

《谈艺录》1948 年 6 月由上海开明书店出版,是钱锺书中年最有影

---

① 杨绛:《"客气的日本人"》,《杨绛作品集》(第二册),中国社会科学出版社 1993 年版,第 214—221 页。

响的文艺批评著作，1984 年该书又经钱锺书本人补订后由中华书局出版。本书体现出钱锺书学问的渊博与治学的气魄，它采用传统诗话的札记式的写法，论述了中国古代诗歌，尤其是唐宋以降的诗人诗作，主要论述的作家有韩愈、李贺、王安石、黄庭坚、陆游、杨万里、刘因、钱谦益、袁枚、赵翼、王士禛、王国维等。但其中论及的诗人却远不止这些，几乎囊括古代所有的重要作家。《谈艺录》用札记式自由方式旁征博引，内容丰富，现从中华书局 1984 年版《谈艺录》（补订本）中选出一些精彩的地方尝鼎一脔。

　　《谈艺录》是钱锺书诗歌批评的重要理论著作。《谈艺录》看起来和传统的诗话很相似，其实只是形式上几分相似而已，都是用文言文，都是就历史上的名家诗作进行评点，都是长短随意的札记体，如此看，《谈艺录》确实是古代诗话的继续。但它又与传统的诗话有质的区别。首先，钱锺书的诗学理论与传统的评点不同。《谈艺录》是植根于中国传统而借鉴了西方诗学理论来研究批评中国诗歌的。钱锺书的专业是外国文学，诗歌创作与批评是个人爱好和家学。因此，他眼界开阔，用西方的文艺理论特别是古希腊的诗学与修辞来审视、品味、评价中国诗人诗作。理论不同、参照系不同，评价也就有所不同。其次，感性的评点与理论的构建并重。中国传统的诗话大多数是感性的批评圈点，钱锺书也从感性出发来鉴赏诗中佳妙，同时又从感性上升到理性的认识，以理性来统率感性，在感性的基础上归纳出规律性的认识。第三，开创了中西比较诗学的新局面。人们第一次在评点传统的诗歌时看到大段的外文，这与中国传统诗话有很大不同。钱锺书从中国传统诗歌到西方诗学都有精深的研究，视野开阔，往往从中西比较的角度来研究。我国在 20 世纪 80 年代兴起的比较文学，其实钱锺书早在 40 年代就在做了，而且做得卓有成效。

　　钱锺书并不认可人们称他为比较文学或比较诗学的开拓者，他说他是"打通"研究。不管是东方还是西方，虽然在文化上有很大差异，人们在心理上是有相通之处的。中西方的诗歌肯定也有许多相通之处，他在谈中国的诗时，就不会像前人那样只局限于中国，而是把目光放到世界文学的视野下进行观照批评，所以钱锺书的许多观点与结论与传统诗话是不同的。扎根于传统而又放眼于西方,为中国的诗学研究开辟了新的路径。《谈艺录》中名理胜义颇多,不能一一枚举,只列举一些主要方面,以窥一斑。

李商隐的《锦瑟》,聚讼纷纭,言人人殊,有说是悼亡诗,有说是咏物诗,有说是怀人诗,有说是自伤诗,有说是悼亡而兼自伤,"解人"难索,无虑五六十种说法,却无一说法得到公认。元好问曾慨叹:"望帝春心托杜鹃,佳人锦瑟怨华年。诗家总爱西崑好,独恨无人作郑笺。"就是说,诗家都爱此诗的典雅,但没有人能说得清此诗的内容。钱锺书在《谈艺录》中对《锦瑟》作了最新的、最圆满的解释。其论略云:《锦瑟》诗冠于李商隐诗集之首,如果不是偶然,那就略等于自序之开宗明义,用"锦瑟"来比喻自己的诗歌。首联"锦瑟无端五十弦,一弦一柱思华年",言华年虽逝,诗篇犹存,开卷而忆,平时的悲欢都在此中,正是"夫君自有恨,聊借此中传"的用意。颔联"庄生晓梦迷蝴蝶,望帝春心托杜鹃",言作诗之法,庄周梦蝶,醒来时蝶变庄周,因此不知是蝶变庄周还是庄周变蝶,用来说明诗歌借象喻理和丰富的想象,深文隐旨,故为"迷"。传说中的望帝化为杜鹃,声音凄苦,举事寄意,故为"托"。颈联"沧海月明珠有泪,蓝田日暖玉生烟",言诗之风格或境界。传说中鲛人"眼能泣珠",说诗歌虽凝珠圆,仍含热泪,全是真情流露,生气宛在。"蓝田日暖"句言诗的境界,戴叔伦语"诗家之景,如蓝田日暖、良玉生烟,可望而不可置于眉睫之前也"。尾联"此情可待成追忆,只是当时已惘然",与首联呼应,言回首往事,枨触万端,感慨系之①。钱锺书的赏析虽未必人人赞同,但就诗而言,圆成精到,解决了前人各种鉴赏的不能自圆处,是极好的分析,被周振甫称为"鉴赏的典范"。

《谈艺录》最长于艺术的鉴赏。此书中有不少篇幅论李贺,评价也较有趣,他从具体的作品来研究李贺的诗歌,研究出李贺的字法、曲喻等特点。李贺用字爱锻炼,颇新奇,爱用"凝""滑""死""寒"等。他常用新奇的比喻,如《天上谣》"银浦流云学水声"、《秦王饮酒》"羲和敲日玻

---

① 钱锺书:《谈艺录》,中华书局 1984 年版,第 435—438 页。参见周振甫《鉴赏诗的典范——〈谈艺录〉评析〈锦瑟〉诗》,《钱锺书研究》(第二辑),文化艺术出版社 1990 年版,第 170—177 页。

璃声"。钱锺书由这些得出,李贺"穿幽入仄,惨淡经营,都在修辞设色,举凡谋篇命意,均落第二义"。他打个比喻说,李贺"如短视人目力,近则细察秋毫,远则大不能睹舆薪"①,进而批评一些考据家"将涉世未深、刻意为诗之长吉,说成寄意于诗之屈平"的看法。钱锺书对李贺的评价很客观,对李贺诗中的修辞的运用分析得尤为透彻。

什么是唐诗?什么是宋诗?以前一般的学者往往以时代划分,对其文学上的风格、特色注意不够,唐宋之别,人们往往只从宋人"以文字为诗、以议论为诗、以才学为诗"而论。钱锺书说:"唐诗、宋诗,亦非仅朝代之别,乃体格性分之殊。天下有两种人,斯有两种诗。唐诗多以风神情韵擅长,宋诗多以筋骨思理见胜。……曰唐曰宋,特举大概而言,为称谓之便。非曰唐诗必出唐人,宋诗必出宋人也。故唐之少陵、昌黎、香山、东野,实唐人之开宋调者。宋之柯山、白石、九僧、四灵,则宋人之有唐音者。"②

此论一出,即引起人们共鸣,它澄清了文学史上关于唐宋诗之别的皮相之论,为唐宋文学研究者们肯定并被屡屡引用,几成定论。

又如钱锺书论理趣与理语,他认为诗贵有理趣,但反对理语。理语是理学家把说理的话写成韵语,不是诗。正如《宋诗选注》序中说的:"爱讲道理,发议论,道理往往粗浅,议论往往陈旧。"理趣是描写景物,在景物中含有理。理趣既不是比喻,也不是讲理,他举出一些名句来说明,如常建"山光悦鸟性,潭影空人心"、杜甫"水流心不竞,云在意俱迟"等,这对于那种错认理语作理趣赞扬或把理趣作理语排斥的肤浅的做法,的确是善意的告诫。他对所论述的作家从不迷信和盲从,总是客观公正地评价,同时指出其不足。陆游是宋代的大诗人,他在肯定陆游诗歌成就的同时,指出陆游诗:"有二痴事:好誉儿,好说梦。儿实庸材,梦太得意,已令人生倦矣。复有二官腔:好谈匡救之略,心性之学;一则矜诞无当,一则酸腐可厌。"③说王士禛:"渔洋天赋不厚,才力颇薄,乃遁而言神韵妙悟,以自掩饰。半吞半吐,撮摩虚空,往往并未悟入,已作点头

---

① 钱锺书:《谈艺录》,中华书局 1984 年版,第 46 页。
② 钱锺书:《谈艺录》,中华书局 1984 年版,第 2 页。
③ 钱锺书:《谈艺录》,中华书局 1984 年版,第 132 页。

微笑、闭目猛省、出口无从、会心不远之态。"①评价得当，刻画如见，真可当作文学作品来读。他讥刺袁枚"几乎'逢诗辄赞'。赞势要，赞势要之母及姬妾，赞打秋风时之东道主，赞己之弟妹姻亲，赞胜流名辈，亦复赞后生新进与夫寒士穷儒。真广大教化主，宜《乾嘉诗坛点将录》拟之于'及时雨宋江'也"，②寥寥数笔，都能切中肯綮。

其他如有关西方文艺理论的引入、诗文的修辞、诗与哲理、历史上诗人的抑扬品第，甚至向来未引起人们重视的八股文、试帖诗等，以及诗人的逸闻逸事，在《谈艺录》中都有精彩的论述。

第四节　中国诗话的里程碑

《谈艺录》采用中国传统诗话的形式，是中国传统诗话的新发展，在传统诗话形式中，体现了许多新的理论、新的审美观念与新的视角。有人惊诧于作者何以选用这种零散、简短、毫无系统的札记方式来表达理论性很强的主题；有人建议作者应当构建自己完整系统的理论体系。但钱锺书有自己的看法，他认为从历史上看，不少人精心构建的理论体系往往经不住时代的考验，如一座大建筑物一样，会随着时代的变迁而坍塌，但剩下的一些砖瓦材料却能经受时间的考验。诗话之作，不求理论的宏大完整，就诗论诗，即兴式的，有话则长，无话则短，伸缩自如，不受体裁限制，这就是中国诗话历久不衰的原因。钱锺书的行文方式是，对于文化上的每一个问题，绝不自说自话，而让中西不同时代的人对话，自己就像一个主持人一样邀请不同的嘉宾发言，对他们的话进行沟通，通过比较与点评，阐明自己的观点。虽然这看起来大量的是别人的话，而自己的思想与见解正是在解读群言中完整地展示出来的。引经据典、言必有征，正是中国学术的优秀传统，但到了现代社会，学者动辄长篇大论乃至皇皇巨著，构筑所谓的理论框架或体系，而不知没有丰富

---

① 钱锺书：《谈艺录》，中华书局1984年版，第97页。
② 钱锺书：《谈艺录》，中华书局1984年版，第529页。

材料支撑的论著,往往经不起时间的检验而坍塌或成为空架子。

同时,这种札记式的方式,灵活多样,不拘一格,可长可短,可以合情合理地掉书袋,而不受整个框架的限制,非常适合钱锺书的特点。大量的古今中外的互证互通的文学材料,形成一座取之不尽、用之不竭的宝山,他正可在此宝山中徜徉。

但《谈艺录》和零碎的传统诗话又并不完全相同。它在传统的诗话形式中包含了新的理论与思维方式,它克服了传统诗话的经验式、漫兴式、欣赏式的缺点,由经验上升到理论,成为运用中外系统的理论分析与批评之作。它克服了传统诗话"见树不见林"和现代新批评家"见林不见树"的缺点。综观整部书,实际上它构成了一套独特而复杂的理论体系,也就是钱锺书对中国文学一贯不变的理论认识(可参见其《中国文学小史序论》的内容)。书中对每位诗人每首诗的分析,就像是一棵棵树,是无数的"小结裹",但众多的"小结裹"却构成了一个理论的"大判断","大判断"蕴含在每个"小结裹"里。如他对黄遵宪、王国维等近代主张学习西方的诗人的分析、比较、评判中,就包含了他对文学创新的观念。因此,可以说,《谈艺录》又是传统诗话的发展与创新,钱锺书在这种形式中纵横古今,学贯中西,对中西文学作"打通"式的研究,开一代风气,不可轻视《谈艺录》在中国诗歌理论史上占有的重要的地位。有人说,《谈艺录》是中国诗话集大成之作,它总结了以往所有诗话长处。据陆文虎《〈谈艺录〉索引》统计,《谈艺录》涉及的古代诗话,宋代有36种,金元10种,明代15种,清代近70种。所以有人说,《谈艺录》是中国传统诗话的最后一种,《谈艺录》出而诗话亡,这话不免过于绝对与武断。《谈艺录》之后的《诗话》还有不少。但能够融中西于一炉的,恐怕只有这一部。夏志清评价说,它是中国诗话的里程碑。这些评价并非溢美之词,《谈艺录》的地位与影响是经过几十年时间的检验而获得的。这部著作的特点可以简单地概括为以下几点:

一是知识之博。虽然此书主要论述的是唐代之后的一些主要诗家,只有数十位之多,但书中所涉及的相关论述却绝非这些,而是涉及了古今中外大量的作家、作品。它并非就人论人,就诗论诗,而是把每位作家放在整个时代与文学的背景下,在世界文学相关的参照下来映照、比较、分析。由于其知识的广博而被评论家视为不可不备之书。书中包罗了中西哲学、艺术、心理学等著作，上下千年，纵横万里，作者皆能随手拈来，将古今中外高文大典乃至小说谣谚，牢笼万象，为我所用。当时写作《谈艺录》时，正是日军入侵中国的兵荒马乱时期，图籍难觅。即使如此，《谈艺录》一书所征引书籍仍多达 1100 种，而所用的许多材料是前人所未引，经钱锺书援引并妙笔点化的。打开此书，随着作者的叙述，遨游中西文学的海洋，你会对作者洋洋洒洒、随手拈来的无数中西文学的例证应接不暇、眼花缭乱。例如，他批评王安石鄙夷韩愈，说韩愈"力去陈言夸末俗，可怜无补费精神"，说王安石就连这两句诗也是因袭韩愈的诗句；不仅如此，王氏许多自鸣得意的诗句皆袭窃韩诗。钱锺书"随手拈出"的王安石诗袭窃韩诗之处达十余条之多。他又拿王安石的《寄孙正之》说"少时已感韩子语，东西南北皆欲往"，说："则又所谓自首减等者矣。"(也即今天常说的"坦白从宽")人们讲例证时常说"例不十，法不立"，而钱锺书的例证动辄十余例乃至几十例，"如老吏断狱，证据出入无穷"。大量严密的论据使得读者不得不信服作者的结论。所以，他的著作绝大部分都成定论，别人无法置喙，因为拿不出比他更有力、更丰富的论据来。

二是方法之新。《谈艺录》最大的创新是开了中国比较诗学的先河。比较诗学是比较文学的分支，也是比较文学的深化。有比较才有鉴别，上下比较，同时比较，中外比较，在比较中看同异、看继承、看影响、看创新、看得失。虽然钱锺书从来不认为《谈艺录》是"比较诗学"或"比较文学"，每当听到学者们大讲比较文学时，他就会想起小学时造句"狗比猫大，牛比羊大"的笑话来。别人也许会赞扬他"但开风气不为师"，但他自己认为他只是"打通"中西文学界限，"东海西海，心理攸同；南学北学，道术未裂"，他不无自负地说"吾辈穷气尽力，欲使小说、诗歌、戏剧，与哲学、历史、社会学等为一家。参禅贵活，为学知止，要能舍筏登岸，毋如抱梁溺水也"[1]，因此，在此书中他"颇采二西之书，以供三隅之反"(《〈谈艺录〉序》)。"二西"即基督耶稣之西与释迦之西，泛指西

---

① 钱锺书：《谈艺录》，中华书局 1984 年版，第 352 页。

方著作和佛经。钱锺书因为通晓多种西方语言，能够在中西文学中上下纵横，从古到今，任意驰骋，用他山之石，借邻壁之光，来映照阐明中国诗歌中的"文心"。此书在论述中大量引用柏拉图、亚里斯多德、康德、黑格尔、尼采、海德格尔、英伽顿等人的论著，甚至包括在当时刚出现的新方法、新思潮等，如精神分析学、结构主义、新批评和超现实主义、接受美学、解构主义，等等。但钱锺书不是照搬模式，不是用西方的理论来套中国古诗，而是把各学派中有益的思想和理论吸收融汇之后，为我所用。无论词汇和理念都经过一番镕铸，中西古今，了无町畦。

三是论述之精。钱锺书能以《谈艺录》一部著作奠定学术地位，端赖于这部书的无可替代的价值与地位。钱锺书将传统的诗歌评点鉴赏与西方的诗学理论结合起来沟通比较。如他在评李贺诗时，由李贺的"笔补造化天无功"，认为这一句话"不特长吉精神心眼之所在，而于道术之大原，艺事之极本，亦一言道着矣"，这句话与西方诗学"润饰自然功夺造化"观念一派暗合，"此派论者不特以为艺术中造境之美，非天然境界所及；至谓自然界无现成之美，祇有资料，经艺术驱遣陶镕，方得佳观"，然后申论艺术中的"师法自然"与"润饰自然"两派的不同①。结合前面对李贺炼词炼句来论述，圆融透彻，精彩顿出。他对诗艺的评判从来不剿袭故说，而必出自心裁，以诗人的才情、哲人的识见、学问家的知识来评诗论艺，不管作者地位高低、名声大小，一律以诗说话。即使对于近世名声特别大、地位特别高的诗人前辈，如黄遵宪、严复、王国维、康有为、章太炎等，也不稍宽假，评其优长，摘其短处，纠绳谬误。

在《谈艺录》中，钱锺书从不凭空下结论，而是言到例随，不厌其详，不仅征之以实例，而且度之以文心，烛幽洞微，探源索隐，所以结论相当严密，几十年来一直为学者称引。出版之后，他一直不断地补订完善，后来钱锺书作补订本时，也只是对当时欠周欠备的地方作一些补充和修正，使它更为圆通，而绝少否定过去的论点。书中的许多独到见解和观点，常为人们所引用。例如，郭绍虞著《中国文学批评史》最初认为："沧浪（严羽）论妙悟而结果却使人不悟；论识，结果却使人无识；论兴

① 钱锺书：《谈艺录》，中华书局 1984 年版，第 60—61 页。

趣,结果成为兴趣索然;论透彻玲珑不可凑泊而结果却成为生吞活剥摹拟剽窃的赝作。"对严羽《沧浪诗话》基本上是持否定态度。钱锺书在《谈艺录》里对《沧浪诗话》作了肯定的评价。郭绍虞看到后,在《沧浪诗话》的校释里修改了自己的看法,极力称钱锺书论证"最为圆通",并引"胡应麟《诗薮》云严氏以禅喻诗,旨哉"。钱锺书对《沧浪诗话》的公允评价,使文学史学者改变了对严羽"妙悟"说的看法。

钱锺书还用象征派诗与沧浪说诗作比较,认为法国象征派诗契合沧浪说诗理论,后来法国批评家的理论也冥契这个观点,新结构主义更进而与以禅喻诗相默契。后来钱锺书提起此事仍不无得意。他说:当时写《谈艺录》时,各大学教授,囿有冯班等人的见解,眼里根本看不上严羽,等到《谈艺录》问世后这种看法得到改变,严羽的《沧浪诗话》也被人们重新拂拭,再作评价。此外,如论妙悟、论曲喻、论性灵、论竟陵派、论公安派的源流、论清初诗人的异同等等,都很精辟,诸如此类,不胜枚举。

四是文采之美。钱锺书的文章有地道的白话文,通俗洒脱;有纯粹的文言文,典雅精致。《谈艺录》属于后者。他的古文造诣在当代可谓首屈一指,因为他从小就受到过严格的训练。他的文章从不做作,如行云流水,常行于所当行,止于不可不止,有骈有散,不拘一格,参差错落而不散漫,工稳整饬而不板滞,可作范文来读。如他在论述陆游(放翁)与杨万里(诚斋)诗的不同时说:"人所曾言,我善言之,放翁之与古为新也;人所未言,我能言之,诚斋之化生为熟也。放翁善写景,而诚斋擅写生。放翁如画图之工笔;诚斋则如摄影之快镜,兔起鹘落,鸢飞鱼跃,稍纵即逝而及其未逝,转瞬即改而当其未改,眼明手捷,蹑踪矢风,此诚斋之所独也。放翁万首,传诵人间,而诚斋诸集孤行天壤数百年,几乎索解人不得。"[①]寥寥数语,概括二人之所长,语言又是文学化的语言,非常优美,形象生动,而无学术著作的沉闷枯燥。

钱锺书在古文中爱用典故,颇见学问之博,虽不免有炫学之嫌,但常常能在一些文章中通过用典,增加论著中的信息量,化旧为新,使不

---

① 钱锺书:《谈艺录》,中华书局 1984 年版,第 118 页。

尽之意见于言外。如书首"小引"中几句："立锥之地,盖头之茅,皆非吾有。知者识言外有哀江南在,而非自比'昭代婵娟子'也。"几乎句句用典,把日军侵华、国家破碎、故乡沦落、作者的贫穷窘况、感时伤世而又不取媚当政的思想感情等,都包含了进去。

钱锺书的思辨精微也在此书中表现出来。哲学使他擅长思辨,心理学使他曲体文心、以意逆志,这使他的著作能紧扣文学的影响,渗透作家的心理,论证精当,无懈可击。如辨唐诗、宋诗之分,南学北学之别,对布封"风格即人"的论证,理趣之胜理语,等等,不一而足。钱锺书还常借譬说理,充满趣味与幽默。

有人批评钱锺书炫耀博学,以书卷子吓唬人,其实这种高深的学术著作是不可能做到雅俗共赏的,如果读者不具备一定的文学修养和基础,即使以白话写成,读者也未必就能理解。反之,如果有一定的文学和语言基础,那么读着这本书,绝不会感到枯燥。相反,开卷遨游其中,可以启人神智,开阔心胸,澡雪精神,领略不尽的意趣。钱锺书从未以博学自居,从未故步自封,他的博学与年俱增,1942年此书初稿写成后,他并不满足,而是时时删改补充,从未间断。1948年,书稿送交开明书店排版,清样出来后,他又补充修订了不少地方,因为稿子已经排好,不能逐处补充,他只好将这些地方的内容又附到卷尾,作为《补遗》,可见其治学的严谨不苟。1984年修订再版时,旧作存为上编,补订为下编,补订内容远远超过初版,可以看出钱锺书学术上严谨科学的态度。

《谈艺录》是一部"忧患之书",是关于中国诗学的著作,以传统诗话札记评点的形式,对中国文学史上数十位诗人诗作进行评点论述。抗日战争时期,沦陷区生活的困乏,失去教职的内心苦闷,不愿做亡国奴又无力反抗的痛苦,使钱锺书的诗歌研究从原来崇尚才情的晚唐体转变为杜甫诗歌忧国忧民、沉郁顿挫的风格,他的诗歌创作也进入丰收期,对诗歌的认识评价更加深入全面。钱锺书继承了中国诗话评点的传统,又从西方诗学来看中国,将中西诗歌打通,对比研究,为中国诗歌打开了一个新的天地。所以,《谈艺录》既是传统诗话的终结,又是现代比较文学研究的开篇。

第十章　北　归

第一节　生活的磨难

　　钱锺书自从被困在上海沦陷区，生活艰辛窘迫，思想痛苦忧伤，但即便是在这样艰难困苦的境况之中，他仍著述不辍。贤惠的妻子杨绛不仅在精神上支持鼓励他，而且在生活上亲自操劳，包揽所有家务杂活，她瘦小的双肩挑起了家庭的重担，使得钱锺书可以潜心于他的著述。杨绛还为他校订文稿，编选文集，保护《谈艺录》手稿，为《人·兽·鬼》誊清录副。钱锺书取得的成就与杨绛的支持是分不开的。

　　杨绛瘦弱的双肩，挑起的不仅仅是家务，更是一种责任感，对丈夫事业无微不至地关心与体贴，牺牲自我，支持夫君。杨绛具有中国传统女性的典型美德，她弱小的身躯中包含着博大的胸怀，包含着对父母、对姐妹、对丈夫无私的爱，对人世间所有不幸的人深切的同情。她的父亲把震旦大学的课让给钱锺书后，就把在震旦上学的最小的女儿杨必托付给杨绛，带着杨绛的大姐、三姐回苏州小住，专心写他的《诗骚体韵》。杨绛在家务之外，精心地照料小妹妹杨必。1945 年，父亲杨荫杭在苏州突然中风去世，对她又是一次重大的打击。她想起儿时承欢膝下的时候，听见父母亲的戏言，母亲对父亲说："我死在你头里。"父亲争着说："我死在你头里。"母亲后来想了想，当仁不让说："还是让你死在我头里吧，我先死了，你怎么办呢?"[1]杨绛当

---

① 杨绛:《回忆我的父亲》，见《杨绛作品集》(第二册)，中国社会科学出版社 1993 年版，第 96 页。

时在一旁听着,无动于衷,好像那是很遥远的事。现在,生离死别,一一都浮现到眼前来了。她从国外回来,没能见到母亲最后一面,只能隔着母亲的棺木抚摸,用小手绢把棺木上的每一点灰尘都拂拭干净,然后母亲的棺木葬入水泥圹里,埋上石灰,用水泥封上。现在慈爱的父亲也离她而去。在这所空荡荡的旧宅大厅中,停着父亲的灵柩,前面搭着一块白布幔,挂着父亲的遗容,幔前有一张小破桌子,她又像往常那样下厨为父亲泡一碗酽酽的盖碗茶,放在桌上,自己坐在门槛上傻哭。她的姐弟一个个栖栖惶惶地跑来,家已不复是昔日的家。以前家中的幽雅、温馨与欢笑都散了,连父亲答应传给她的那部《诗骚体韵》遗稿也没有了踪影。她又想起父亲离开上海回苏州时对她说:"阿必就托给你了。"又说,"你们几个,我都可以放心了,就只阿必。不过,她也就要毕业了,马上能够自立了。那一箱古钱,留给她将来做留学费吧,你看怎样?"[1]语气间好像自己永远不会再回来似的,这一番话,真的成了父亲的遗嘱。从此,小妹妹杨必的寒暖苦乐成为杨绛永远牵挂的心事。

杨必在震旦上学,钱锺书教过她课,她的另一位老师是陈麟瑞。她毕业后留校做了助教,兼任本校附中的英语教师,时常在几个姐姐哥哥家走动,成为联络者。钱锺书和傅雷教她翻译,在离开上海前夕又为她介绍,做了上海国际劳工局的翻译。

抗战终于胜利了! 1945 年 9 月 2 日,日本军国主义终于在投降书上签字,宣告无条件投降! 至此,历时 14 年艰苦卓绝的抗日战争宣告结束。消息传来,举国欢腾,人们沉浸在一片喜悦之中。然而,喜庆爆竹的硝烟尚未飘散,战后社会问题便日益严重起来,物价飞涨,通货膨胀,民不聊生,大上海仍沉浸在苦难之中。为了维持生活,钱锺书于1946 年初应邀担任南京国立中央图书馆英文总纂,主编图书馆英文刊物《书林季刊》(*Philobiblon*)。这一段时间,他经常来往于上海、南京之间,并且在这个刊物上发表了一些文章。

钱锺书辞去震旦女子文理学院课程,任中央图书馆英文总纂(中文总纂是郑振铎)。中央图书馆馆长是蒋复璁,跟徐森玉关系非常好,也

---

[1] 杨绛:《记杨必》,《杨绛作品集》(第二册),中国社会科学出版社 1993 年版,第 262 页。

很欣赏钱锺书的才学,邀请他来主编《书林季刊》。钱锺书平时在上海,每月要到南京去汇报一次工作,很得一些国民党高层官员的赏识。如教育部长、国民党中执委常委朱家骅,曾是中英庚款留英公费考试的负责人,又是钱锺书当年留学考试的主考官,很赏识钱锺书,常邀请钱锺书到家里吃饭聊天。有一次,朱家骅意欲推荐他到刚成立的联合国教科文组织任官职,这对许多人来说是求之不得的好机会,但钱锺书却立即辞谢了。他不愿意为了眼前的"胡萝卜"而受"大棒"的驱使。还有一次,他到中央图书馆汇报工作,正巧蒋介石晚上要宴请,他把事情赶快弄完,下午就开溜回家了。

第二节　在暨南大学

1946 年夏天,钱锺书接到了友人、暨南大学文学院院长刘大杰的邀请,到暨南大学任教授,教大四的"欧美文学名著选"与"文学批评"两门课程。

当时的暨南大学文学院院址在上海宝山路宝兴路口。上课伊始,刘大杰把钱锺书请到教室,向全班同学高兴地介绍:"我给你们请到这样一位先生,你们真幸运。"钱锺书身穿一套紫红色西装,戴着眼镜,神情颇为严肃地站着。等到他开口讲课,爽朗流利的外语立刻把学生吸引住了。他的讲课像戏剧表演,能把书中的人物一个个演活,上过他课的学生至今都能回忆起几十年前他上课的语调和神情。

他教的"文学批评"更加精彩。他讲课是不看讲稿的,上课时他全用外文滔滔不绝地讲,手里拿着一支粉笔,有时写几个字,有时写几行字,有时他用法语或其他语言来征引。但由于法语和其他语言的障碍,有些学生没听懂,他便用英语解释,遇到有的同学笔记没有记上,他便在课后再讲,让学生把空白的地方补上。有次在课上讲到文学和音乐的关系时,他还补充讲了文学的音乐性,引用了蒲伯和丁尼生的诗句,然后引用苏东坡的诗句"塔上一铃独自语,明日颠风当断渡"。"颠风"和"当断渡"很富有音乐性,简直如"叮当、叮咚"的铃声,以此来说明文学的音乐性(象声),妙不可言。最后他还引用拉丁文、意大利文、德文、法文把维吉尔、但丁、福斯、迪·巴尔塔斯的诗句写在黑板上来论证。他的讲课严肃认真,一丝不苟,甚得学生们的欢迎和好评。

除此之外,他还给其他年级讲授"莎士比亚""英国分期文学"等课,他的学生对他知识的广博、讲课的潇洒,甚为倾倒,多次向他请教秘诀,他很谦虚地笑笑说:"我没什么,只不过能'联想'。"

他的一位学生,非常佩服他写的《围城》,尤其是称赏三闾大学校内人物的描写惟妙惟肖。钱锺书笑着说:"你可以看看所谓的'训导制'到底是怎么一回事啰。"言下之意是对学校中那班庸俗不堪的人的嘲讽。但当学生进一步问及社会背景及书中人物来源时,钱锺书却马上正色道"不好讲",回避过去。他不愿涉及政治。钱锺书在暨南大学执教三年,从来没有迟到过,总是提前到校,站在走廊上等铃声。他酷嗜读书,每次到校总是抱着一大摞看完的书来归还,重借新书阅读,即使课间的十分钟也从不放过。下课后到系主任办公室里去,工友给他泡一杯清茶,他喝口茶润润喉咙,然后就阅读从家中带来的书。他冬季常穿着长袍,戴一顶法国式的蓝呢帽,面庞清秀,目光炯炯有神。原先他居住在复兴中路,在暨南大学教书时,便又搬到蒲石路居住。他屋中的书架上摆满精装的外文书,他看书时经常放着一本厚厚的练习簿,边看边写,他的练习簿约相当于普通练习本的四倍厚,在练习簿上密密麻麻写满了英文,这就是他的读书笔记①。

在沦陷区上海,杨绛的名气要比钱锺书大,因为杨绛的几个剧本都在上海公演。一次,有位朋友从厦门来访,见到杨绛,这位朋友对她说,厦门大学一位同窗称赞她的剧本上演甚为成功,钱锺书立即答道:"你只会恭维季康的剧本,却不能知道钱锺书的《围城》的好处。"②这虽只是朋友间的笑谈,但表现了他的自命不凡的个性。他的朋友们也不把他的玩笑话当真。钱锺书的玩笑与傅雷的严肃正好互相映照。傅雷是一个非常严肃、不开玩笑的学者,好朋友柯灵没有征求他的同意把他写的

---

① 林子清:《钱锺书先生在暨南大学》,《文汇读书周报》1990 年 11 月 24 日。
② 邹文海:《忆钱锺书》,沉冰:《不一样的记忆——与钱锺书在一起》,当代世界出版社 1999 年版,第 82 页。

《论张爱玲的小说》中的一段批评巴金的话删去,惹得傅雷大发脾气,差点翻脸。傅雷看到杨绛翻译的一篇英国散文,称赞杨绛译得好,杨绛只当是朋友间的敷衍,照例"哪里哪里"谦虚了一句。谁知傅雷怫然,忍了一分钟,然后沉着脸说道:"杨绛,你知道吗?我的称赞是不容易的。"吓得杨绛像顽童听校长错误的夸奖,既不敢笑,又不敢跟他辩驳。朋友中只有钱锺书敢于当众打趣傅雷。一次许多朋友在一起聚谈,钱锺书为一件什么事与傅雷打趣,坐在一边的陈西禾急得满面尴尬,直向钱锺书递眼色。事后陈西禾犹有余悸,怪他"胡闹",要是往常,傅雷早就沉不住气了,但那次他并没有发火,带着几分不好意思朝大家笑笑。不苟言笑的傅雷与爱说爱笑的钱锺书正好相映成趣,处得很好,性格不同,他们在事业上有许多共同的语言与追求①。

设在上海的英国文化委员会(British Council)策划了一套介绍英国人思想文化的"英国文化丛书",钱锺书应英国文化委员会主任贺德立(G. Hedlay)邀请担任英国文化委员会顾问,他们编的这套"英国文化丛书",请了当时全国知名的学者翻译,由商务印书馆出版,是一套高质量的翻译丛书。钱锺书还是留学生派送委员会主任,钱锺书的清华学弟、后来厦门大学教授郑朝宗就是经他推荐留学英国的②。杨绛大学时代的同班同学朱雯夫妇也是他们的好友。朱雯抗战期间先后办过几个刊物,同时从事文学翻译,一度又在英国驻华大使馆新闻处任职,结识了钱锺书的英国朋友 H. McAleavy(汉名马德良),后来与马德良都到了上海,与钱锺书夫妇常常在咖啡馆聚谈。朱雯在翻译《凯旋门》时遇到一些困难,特别是意大利语、拉丁语的古字僻词以及冷僻难解的典故,往往要求教于博学的钱锺书。钱锺书对他提出的疑难总是热情而又原原本本地为之解疑,还要整段整段地背出原文,让他更全面清楚地了解。朱雯对钱锺书横跨中西、博古通今和惊人的记忆力十分佩服,每有问题总忘不了向他与马德良请教。《凯旋门》1948 年 1 月出版,朱雯在《译后记》里特意向钱锺书、马德良致谢。为了表示谢意,朱雯的夫人

---

① 杨绛:《〈傅雷译传记五种〉代序》,《杨绛作品集》(第二册),中国社会科学出版社 1993 年版,第 360 页。

② 吴学昭:《听杨绛谈往事》,生活·读书·新知三联书店 2008 年版,第 214 页。

罗洪女士亲自下厨，请钱锺书与杨绛到他们家做客。朱雯夫妇与钱锺书夫妇一样是有名的文学伉俪。罗洪（原名姚自珍，松江人）也是一个优秀的女作家，1930 年刚刚 20 岁就发表了小说《校长女士》，1932 年与本县才子朱雯结婚前，合著情书集《从文学到恋爱》，后来又有短篇小说集《腐鼠集》《儿童节》《电影》和长篇小说《春王正月》《急流》《晨》（即后来的《孤岛时代》），是一个高产的女作家。钱锺书夫妇领略了她的烹调手艺，大饱口福。钱锺书次日答谢："嫂夫人文字既妙，烹饪亦兼清脆之美，真奇才也。"

第三节　重返清华

新中国成立前后的钱锺书、杨绛正处于"中年"，如他所谓"判将壮悔题全集，尽许文章老更成"，这正是人生的黄金时代、收获季节。但由于时局动荡不安，他们过早地停止了创作，转入文学研究与翻译，不能不说是一件令人惋惜的事。

《围城》出版后，钱锺书对自己的第一部长篇小说并不很满意。等到《谈艺录》杀青后，他开始构思另一部长篇小说，自信比《围城》更精彩，书名为《百合心》，典出法文成语（Le coeur d'artichaut）一词，含义是人的心像百合花的鳞茎一样，一瓣一瓣地被剥掉，到最后一无所有。中心人物是一个女主角，这部小说的草稿已写了两万多字，到了 1949 年 9 月，他受聘北上任清华大学教授，在整理家中的东西时，手忙脚乱中把这一堆像乱纸一样的草稿纸不知扔到哪里去了。以后一直没有找到，他也没把此事放在心上。随着环境的变化，新中国成立前后校内工作的繁忙等，他再也没有心事完成《百合心》这部小说了。钱锺书曾说他的处世态度是"long-term pessimism；short-term optimism"——目光放远，万事皆悲；目光放近，则自应乐观，以求振作[1]。他在《〈围城〉重印前

---

[1] 见夏志清《重会钱锺书纪实》，沉冰：《不一样的记忆——与钱锺书在一起》，当代世界出版社 1999 年版。

记》中幽默地说,稿子丢掉后,"兴致大扫,一直没有再鼓起来,倒也从此省心省事。年复一年,创作的冲动随年衰减,创作的能力逐渐消失——也许两者根本上是一回事,我们常把自己的写作冲动误认为自己的写作才能,自以为要写就意味着会写。相传幸运女神偏向着年轻小伙子,料想文艺女神也不会喜欢老头儿的。"又说:"剩下来的只是一个顽固的信念:假如《百合心》写得成,它会比《围城》好一点。事情没有做成的人老有这类根据不充分的信念;我们对采摘不到的葡萄,不但想象它酸,也很可能想象它是分外的甜。"

这时正值钱锺书创作的鼎盛期,除小说外,他还准备与杨绛合写喜剧,但结果也因人事变迁而未成功①。最主要的还是社会环境变化了,政治氛围变了,不再适宜于文学创作了。杨绛也由创作转向文学翻译与研究,1948 年出版了《一九三九年以来英国散文作品》,这是英国文化委员会编译丛书中的一种,由商务印书馆出版。她又着手翻译西班牙文学名著《小癞子》。

1948 年 3 月 18 日,国民党教育部在台北举行文物展览会,参加的人员有中央图书馆馆长蒋复璁、中央博物馆向达、故宫博物院庄尚严等 22 人,钱锺书也在其中。3 月 24 日展览开幕,除了展览会外,还在台湾大学举办一个系列的专题讲座,分别由向达、李玄伯、王振铎、庄尚严、钱锺书、屈万里、蒋复璁等演讲。4 月 1 日上午由钱锺书在台湾大学作《中国诗与中国画》的演讲,当时台大曾有专门的报道②。这项活动实际上是国民党败退台湾的前奏,时任教育部长的杭立武欲接钱氏全家入台,以包车运送行李,台湾大学也给钱锺书送来聘书,但他不愿意离开大陆,决定不走。他"决定不走并不是有什么幻想,只是不愿离开文化之根,不愿再流亡而已"。③

因为政治局势动荡,国民党统治大势已去,朝不保夕,大批知识分子对共产党缺乏了解,都惶惶不可终日,争着往国外跑。这时,香港大

---

① 钱锺书:《答编者问》,《大公报》1947 年 12 月 11 日。

② 林耀椿:《钱锺书在台湾的演讲》,沉冰:《不一样的记忆——与钱锺书在一起》,当代世界出版社 1999 年版,第 226—234 页。

③ 汪荣祖:《槐聚心史·弁言》,台湾大学出版中心 2014 年版,弁言第 11 页。

学抓住时机，约钱锺书到香港大学任文学院院长，接着牛津大学再次来约他去牛津担任 Reader（讲师）。钱锺书都不为所动，一则因爱女钱瑗患有肺病，他们认为伦敦的恶劣气候不适宜她的健康；而香港他又认为非久居之地，以不涉足为宜。二则暨大教职是担任文学院院长的朋友刘大杰聘请他的，他不愿中途爽约，他要保证每周上五课时的课。他还是在沪的英国文化委员会出版与学术顾问委员会中的两名中国成员之一。在香港暂居的郑振铎担心钱锺书出国，特地写信给钱氏夫妇，要他们暂不要出去，等待解放。他们的老同学吴晗也劝他们留下。最根本的是，钱锺书和夫人杨绛都不羡慕国外的生活，都热爱自己的祖国。在别人都惶惶不可终日到台湾或国外的时候，钱锺书反倒很安静地选择留在大陆，1949 年 3 月底，一家人悠闲自在地赴杭州四日游，还作了几首打油诗①。1949 年 5 月，上海解放。经过他们慎重考虑，1949 年 9 月，新中国成立前夕，他们回到了北京，应邀重返母校清华大学任教。

　　此时，梅贻琦、叶公超已经离开大陆，陈福田也早回他的夏威夷老家，清华校长叶企孙，文学院院长冯友兰，校务委员会常委中有陈岱孙、张奚若、吴晗、周培源等。他们夫妇的老师温德（Winter）、吴宓，同学吴晗，朋友金岳霖都在。钱锺书除"大二英文"外，还开设了"西洋文学史""经典文学之哲学"两门课，并负责外文研究所事宜，校方指定钱锺书与温德负责指导研究生。新中国成立初，清华规定夫妻两人不能同时任同校的正教授，杨绛只好做"兼职教授"，教"英国小说选读"和翻译课，他们都告别了文学创作，转向教学、翻译与学术研究。

　　月明星稀，乌鹊南飞。绕数三匝，可依可依？

　　此时的知识分子，在黎明前的黑夜里，徘徊不定，择枝而栖，或南渡，或北归。钱锺书与许多爱国知识分子一样，舍不下自己的祖国，对新中国寄予了厚望，义无反顾地留了下来。

① 吴学昭：《听杨绛谈往事》，生活·读书·新知三联书店 2008 年版，第 230—231 页。

第十一章　新中国成立初期

第一节　"开会太多"

1949 年 10 月 1 日，毛泽东在天安门城楼上庄严宣告中华人民共和国成立了。从此，中国结束了半殖民地半封建社会的历史，进入了前所未有的新的历史时期。

新中国成立之初，百废待兴，全国上下建设新中国的热情极为高涨，人民扬眉吐气，纷纷投入轰轰烈烈的社会主义建设之中。中国共产党要完成解放大陆和没收官僚资本、建立和发展社会主义国营经济的重大任务。同时，在教育领域，也展开了对原有的高等教育进行接收和改造、接办国民党留下的高校并调整院系专业、为社会主义建设服务的工作。1949 年夏天，钱锺书、杨绛得到母校清华大学聘请，于 8 月 26 日重返清华，开始为新中国工作。钱锺书所在的清华大学也毫无例外地接受接管、恢复、整顿，并进行课程改革，校内师生十分活跃，不断地开会、动员、宣传、学习，钱锺书的教学任务并不重，但要参加的会实在太多；只有晚上才能躲在家里看书，这对于嗜书如命的钱锺书来说，不能不感到痛苦。

1950 年 1 月底，在清华大学，钱锺书的旧友、作家黄裳去钱家采访。黄裳是随《文汇报》总经理到北京办事，应吴晗约请去清华园玩，吴晗是共产党接收清华的主要负责人，但住的是三等教员的小房子，钱锺书是新聘教授，住在很宽敞的教授住宅区。黄裳采访了温德、冯友兰、梁思成,然后去采访钱锺书。黄裳找到钱锺书家中时已是晚上,钱氏夫妇正在客厅里看书。当时正是冬天,他们的屋里尚未生火,很大的房间显得空旷而又冷清,四壁几乎没有什么家具,只有一张很讲究的西式长桌和两个书箱,上面堆了高高的两叠外文书籍和线装古籍,这些书都是从清华大学图书馆借来的。桌边只有两把椅子,钱锺书和杨绛正坐在桌边上读书。钱锺书见到黄裳,立即让他坐下,递茶倒水,问起上海文坛故友的近况。黄裳是当时有名的记者,又是作家,对古典文学和版本学都有兴趣,钱锺书夫妇还在上海时他们就熟识了。黄裳最喜欢听钱锺书谈天。小别重逢,换了新的天地,大家都很愉快,三人坐在屋中畅谈了两个小时,当然主要是听钱锺书海阔天空地谈文人旧事[1],黄裳听得也忘了记者的身份,没有拿出本子来记录,他本来是想写篇报道采访之类的文章的。

后来又谈到新中国成立以来学校的教学、科研工作。黄裳问起他们的情况,钱锺书说,新中国成立以来,学校气氛很活跃,师生热情很高,气象焕然一新,但是现在各种各样的会议太多,耽误了不少教学时间;大学生忙于宣传活动,太多的活动冲击了课堂教学,这些学生文学修养不高,对文学兴趣也不大,等等。第二天,钱锺书、杨绛夫妇二人又到城内回访,黄裳向钱锺书索稿,为自己的报刊增色。钱锺书婉言辞谢,不得已,抄赠给黄裳一首旧诗,即 1941 年前后作的《蒲园且住楼作》:

> 夹衣寥落卧腾腾,差似深林不语僧。
> 捣麝拗莲情未尽,擘钗分镜事难凭。
> 槎通碧汉无多路,梦入红楼第几层。
> 已怯支风慵借月,小园高阁自销凝。

黄裳回到上海后写信告诉钱锺书,自己准备写一篇《槐聚词人》报道这次采访。不久,黄裳收到钱锺书寄来的信,信是这样写的:

> 北来得三晤,真大喜事也,弟诗情文思皆如废并。归途忽获一

---

① 黄裳:《凤城一月记》,《书城》2007 年第 1 期。

联奉赠。(略)幸赏其贴切浑成而恕其唐突也。如有报道,于弟乞稍留余地(如开会多、学生于文学少兴趣等请略)。兄笔挟风霜,可爱亦复可畏。赵家璧君处为弟一促,谢谢。即上裳兄文几。徐、高二公均候。

弟钱锺书再拜,内人同叩

所谓"赵家璧君处请为弟一促"之事,即《围城》在开明书店出版后又多次重印,但赵家璧过于精明,能省则省,钱锺书从未得到一文再版版税,他和黄裳谈起此事,托黄裳顺便问问。

钱锺书希望黄裳在报道时不要把诸如"开会太多"之类的话说出去,以免招来谤议,黄裳照办了。这篇《槐聚词人》的报道一直积压了30多年,直到粉碎"江青林彪反革命集团"以后,黄裳才以《槐聚词人:一篇积压三十年的报道》,把这些内容公之于世。也是万幸,如果登在当时的报刊上,到了反右和"文化大革命"时期,恐怕后果不堪设想。学问助长见识,他的博学多闻,使他对人性、对社会的观察洞若观火,由看人心到看社会,也增强了他的处世的能力,学会了分析判断,因"默"获"存"。

第二节　参加"毛选"英译

生活中的钱锺书富有童心,有侃侃而谈、纵横不羁的名士风度,然而在学术上,他又是极为严肃认真的学者。由于他的英文造诣,1950年他被调任毛泽东选集英译委员会工作。他应承了,这样他就参加了《毛泽东选集》的英文翻译、审稿、定稿工作,与一位外国专家共同负责。平时住进城里,只有周末回校,仍兼管研究生。介绍他进入毛选英译委员会的是他清华大学的同学乔冠华①,毛选英译委员会的具体负责人是徐永煐。徐永煐是清华大学1924年毕业生,在美国工作20多年时间,

---

① 费滨海《一代宗师费孝通》:20世纪50年代初,乔冠华曾找费孝通,请其主持《毛泽东选集》英文翻译之事。费孝通担心自己的英文翻译水平不能胜任,就转而推荐钱锺书担任。乔冠华接受了费孝通先生的推荐,钱锺书于是加盟《毛泽东选集》英译小组并主持其事。对于此事,费孝通始终未向钱锺书、杨绛伉俪提起。见费滨海《行看北山云》,上海大学出版社2011年,第108页。

曾担任美共中国局书记。钱锺书刚进入毛选英译委员会时,外间即传言他要做毛泽东的英文秘书,还有人特意从城里赶到他家为他"祝贺"。毛选英译委员会很小,只有几个人,但身份却很特殊,这在很大程度成了他的"护身符"。当然钱锺书对这件事很谨慎,对政治"悚然畏惧","不求有功,但求无过"①。

中央负责这项工作的领导胡乔木也是钱锺书清华前后的同学。胡乔木是钱锺书的清华大学同学,在校时并不认识,但早闻钱锺书的大名,很佩服钱锺书的博学与诗才。

这是一项极为重要、严肃的工作,要把毛泽东的著作译成英文向全世界发行,是关系到毛泽东思想与中国社会主义革命和建设的大事,不容许有丝毫错误与疏忽大意。接受了这项严肃而又艰巨的任务之后,钱锺书为之耗费了大量的心血。他对待这项工作认真负责,一丝不苟,他不仅首先仔细研读"毛选",而且在遇到翻译中的学术问题时,更是当仁不让,从不随声附和,不轻易放过任何一个微小的枝节问题,在这种情况下,困难与烦恼自然难免。在生活上,他家住西郊中关村,工作地点却在东城区,要坐车走很远的路。那时,他写过一首诗,中间一联说:"疲马谩劳追十驾,沉舟犹恐触千帆",就表现出这种严肃认真、焦虑不安的心情。有几年时间,他全身心扑在这项工作上。凭着他们的忠信与能力,英译委员会终于把"毛选"四卷信、达、雅地翻译出来了,而且公认为达到他所标举的翻译的"化境"。但据参加毛选翻译的王佐良回忆:这个委员会由留美的清华老校友徐永煥主持,委员中有各方面的专家,包括哲学、文学、经济、教育、社会学各科专家。其中有金岳霖、钱锺书,还有一些国外的专家如史沫特莱、爱泼斯坦、爱德勒等。金岳霖译了《矛盾论》《实践论》,钱锺书译了《在延安文艺座谈会上的讲话》等,为后来工作改进奠定了基础,树立了译文的总的骨架,确定了哲学、经济、政治、文学理论等专门名词的译法,把过去从未公开过的篇章传播到外面世界去。钱锺书在这个"毛选"英译委员会里起了一定的作用②。钱

① 杨绛:《我们仨》,生活·读书·新知三联书店 2004 年版,第 124 页;又参见汪荣祖《槐聚心史:钱锺书的自我及其微世界》"弁言",说当时储、冯诸君设宴款待,皆风派人物也。
② 王佐良:《一个业余翻译者的回顾》,《译林》1983 年第 1 期,与上说稍有出入,并存以供参考。

锺书曾指出"毛选"原文中的错误,他说"孙猴儿从来未钻入牛魔王腹中"。徐永焕请示上级,胡乔木调了全国各种《西游记》版本查看,果然钱锺书说得没错,毛主席为此把原文作了修改①,《毛泽东选集》第三卷1953年初版时已经改正。

周总理的秘书杨一之(曾经留学法国)曾对人说过:"自从1950年起,钱锺书便担任'毛选'委员会主任委员,深得党和国家领导人的赏识和关照。""主持'毛选'英译是长期的重要工作,钱锺书委实得到了极大的荣誉。"毛泽东、周恩来、胡乔木都很关心与支持他。由于他知识广博,外文造诣高深,所以碰到涉外的一些事情,自然会想到顾问钱锺书,因此,海外便有传说,说他是毛泽东的英文秘书和外交顾问,但这种传说到1979年就由钱锺书本人否定了。他不是中共党员,这个最起码的条件都不具备,怎么有资格做毛泽东的英文秘书和外交顾问呢②?

"毛选"英译工作开始时参加的人很多,一年后,就剩下钱锺书带着几个年轻助手在做了。他在清华指导的研究生黄雨石(原名黄爱)也参加了,给老师打下手。据他的回忆:"钱先生不看电影不看戏,似乎除了读书,没有其他爱好和任何消遣的玩意儿。中南海的宴会请帖,他从来未去参加。他总是把时间腾出来用于读书上,从不轻易浪费一点点。""在翻译毛选的三年中,钱先生晚饭后常和我们年轻人遛大街,逛旧书店。解放初,北京到处有旧书店,两三间屋子各式各样的线装书摆得满满当当。走进一家书店,钱先生说:'雨石,你在这儿如能找到一本书我没有读过,我就不算你的老师。'我们出于好奇,便在店里专找那种从没有听说过的冷僻书问他看过没有?他立刻说出此书哪朝哪代何人所作,书中讲些什么内容。屡试不爽,从来没有错过。说来惭愧,我真不配做钱锺书的学生,钱先生却百分之百的有资格当我的老师。"③

"毛选"英译工作一直到1963年结束。

钱锺书1950年被调往城里翻译"毛选"去了,女儿圆圆也在城里上

① 吴学昭:《听杨绛谈往事》,生活·读书·新知三联书店2008年版,第253页。
② 夏志清:《重会钱锺书纪实》,沉冰:《不一样的记忆——与钱锺书在一起》,当代世界出版社1999年版,第71页。
③ 吴学昭:《听杨绛谈往事》,生活·读书·新知三联书店2008年版,第254—255页。

寄宿学校,父女二人都要在周末才回来,杨绛仍在清华大学外文系教书,教高年级英国小说。她一人住在清华园家中,她那可爱的小郎猫花花儿陪伴着她,每天早晨起来,花花儿都要用冰冷的鼻子在女主人脸上碰碰闻闻,对杨绛行个"早安"礼,陪杨绛在桌边吃饭。有一天,杨绛去上课,半路上碰见花花儿"嗷、嗷"怪声叫着与其他猫争风打架,显出一副"英雄气概",忽然间看见了女主人,立即回复了平时的娇声细气,"啊、啊、啊"地打着招呼向她走来,要跟她去上课。杨绛怕它跟进课堂,直赶它走,可是它还是紧跟不离,直跟到洋灰大道边才止步不前,站在那里目送她远去。

第三节　童心的苍老

钱锺书的性格很独特,他有一般才子恃才傲物的特点,也有一般才子所不具备的童心。他对许多事情都以"兴趣"为主,兴之所至,许多在别人看来没有趣味或不屑的事,他始终会感到有趣,并且有超乎常人的兴趣,这便是钱锺书式的可贵的童心。杨绛在《记钱锺书与〈围城〉》中曾说,钱锺书小时候爱玩石屋里的和尚,他到中年时代仍童心不减,曾央求在中学读书的女儿代他临摹西洋"淘气画"《魔鬼临去遗臭图》。作为一个中年人,一个作家和学者,一点也没有中年人的老成与世故,反而充满超乎常人的童趣,这也是钱锺书的独特之处吧。

《记钱锺书与〈围城〉》中记载了几件事,能表现出钱锺书的这种童心,非常有趣。杨绛说:

> 我们在牛津时,他午睡,我临帖,可是一个人写写字困上来,便睡着了。他醒来见我睡了,就饱蘸浓墨,想给我画个花脸。可是他刚落笔我就醒了。他没想到我的脸皮比宣纸还吃墨,洗净墨痕,脸皮像纸一样快洗破了,以后他不再恶作剧,只给我画了一幅肖像,上面再添上眼镜和胡子聊以过瘾。回国后他暑假回上海,大热天女儿熟睡(女儿还是娃娃呢),他在她肚子上画一个大花脸,挨他母亲一顿训斥,他不敢再画了。沦陷在上海的时候,他多余的"痴气"

往往发泄在叔叔的小儿、小女、孙儿、孙女和自己的女儿阿圆身上。这一串孩子挨肩儿都相差两岁，常在一起玩。有些语言在"不文明"或"臭"的边缘上，他们很懂事似的注意避忌。锺书变着法儿，或作手势，或用切口，诱他们说出来，就赖他们说"坏话"。于是一群孩子围着他吵呀，打呀，闹个没完。他虽然挨了围攻，还俨然以胜利者自居。他逗女儿玩，每天临睡在她被窝里埋置"地雷"，埋得一层深入一层，把大大小小的各种玩具、镜子、刷子，甚至砚台或大把的毛笔都埋进去，等女儿惊叫，他就得意大乐。女儿临睡必定小心搜查一遍，把被里的东西一一取出。锺书恨不得把扫帚、畚箕都塞入女儿被窝，博取一遭意外的胜利。这种玩意儿天天玩也没多大意思，可是锺书百玩不厌。

他又对女儿说，《围城》里有个丑孩子，就是她。她信以为真，却也并不计较。他写了一个开头的《百合心》里，有个女孩子穿一件紫红毛衣，锺书告诉阿圆那个最讨厌的孩子，也就是她。阿圆大上心事，怕爸爸冤枉她，每天找他的稿子偷看，锺书就把稿子每天换个地方藏起来。一个藏，一个找，成了捉迷藏式的游戏。后来连我都不知稿子藏到哪去了。

锺书的"痴气"也怪别致的。他很认真地跟我说："假如我们再生一个孩子，说不定比阿圆好，我们就要喜欢那个孩子了，那我们怎么对得起阿圆呢？"提倡一对父母生一个孩子理论，还从未讲到父母为了用情专一而只生一个。

解放后，我们在清华养过一只很聪明的猫。小猫初次上树，不敢下来，锺书设法把它救下。小猫下来以后，用爪子轻轻软软地在锺书腕上一搭，表示感谢。我们常爱引用西方谚语："地狱里尽是不知感激的人。"小猫知感，锺书说它有灵性，特别宝贝。猫儿长大了，半夜和别的猫儿打架。锺书特备长竹竿一枝，倚在门口，不管多冷的天，听见猫儿叫闹，就急忙从热被窝里出来，拿了竹竿，赶出去帮自己的猫儿打架。和我们家那猫儿争风打架的情敌之一是紧邻林徽因女士的宝贝猫，她称为她一家人的"爱的焦点"。我常怕锺书为猫而伤了两家和气，引用他自己的话说："打狗要看主人面，那么打猫要看主妇面了!"(《猫》的第一句)他笑说:"理论总是不实践的人制定的①。"

钱锺书爱猫成癖,给猫布置了一个安适的窝儿,小猫最爱依偎他,晚上要往他被窝里站,钱锺书就让它钻进被窝,它一会儿又嫌闷,钻了出来,男主人也不生气。

充满童心的钱锺书,也不得不面对一系列"运动"、一阵阵无情袭来的暴风骤雨,如1951年5月全国对电影《武训传》的大批判、1951年11月起持续一年的知识分子思想改造运动、1952年的"三反""五反",特别是1957年"大鸣大放大字报大辩论"和"反右运动",运动一个接着一个,不停地开会、批判、检讨、交代,许多正直的知识分子被打成右派,政治形势越来越严峻,气氛越来越紧张。钱锺书是一个很敏感谨慎的人,他开始沉默。父亲为他取的表字"默存",在这个时候开始发挥作用,以"默"求"存"。他虽然创作才气不减当年,但创作的热情和欲望已消失殆尽。从1949年至1957年以前,因为种种原因,钱锺书没有发表文章、评论,也没有新的著作问世。钱锺书放下了手中尖锐犀利的笔,他开始从创作走向学术研究,耐得半辈子寒窗寂寞和冷板凳命运,在艰难的环境下偷空读书、做笔记,在读书中打通古今,比较中外,默默地为世界文化奉献自己的智慧。

新中国成立初期,社会发生了根本的变化,旧时代的知识分子要适应新的社会主义社会,要进行思想改造。解放初期,各种思想改造运动和学习活动挤占了知识分子的读书教学时间。参加《毛泽东选集》的英译工作,是一项极为重要的政治任务。越来越紧张的政治氛围,让钱锺书敏锐地感觉到思想上的压力。他利用一切可利用的时间,读书做笔记,平时不能说的话,偶尔在笔记中写下自己的感想,表现了他对政治的谨慎态度。

第十一章 新中国成立初期

---

① 杨绛:《记钱锺书与〈围城〉》,《杨绛作品集》(第二册),中国社会科学出版社1993年版,第151页。

第十二章　乍暖还寒

第一节　风波未定

1954年初，"毛选"英译工作告一段落，钱锺书又回文学所里工作。1956年，人民文学出版社准备出一套"中国古典文学读本丛书"，属于面向青年读者的中国文学普及性的通俗读物，主要由中国科学院文学研究所的学者们编写，其中有一本《宋诗选注》。当时文学研究所长兼古代组组长郑振铎，把这个任务交给了钱锺书，因为钱锺书"宋以下别集殆无所不窥"，而且曾受前辈诗人陈衍的赏识指导，陈衍是"同光体"代表人物，他极力推崇宋诗，曾编《宋诗精华录》行世。郑振铎认为要编写《宋诗选注》，非钱锺书莫属。因此，郑振铎顺便利用他的职权把钱锺书从外文组"借调"到古代组，从此一"借"再也不还了。

钱锺书接受了任务后，先确定诗歌去取的标准，除了思想上的健康和进步性之外，还在艺术上标举了"六不选"的原则："押韵的文件不选；学问的展览和典故成语的把戏不选；大模大样地仿照前人的假古董不选；把前人的词意改头换面而意思绝无增进的旧货充新也不选；有佳句而全篇太不匀称的不选，这真是割爱；当时传诵而现在看不出好处的也不选，这类作品就仿佛走了电的电池，读者的心灵电线也似的跟它们接触，却不能使它们发出旧时的光焰来。"①从这"六不选"的原则中，我们

① 钱锺书：《〈宋诗选注〉序》，人民文学出版社2000年版，序第19页。

可以清楚地看到钱锺书在学术上的严谨态度。

但是，此时的中国正是极"左"思潮盛行的年代，把文学为政治服务、为阶级斗争服务提高到相当的高度。钱锺书为《宋诗选注》定下的选目要经过集体讨论。按理说，既然是钱锺书编著，从选目到评析、注释就应由编者本人完成，可是，连郑振铎也没有能力抵挡住这股压力，不得已把他提出的选目交由集体讨论，确定取舍。而讨论的目的，是从政治着眼，文艺为政治服务，要求入选的诗一定要反映封建时代的阶级斗争、反映劳动人民被剥削压迫的现实生活、对统治阶级的批判等，忽略了艺术标准，只讨论政治标准，以政治标准代替艺术标准。

钱锺书对选目提出了自己的不同意见，极力争取主动。例如，文天祥的《正气歌》是历代几乎所有的选本都选的，在当时这首诗更是占据了重要地位，但是，钱锺书有自己的看法，他从诗歌的艺术价值与创新上来评判，认为这首诗虽然悲壮激昂、充满正气，但在这么有限的小选本里要收集最有文学成就的作品，此篇可以不选。文天祥还有比此诗写得更有新意的诗可作选择；况且此诗历来的选本皆有，已为人读得烂熟，在选本上无休止地重复，既加重了选者的惰性，也是一种浪费。他的固执与傲岸的秉性，促使他力争此事，虽然顶住压力，最后的选本没有选《正气歌》，但他也因此付出了沉重的代价：此书刚出版，就受到了严厉的批判；"文化大革命"中又成为他的一项"莫须有"罪名。虽然在《正气歌》的问题上他坚持下来了，但其他许多选目最终也还是由集体讨论决定，他也难违众意，无能为力，结果是有些诗他以为可以选进去的却不能选，而他认为不必选的诗倒选进去了，他只能暗自叹息，在心里留下深深的遗憾①。

1956 年夏，钱锺书带着女儿到武昌看望父亲。第二年春，父亲重病住院。得到消息，他立即请假到武汉省亲。这时，他内心忧虑，心事重重，在路上作《赴鄂道中》诗共 5 首，抒发了自己的心情，如：

晨书暝写细评论，诗律伤严敢市恩。
碧海掣鲸闲此手，祇教疏凿别清浑。

---

① 钱锺书：《模糊的铜镜》，《人民日报》1988 年 3 月 24 日。

弈棋转烛事多端,饮水差知等暖寒。

如膜妄心应褪净,夜来无梦过邯郸。

驻车清旷小徘徊,隐隐遥空振蛰雷。

脱叶犹飞风不定,啼鸠忽噤雨将来。

这里的三首诗从不同侧面反映了钱锺书当时的思想状况。第一首写自己对选注宋诗的态度。虽然是一本"小书",但他却丝毫不敢大意,而是晨书暝写、仔细评论;选录标准宁愿伤严,而不愿迁就有所偏向。理出宋诗的源流脉络,别裁伪体,选择佳作。用杜甫《戏为六绝句》"或看翡翠兰苕上,未掣鲸鱼碧海中",元好问《论诗三十首》"谁是诗中疏凿手,暂教泾渭各清浑",表达出他的学术理想。第二首写在极"左"思潮高压下谨慎处世的心态。时局如弈棋变化不定(语本杜甫《秋兴八首》"闻道长安似弈棋"),世情如转烛,明灭难测(语本杜甫《佳人》诗"世情恶衰歇,万事随转烛"),从身边已能明显地感到政治气候有变化,自己的一切妄心、梦想都不敢再有(苏轼《次韵答子由》诗"妄心如膜褪重重"),远离政治,缄口不言,明哲保身。第三首,喻当时的社会局面,雷声隐隐,山雨欲来,脱叶纷飞,啼鸠失声,是"山雨欲来风满楼"的社会画面,真实地反映了"大鸣大放"时他恐惧不安的心理状态。

第二节　选本名著《宋诗选注》

《宋诗选注》的篇目由所里集体讨论定下来之后,在划定的范围内让他作文章,具体的评注则由他自己完成。以钱锺书的学问,来选编这样一本引导文学青年入门的普及性读物,即使不说是大材小用,也至少可以说是一项轻而易举的事吧!从他丰赡的腹笥中就可以很快选出一本宋诗,但他没有这样做。虽然宋诗零散,没有像唐诗一样有一部《全宋诗》这类总集可资凭借,但清代厉鹗的《宋诗纪事》和吴之振等的《宋诗钞》是两部卷帙浩繁的著作,再加上管庭芬的《宋诗钞补》、陆心源的《宋诗钞续补》、曹庭栋的《宋百家诗存》以及陈衍的《宋诗精华录》,这些宋诗的数量总和有几万首,从中选出两三百首诗,简直可以一挥而就,况且他还读了那么多的宋人别集。但钱锺书并没有仅靠这几套大书来敷衍了事,他把这些书仔细地再读了一遍,又不放心,还把《宋诗纪事》《宋诗钞》等书和本集善本核对,把这些书里的错误都找出来了。例如,他发现《宋诗钞》抄得极为草率,前详后略,对刘克庄《后村居士集》只抄了卷一至卷十六的作品,而卷十七至卷四十八,这 32 卷中竟然一字未抄。而《宋诗纪事》,开错书名,删改原诗,辗转引用,错误也不少。陆心源的《宋诗纪事补遗》更是张冠李戴,错误百出。在这个基础上,他又翻阅了大量的宋人笔记、诗话、文集、方志,进行严格的筛选,连对只有几首诗流传的小诗人也不放过,并且从中选了一些历代被遗忘而在宋诗中确有艺术创新的诗作来。如北宋的大词人柳永,以婉约词见长,而诗却极少,人们只知道他是一个醉花眠柳、浅斟低唱的荡子。《宋诗选注》选了柳永的《煮海歌》,风格深沉雄浑,有类杜甫的诗史之作,使我们看到了在香艳风流之外柳屯田的另一面。他几乎翻遍了北京大学图书馆和中国科学院学部图书馆有关这方面的藏书,挖掘宋诗遗产。

钱锺书在诗歌的挖掘方面下了相当大的工夫,下功夫更大的还在于诗歌的评注上。按照一般人的观点,把诗歌中的难点如用典、字词、中心思想,至多艺术上的手法技巧等等注出来,使读者能读懂就算是一部成功的诗歌选本了。钱锺书当然做到了这些,但是他的诗注更有特色。他不仅注出了用典、字词,更重要的是,他重在穷源溯流,在整个文学史的背景下对入选宋诗进行品藻鉴赏,从总体把握方面入手进行诗歌批评,创出了一种与别人不同的新路子。在一般人看来不足称道的一本薄薄的古典文学普及读本,钱锺书却对它倾注了大量的心血,它不仅能让一般读者易于接受,而且能让专家乐于接受,从中可见钱锺书治学的严谨、学识的渊博。

《宋诗选注》的特色要之有三:

第一,不满足于就诗论诗,而对诗歌源流正变一一析出,指陈其承继与影响。比如郑文宝的《柳枝词》:"亭亭画舸系春潭,直到行人酒半酣。不管烟波与风雨,载将离恨过江南。"钱锺书对后两句注说:

这首诗很像唐朝韦庄的《古离别》:"晴烟漠漠柳毵毵,不那离情酒半酣。更把玉鞭云外指，断肠春色是江南。"但是第三、第四句那种写法，比韦庄的后半首新鲜深细得多了，后来许多作家都仿效它。周邦彦甚至把这首诗整篇改写为《尉迟杯》词，"无情画舸，都不管烟波隔前浦。等行人、醉拥重衾，载得离恨归去"（《清真词》卷下）。石孝友《玉楼春》词把船变为马："春愁离恨重于山，不信马儿驼得动"（《全宋词》卷一百八十）。王实甫《西厢记》里把船变成车，第四本第一折："试着那司天台打算半年愁，端的是太平车儿约有十余载"；第三折："遍人间烦恼填胸臆，量这些大小车儿如何载得起！"陆娟《送人还新安》又把愁和恨变成"春色"："万点落花舟一叶，载将春色到江南"（钱谦益《列朝诗集传》闰四，陈田《明诗纪事》乙签卷十三作吴镇诗）①。

把这两句诗对前代的继承与对后代的影响一五一十地道来，放在诗歌发展史的大背景下加以比较、对照分析，自然能让人看出艺术上的佳妙之处。在此书中，钱锺书对每一首诗的创新或因袭都不会含糊地轻易放过，而指陈继承与影响、袭用与创新，上下贯通，左右逢源，对他来说简直是如数家珍。

第二，对诗歌精华之处的品藻鉴赏。钱锺书的赏析并非像时下流行的"鉴赏辞典"中一般的鉴赏文章那样平铺直叙地串讲段意，总结全文，他着力分析诗的精蕴、诗美以及创新精神，而且见解精辟，有不少已被现代诗家奉为圭臬，成为经常引用的经典性语言。如对王禹偁《村行》的"万壑有声含晚籁，数峰无语立斜阳"的赏析就是一例，钱锺书注说：

> 按逻辑说来，"反"包含先有"正"，否定命题总预先假设着肯定命题。王夫之《思问录·内篇》所谓："言'无'者，激于言'有'而破除之也。"诗人常常运用这个道理。山峰本来是不能语而"无语"的，王禹偁说它们"无语"，或如龚自珍《己亥杂诗》说"送我摇鞭竟东去，此山不语看中原"，并不违反事实；但同时也仿佛表示它们原先能语、有语、欲语而此刻忽然"无语"。这样，"数峰无语""此山不语"才不是

---

① 钱锺书：《宋诗选注》，人民文学出版社 2000 年版，第 4 页。本节《宋诗选注》引文均据人民文学出版社 2000 年版。

句不消说得的废话。(参看司空图《诗品》:"落花无言",或徐夤《再幸华清赋》:"落花流水无言而但送年",都是采用李白《溧阳濑水贞孝女碑铭》:"春风三十,花落无言。")改用正面的说法,例如"数峰毕静",就削减了意味,除非那种正面字眼强烈暗示山峰也有生命或心灵,像李商隐《楚宫》:"暮雨自归山悄悄。"有人说,秦观《满庭芳》词:"凭栏久,疏烟淡日,寂寞下芜城"比不上张昇《离亭燕》词"怅望倚层楼,寒日无言西下"(《历代词人考略》卷八),也许正是这个缘故。

把这么容易使人忽略的一句诗分析得如此精细,经他指点,此诗的诗美就更为深刻地烙在了读者的心头。钱锺书论诗并不对每个诗人的每一首诗都一味地说好,他也毫不客气地批评一些诗人创作的短处,如他说:"梅尧臣在诗里就写自己外出思家,希望他那位少年美貌的夫人在闺中因此大打喷嚏:'我今斋寝泰坛外,侘傺愿嚏朱颜妻'……但是'朱颜'和'嚏'这两个形象配合在一起,无意中变为滑稽,冲散了抒情诗的气味。"

第三,对每个诗人的评论和总评极有特色。钱锺书对每个诗人没有泛泛地谈生平简介,而是常用寥寥数语突出诗人的风格,勾画诗歌的全貌,表现其在文学史上的地位和影响,着墨不多却生动传神,是对这位诗人和作品具体而微的总论。他在 1956 年初期着手选诗时,就把每个诗人的全貌和他们的风格加以概括,写出了很有分量的论文《宋代诗人短论十篇》(《文学研究》1957 年第 1 期)、《〈宋诗选注〉序》(《文学研究》1957 年第 3 期)。比如对才高命短的王令的评价:"他受韩愈、孟郊、卢仝的影响很深,词句跟李觏的一样创辟,而口气愈加雄壮,仿佛能够昂头天外,把地球当皮球踢着似的,大约是宋代里气概最阔大的人了。运用语言不免粗暴,而且词句尽管奇特,意思却往往在那个时候都要认为陈腐,这是他的毛病。"这一段话真是入木三分。再如对徐俯从舅舅黄庭坚那儿学来了作诗手法,成名后却又死不认账的批评就显得更尖刻而不留情面:"徐俯晚年说不知道舅舅的诗好在哪里,而且极口否认受过舅舅的启发:'涪翁之妙天下,君其问诸水滨;斯道之大域中,我独知之濠上'。不过他舅舅的文集中,分明有指示他作诗的书信,在他自己的作品里也找得着他承袭黄庭坚的诗句的证据;在他年轻的时候,同派的李彭称赞他是外甥不出舅家,他好像并没有抗议。他虽回复上门请教的人说自己看不出黄庭坚诗歌的好处,但是喜欢黄诗黄字的宋高宗吩咐他题跋黄庭坚的墨迹,他就会说'黄庭坚诗文妙天下'……只是他晚年的确想摆脱江西派的影响,不堆砌雕琢,而求'平易自然',看来流为另一偏向,变成了草率油滑。"

第四,选诗中体现了钱锺书诗歌审美的品位。因为这部书毕竟是给一般文学爱好者读的,他兼顾了自己的审美品位与一般青年读者的接受能力,选诗着重于那些反映社会现实、充满生活气息的作品,多选择艺术平淡自然、气韵生动,清新简洁、比兴寄托的作品,对于用典过多、过于奇崛晦涩的作品,很少选或不选。比如对宋初的西昆体一首都不选。在宋诗中地位很高的黄庭坚和江西诗派的诗,选得也较少,黄庭坚只选了5首,与他在宋代诗坛的地位落差很大。在形式上,他喜欢那些短小精悍的律诗绝句,不喜欢篇幅很大的长诗,这颇能体现出钱锺书个人的偏好。比如钱锺书自己作诗多七言,而少五言,他选的宋诗,也是七言占绝大多数。全书365首诗,七言占了307首,占84%,五言只占16%。其中,七绝209篇,七律次之①。

《宋诗选注》的序更是有口皆碑的绝妙文章,是研究宋诗者不可不读的作品。他对宋诗进行总评,把宋诗的历史背景、宋诗的优缺点分析得相当精到,原文很长,但又很有趣,可以说既是一篇深奥的学术研究文章,又是一篇轻松优美的演讲文稿,语言流畅、诙谐、风趣,读起来令人在开怀大笑中接受许多知识。例如,他分析宋诗风格的形成时说:"有唐诗作榜样是宋人的大幸,也是宋人的大不幸。看了这个好榜样,宋代诗人就学了乖,会在技巧和语言方面精益求精。同时,有了这个好榜样,他们也偷起懒来,放纵了模仿和依赖的惰性。"再如,他说宋代诗人爱"脱胎换骨",从古人的诗中因袭句子、诗意:"在宋代诗人里,偷窃变成公开传授的专门科学……偏重形式的古典主义有个流弊,把诗人变得像个写学位论文的未来硕士、博士,'抄书当作诗',要自己的作品能够收在图书馆的书里,就得先把图书馆的书安放在自己的作品里。偏重形式的古典主义有个流弊,

---

① 张健:《由〈宋诗选注〉看钱锺书的古典诗品味》,汪荣祖编:《钱锺书诗文丛说:钱锺书教授百岁纪念国际学术研讨会论文集》,台湾中央大学2011年版,第43页。这篇文章里还列出了《宋诗选注》在所选作者时代先后顺序上的一些瑕疵,也很有参考价值。

把诗人变成领有营业执照的盗贼，不管是巧取还是豪夺，是江洋大盗还是偷鸡贼，是西昆体那样认准了一家去打劫，还是江西派那样挨门排户大大小小的人家都去光顾。这可以说是宋诗——不妨还填上宋词——给我们的大教训，也可以说是整个旧诗词的演变里包含的大教训。"

以钱锺书这样的大手笔，两历寒暑，反复修改，始完成这样一部普及性的读物，可见他对《宋诗选注》确实下了相当大的功夫。吴宗海《钱锺书精确一例》文说：将《宋诗选注》译成日文的日本学者内山精也曾说过：在翻译过程中核对引文出处时，发现钱锺书先生的所有引文均很精确。如选入小学语文课本第五册及常为人选的宋人张俞《蚕妇》诗："昨日入城市，归来泪满巾。遍身罗绮者，不是养蚕人。"与这诗字句全同的一首见于清代厉鹗《宋诗纪事》一书。《全宋诗》张俞部分字句小有不同：首句"入"作"到"，"市"作"郭"。而《宋诗选注》却作："昨日到城郭，归来泪满巾。遍身罗绮者，非是养蚕人。"（三书注出处均为宋代吕祖谦《皇朝文鉴》卷二十六）经查，1982年3月中华书局版齐治平用通行的最早最好的版本及另六种古版校勘的《宋文鉴》（即《皇朝文鉴》），字句全同于《宋诗选注》。可见《宋诗纪事》的传讹，《全宋诗》仍有差错，而钱先生的书则最为精确①。1958年9月，《宋诗选注》由人民文学出版社出版，列入"中国古典文学读本丛书"中之"中国古典文学作品"第5种。以后又多次重印，成为新中国成立后影响最大的宋诗选本。

第三节　同遭批判

1957年3月，钱锺书从刚脱稿的《宋诗选注》中选出10篇诗人短论，以《宋代诗人短论十篇》发表在《文学研究》1957年第1期上，同年第3期上又发表了他的《宋诗选注序》。正在整风运动和反右斗争风起云涌的当头，他的这两篇文章和所标举的"六不选"原则好像专门为自己预备了"白专道路"与"资产阶级文学研究"的材料，树了一面专门给人

① 吴宗海：《钱锺书精确一例》，引自《一寸千思》，辽海出版社1999年版，第297—298页。

"拔"的"白旗"。果然书一出来，批判文章也接踵而至，计有曹道衡《对〈宋代诗人短论十篇〉的意见》(《文学研究》1958 年 4 期)、刘敏如《评〈宋诗选注〉》(《读书》1958 年 20 期)、胡念贻《评〈宋诗选注〉序》(《光明日报》1958 年 12 月 14 日)、《清除古典文学选本中的资产阶级观点——评钱锺书先生〈宋诗选注〉》(同上)、周汝昌《读〈宋诗选注〉序》(《光明日报》1958 年 12 月 28 日)，等等。

在国内热烈批判的同时，《宋诗选注》却在国外产生了很大的反响。日本京都大学著名的汉学家吉川幸次郎、小川环树等给予了高度评价。小川环树在《中国文学报》第十册(1959)撰文评价此书，认为："这是一本从不同于前人的角度出发来对宋诗进行全面观察的书，它的注释和'简评'都特别出色。这本书的出现，大概宋代文学史很多部分必须改写了吧。""可以说是迄今为止全部选本中最好的"，但遗憾的是"这是面向专家以外的广大读者群的，不能准确无误地反映宋诗全貌"，"对宋代反映社会现实的作品收得很多"①。胡适也认为选目不好，"不过他的注确实写得不错。还是可以看看的。"②

小川环树的权威性书评寄到后，国内对《宋诗选注》的批判偃旗息鼓，《文学评论》编者连忙向钱锺书道歉。何其芳又请词学大家夏承焘补写了一篇《如何评价〈宋诗选注〉》在《光明日报》上发表，肯定了《宋诗选注》的价值。

与此同时，杨绛也遭到了批判。杨绛写的《菲尔丁在小说方面的理论和实践》是一篇很有分量的文学评论长文，对英国 18 世纪著名的小说家菲尔丁独特的小说创作以及散见在作品中的小说理论做了深刻而有价值的研究评述。马克思对菲尔丁的小说是很喜欢的，一些进步的作家像高尔基等也很推崇他，应当说是很有研究价值的。但杨绛没有用当时流行的、机械的阶级分析的观点去套菲尔丁的小说理论，没有拔高他的进步性，而是从菲尔丁大量的小说和其他文章中实事求是地归纳分析他的滑稽史诗的取材、目的，她没有办法把菲尔丁"模仿自然说"硬说成阶级批

---

① 参见王水照、内山精也《关于〈宋诗选注〉的对话》，《文史知识》1989 年第 5 期，第 23—28 页。
② 胡颂平：《胡适之先生晚年谈话录》，1959 年 4 月 29 日(星期三)，中华书局 2016 年版，第 18 页。

判的崇高目的。所以这篇文章发表后，不久即招来批判。有人在《文学研究》上发表文章，批判她的文章"是一面白旗，歪曲贬低了菲尔丁作品的意义，更重要的是介绍了大量的资产阶级观点"。杨绛成为西方文学组的"白旗"后，经过全组"群众"的"帮助与启发"（很像《洗澡》中的那种"帮助启发"），她汲取了教训，暗下决心不再写文章。但在研究所里，既是研究员，文章还得要写，消极怠工是不行的。她的另一篇《论萨克雷〈名利场〉》主动运用了阶级分析的观点探讨这位英国批判现实主义作家的名作，并引用马克思、车尔尼雪夫斯基的话来论证。同上一篇一样，她不会不顾事实地随意批评，在论述萨克雷思想时完全引用萨克雷小说和文集中的论述，字字有来历，句句有出处，对萨克雷描写"真实"、宣扬"仁爱"的两方面进行了纯客观的评论。没有料到这篇论文又被扣上"资产阶级人性论""写真实论"的帽子。从马克思主义阶级分析的观点来看，这篇论文应当说是非常深刻的，实事求是，没有贬低，也没有拔高，辩证地分析萨克雷的文学思想上的贡献和不足。但"革命群众"仍不满意，她好像与资产阶级结下了不解之缘，开口便错，不知如何是好。

钱锺书、杨绛受到点名批判后，噤若寒蝉，不再说话了。一家出版社编辑到北京来向他们约稿，钱锺书非常谨慎小心地说：这几年自己"专注于翻译，没有创作，所以拿不出东西支持出版社，实在抱歉"。这位编辑不甘心，又说："钱先生手头没有新作，那就把《围城》给我们去印，我们非常欢迎。"钱锺书忙说："这部小说：我自己也很不满意，已经多年不印了，现在怕没有必要再拿出来吧？"来访编辑搜肠刮肚找出"百花齐放"等种种理由来请求，想说服他，钱锺书拿定主意不印，只是微笑，总不点头。这位编辑很失望，又向杨绛约稿："您在上海出版公司出过一本《风絮》，我读过的，印象很深，无论如何，你要给我们一部稿子。"杨绛温文尔雅地笑着，轻声细气地说："很抱歉，手头实在没有稿子。"理由与丈夫一样，只专注于翻译①。他们何尝不想多写东西、多出成果呢？只是被政治气氛的压力吓怕了，只求明哲保身，不愿再被抓住辫子。

1958年，学部为了贯彻中共中央、国务院《关于干部参加体力劳动

---

① 刘金：《已到春暖花开时》，见牟晓朋、范旭仑编《记钱锺书先生》，大连出版社1995年版，第206页。

的决定》,组织知识分子下乡参加劳动。10月下旬,杨绛随着20多人组成的队伍到北京附近的河北农村,去接受社会主义教育,改造思想。那时,他们的女儿已经下厂大炼钢铁去了,钱锺书还要等下一批出发。不能为他置办行装,杨绛有点放心不下。但她仍要克服这些困难,自愿下乡。她倒真是"自愿"的,"第一是好奇,想知道土屋茅舍是怎样生活的。第二,还是好奇。听说,能不能和农民打成一片,是革命不革命的分界线。"

刚刚到乡下的知识分子们,大约还没有脱下"资产阶级知识分子"的眼镜。一位老先生遥指着远处一个农村姑娘,说:"瞧!她像不像蒙娜丽莎?"其他人一道说:"像,真像。"在打麦场上,看到一位高高瘦瘦的老者,撑着一支长竹竿,撅着一撮撮胡子,正仰头望天。另一位老先生说:"瞧!堂·吉诃德先生!"

"哈,可不是!"

他们分成两队,一队住在较富庶的稻米之乡,由副队长带领;杨绛这一队驻在贫瘠的山村,由正队长带领。他们这一队,五男二女,男的都比她年长,一位女伴比她小。真正接触到农村生活,才知道并不像这些老先生想得那样浪漫。"蒙娜丽莎"和"堂·吉诃德"都在他们这一村里,"堂·吉诃德"只是一位显得老相的青壮年,只有三四十岁左右,"蒙娜丽莎"的父亲患病,哥哥应征入伍,妹妹还小,她是全家最主要的劳力,这里的老老少少大都不识字,年轻的姑娘、小伙子甚至村党支部书记,都是文盲。更不懂什么"堂·吉诃德""蒙娜丽莎"这一类玩意了。

这个村庄肯定不是最穷的农村,村里还有托儿所、小学校,在当时都不失为"文化发达"的农村。村上也有两户在城里做工人的,或在村里当队长的富户,大多数人家很穷,每个家里虽有粮缸粮柜,全是空的,各家的腌菜缸也都集中到食堂里去了。大锅饭吃的主食是生白薯,乡下人看到这些城里的知识分子很稀奇。一位大妈对杨绛说:"呀!我开头以为文工团来了呢!我看你拿着把小洋刀挖萝卜,真心疼你,我说,瞧那小眉毛儿!瞧那小嘴儿!年轻的时候准是个大美人儿呢!我说,我们多说说你们好话,让你们早点儿回去。"另一位大妈说:"真要感谢毛主席他老人家!没有毛主席,你们会到我们这种地方来吗?"

他们在这里劳动并不重，但实在是生活不方便。劳动关还算好过，但居住关、饮食关、方便关、卫生关一个比一个难过，她戏称为"过五关斩六将"。以饮食关为例，早晚是稀饭，中餐是窝头白薯。杨绛一次做梦，梦见一碟子两个荷包蛋没有吃，醒来告诉女伴，女伴直埋怨她怎么不吃？早饭时又告诉同桌的老先生，他们同声怪她为什么不吃，恨不得叫她端出来放在桌上。他们难得吃一次米饭或油条。每晚灯下，大家聚会着空谈好吃的东西，又解馋，又解闷，"精神会餐""吃"得津津有味。不过窝头白薯比起钱锺书后来在昌黎乡间吃的用发霉的白薯干磨成的粉掺和着玉米面做的苦窝头来说，应该是好得多了。

杨绛他们经常在村里访病问苦，附带着串门聊天，因此也颇了解这些农民的实际情况。如说怪话的大妈、又骂又哭的疯婆子、挂过彩的退伍军人等等，生活都很艰苦。这些知识分子想尽自己最大的力量为村子里办点事，如为幼儿园赞助钱、为农民和村支书扫盲，还为村里搞"诗画上墙"。这些"下放干部"还得到一个任务，即向农民讲解《农村十条》。甚至他们还想用其所长，为这个山村写一部村史，但这些有学问的知识分子都正如同这里能烧拿手好菜的厨师一样，大有英雄无用武之地或者巧妇难为无米之炊的感慨。

杨绛的学问略有可以用到之处，那就是读钱锺书写给她写的信。杨绛走后，钱锺书还留在家中，三天一封、两天一封，不停地给她写信。他的信字小行密，娓娓闲谈，细话家常。下乡的人中，有许多人很难得有一封家书，这一伙人中只有杨绛信最多，同伴们都取笑她。一位女伴偶逢旁边没人，悄悄问杨绛："你想不想你的老头儿？"

杨绛说："想。你想不？"她说："想啊！"

两人相对傻笑，先是自嘲地笑，转而无奈地苦笑。杨绛最为担心牵挂的不是女儿，而是既不会做家务，也不会照料自己的丈夫。杨绛贴身衬衣、背心的口袋里都装满了信，硬邦邦地弯腰都不方便，稀里哗啦地响，很有掉出来的危险。后来钱锺书到昌黎，天天淘粪之余，也偷空给她写信而嘱她不必回。信越积越多，无法保存，杨绛便硬着心肠，把它们全部烧掉。真可惜了钱锺书那么多的情书。杨绛说，那是他一辈子写得最好的情书，老夫老妻间的情书既不肉麻，又没有任何政治问题，但杨绛经过几次运动，多少有点神经过敏，不敢大意，只好让火神菩萨代她收藏吧。

原定三个月的下放劳动提前一个月结束了，队长组织他们各自总结收获，互提意见。意见自然是形式主义，收获是什么也说不清楚。队长给杨绛的评语中有一句话是她最得意的形式主义套话，就是她能和老乡们"打成一片"。"打成一片"是什么意思呢？老乡们开大会，她和他们一样原定七点半能等到近十点，草草走了过场，杨绛怀疑这是否和"怠工"一样的"怠会"。

1958 年 12 月初，钱锺书下放河北昌黎，次年 1 月底（阴历年底）返京。这时候三年大饥荒已经开始，他的工作是淘粪，吃的是霉白薯粉掺玉米面的窝窝头。比起前面杨绛去的时候，条件已经差了很多。他居然学会了在农村买家里必需的日用品，买了北京买不到的肥皂和当地特产的蜜饯果脯。

据朱寨回忆：三年困难时期，外国文学名著丛书编委会有次在东四某饭店开会设宴，这可是难得的饱餐解馋的机会！恰巧我与钱先生同桌邻座，别人都把自己那份小点心吃光了，唯有放在他面前的菜碟中的那份一动未动，散席时他用纸包好带走了，带给谁自然不言而喻①。

第四节　翻译毛泽东诗词及其他

20 世纪 60 年代初期，国内的政治形势渐渐温和，教学科研也相对稳定，钱锺书又开始招收古代文学专业的研究生。当时北京大学的一位青年教师想报考，托人询问应该阅读哪些参考书，他回答说："用不着准备，准备也没有用。"他出的试卷上抄录了若干首无名诗作，要求辨认出它们是学习唐宋哪些大家的风格；又抄录了白居易一首代表作，要求指出其中有没有败笔，为什么说是败笔，等等。对于一般青年人来说，

---

① 朱寨：《走在人生边上的钱锺书先生》，沉冰：《不一样的记忆——与钱锺书在一起》，当代世界出版社 1999 年版，第 303 页。

这些试题难度太大了，但也正体现了他对教学和科研能力的高标准、严要求①。

1960年初，以袁水拍为组长的毛泽东诗词英译定稿小组成立，任务是修订和重译毛泽东诗词。乔冠华、钱锺书和叶君健为组员。袁、乔主要负责对诗词的解释，钱锺书和叶君健主要负责对诗词的翻译和译文润色。1963年，小组又增加了赵朴初和苏尔·艾德勒二人②。他们共同合作，开始在《中国翻译》上对外翻译介绍毛泽东诗词。

工作之余，钱锺书又可以写作并发表论文。1962年1月《文学评论》上发表了钱锺书的著名论文《通感》。这篇文章揭示了中外文学中共有的一种艺术方法和规律，即通感。人的视觉、听觉、触觉、嗅觉、味觉可以互通或交通，也叫感觉移借。这种方法用在文学艺术上可以使原来很平淡的事物更能被人们所感受、体味。钱锺书举出中外文学中许许多多的例句来说明，如王维"山路元无雨，空翠湿人衣"。"翠"的视觉给人以"湿人衣"的触觉，使读者更能感受这"翠"的色泽与清爽。宋祁"红杏枝头春意闹"，红杏色彩很鲜艳，着一"闹"字把视觉沟通到听觉，简直如闻其声，呼之欲出。经他这么解释，这句千古名句艺术上的独到之处就有了理论的依据。它结束了中国传统诗人只有直观式欣赏的局限，把诗的美感上升到理论的高度。应用通感的理论，文学上许多看似"不通"的问题就迎刃而解了。钱锺书是第一个把"通感"现象引进我国文艺批评的人，而且讲得相当精辟、生动，例证不穷。这篇文章虽然只有几千字，但对文艺理论的贡献却是很大的。美学家朱光潜把他这篇《通感》与《宋诗选注》并提，推荐给他的研究生，作为"不可不读之作"，并说："《通感》浅显，比《谈艺录》好读，只有钱锺书才能写得出。"③

60年代初，中国科学院社会科学部文学研究所组编《中国文学史》。钱锺书主持"唐宋文学"部分的编写，力扬、乔象钟、王水照等人也参加了编写工作，钱锺书除负责统审外，还写了《宋代文学的承先启后》

---

① 王水照：《〈对话〉的余思》，沉冰：《不一样的记忆——与钱锺书在一起》，当代世界出版社1999年版，第243—244页。
② 叶君健：《毛泽东诗词的翻译段回忆》，《中国翻译》1991年第4期。
③ 转引自吴泰昌《秋天里的钱锺书》，《新民晚报》1990年1月23日。

和《宋代的诗话》两部分,前者是宋代文学的概述,写得尤其好,分析透彻精深,语言也较浅畅幽默。这一篇大约是全书中最生动、最有趣的一部分了,如果和《〈宋诗选注〉序》合起来读,就是一篇绝好的宋代文学概论。1962 年 7 月,此书由人民文学出版社出版,此后一直成为全国高校文科教材。之后,钱锺书又参加了文学所组织编选的《唐诗选》,选注了王绩、王勃、杜审言、刘长卿等 30 家诗歌,此书由人民文学出版社 1966 年出版。除此之外,钱锺书还写了一些论文如《读〈拉奥孔〉》《林纾的翻译》,翻译了《精印本堂·吉诃德引言》《弗·德·桑克梯斯文论三则》等文章。杨绛也在运动的间隙写了《艺术是克服困难——读〈红楼梦〉管窥》《堂·吉诃德和〈堂·吉诃德〉》《李渔论戏剧结构》等学术论文。

　　轰轰烈烈的"文化大革命"即将开始了! 山雨欲来风满楼。钱锺书搁下了笔,他与杨绛都沉默了。此后,十多年里他们没有写过一篇文章。十年的磨难,十年的沉默,十年的荒废,对于惜时如金、嗜书如命的钱锺书来说,这是一场多么痛苦的灾难、一种多么罕见的浪费! 人生能有几个十年,又有几个二十年呢? 否则,他该能给我们的民族、社会和国家贡献多少精神财富啊!

　　新中国成立以后,钱锺书的许多研究并不是根据自己的兴趣确定的,而是由单位组织安排的,不但《宋诗选注》《唐诗选》是这样,就连一些外国文学的翻译、报刊上发表评论文章,也都由组织安排,他很少有自己发挥的空间。翻译毛泽东诗词更是一项政治任务,更不可能有自己的个性。在这样高压的环境下,他学会了"默存"。

第十三章　不朽的巨著《管锥编》

第一节　"明哲"不能"保身"

　　1966 年初，钱锺书预感到形势的紧张，开始极力躲避政治，缄口不言，由年轻时的"任意臧否人物"发展到"口不臧否人物"。他还告诫友人，举陈简斋"微波喜摇人，小立待其定"为喻，又举自己诗中一联"不定微波宜小立，多歧前路且迟徊"来自勉，且与友人共勉①。

　　他们的许多书籍、书信和作品手稿，随时可能被红卫兵搜查，不管什么文字材料，一旦落入红卫兵手中，就会成为"反动"的罪证。钱锺书那几大麻袋读书笔记是他数十年来读书时记下的笔记，凝结着他一生的心血，是他生命的全部，也许比生命更重要，如果这些笔记被毁掉，将是永远弥补不了的文化损失。新中国成立初期有一段时间的读书笔记中，钱锺书偶尔会顺带记一些日记，写一些感想之类的文字，笔记和日记混在一起。1952 年知识分子第一次接受"思想改造"时，他风闻学生可能检查老先生的日记，即引起警觉，日记属私人私事，不宜和学术性的笔记混在一起，日记如果被查抄出来，很可能连带毁了整个读书笔记。他们夫妇俩偷偷地把读书笔记中凡可能惹事的日记杂感，用剪刀剪掉销毁，只留下纯粹的读书札记。所以后来影印出版的《钱锺书手稿

<hr />

① 郑朝宗：《怀旧》，沉冰：《不一样的记忆——与钱锺书在一起》，当代世界出版社 1999 年版，第 115 页。

集》中，许多书页是被裁切的单页残纸①。杨绛把这些小山似的读书笔记用麻袋封起来，锁在原先家中一间旧房子里。其他的手稿、书籍、书信，如钱锺书父亲收藏多年的几大摞《先儿家书》、杨必给姐姐的书信、著作的草稿等许多有价值的文字材料，只好偷偷背着人销毁，甚至连有字的包糖纸也不敢保留。

杨绛花了数年心血翻译的《堂·吉诃德》手稿不舍得毁掉，但是也被没收了。那是她在无休止的运动、开会、被批斗的几年时间内挤出零零碎碎的时间起早熬夜赶出来的。那时，她已经译完誊清了绝大部分稿子，堆在一起，是厚厚的、沉甸甸的一大叠，她用牛皮纸精心地包好扎紧，收藏在家中。她把译稿扎好交到所办公室，顺带还没收了她的两本笔记本。

他们夫妻俩即使在被批斗的日子里，也一同上班，一同下班，互相照顾，走路时肩并肩，手挽手，被学部的人誉为"模范夫妻"。当时学部的一些年轻人在背后羡煞了，说："看人家钱锺书一对儿，越老越年轻，越老越风流！"他们在这场灾难中不消沉，不畏缩，不卑不亢地做人。

1969年，钱锺书跟学部里全体知识分子一道开始接受"工人解放军宣传队"的"再教育"。全体"受教育者"集中在一起，六七人甚至八九人、十来人一间屋住下，过上了集体生活。他们清晨得集体练操，每天的时间被划分成上午、下午、晚饭后三个单元，分班学习。

从1969年4月到10月，他们每天都要学习马列著作、毛泽东著作和各种各样的文件，接受批斗，然后做一些粗活来"改造"思想。当时，除了领袖著作外，其他书是一律不准看的。只有马克思著作是可以放心看的西方著作，钱锺书找出一部德文版的《马克思恩格斯书信集》来阅读，也能读得兴趣盎然，辩证法思想也给了钱锺书不小的影响，同时他可以堂而皇之地借此复习久违了的德文。钱锺书真会动脑筋找书读，他还对马克思的生活方面有一些有趣的发现。

1970年7月20日，杨绛由北京下放到河南干校。临行前，一位素不相识的年轻人主动来找她，说他也要下干校，愿为钱先生带热水瓶和

① 杨绛：《钱锺书手稿集·序》，《钱锺书手稿集（中文笔记）》，商务印书馆2011年版，第2—3页。

其他东西,杨绛便把不宜邮寄的东西交这位年轻人先带走了。

杨绛到了息县,大为吃惊,钱锺书的样子已经变得几乎认不出来了。他又黑又瘦,而且脸上起了脓包。因为有病,领导特许他休息几天,并给他改派工作,不必再去烧炉,而是与吴晓铃一起看管工具。吴晓铃管登记,他把做学问的方法用到管理工具上,为大小零碎的每一件工具都编号码、做卡片,偏偏遇上不善数学的钱锺书,总是对不上账,气得吴晓铃跟他吵架。钱锺书白天看管工具,晚上巡夜。他与杨绛所在地相距一小时的路程,每隔十天有一天休息日,他们还可以相聚一次。

杨绛被分在菜园班,因为体弱,就干些轻微的活,学习种菜。后来全连搬到学部集中的中心点去了,仍留杨绛在这里看菜园。她这个菜园离钱锺书的宿舍不远。钱锺书此时改任专职通讯员,每次收取报纸信件都要经过这片菜园,夫妇俩经常可以在菜园相会。两人坐在水渠边晒晒太阳,谈谈话。钱锺书还经常写信给她,写些所见所闻、杂感、笑话和诗词,鱼雁往来,倒也给这一对夫妇"流放"的生活增加了一些慰藉和情趣。

据说把钱锺书调回北京是周恩来总理的意见,主要的目的是调他回京,重新参加毛泽东诗词的翻译工作。据赵朴初先生讲,他也参加了毛泽东诗词的英译工作,对其中一些诗意的翻译问题常与钱锺书切磋。1974年秋,已恢复自由的袁水拍、叶君健会同钱锺书,讨论毛泽东诗词英译本的定稿工作。钱锺书认为译诗是很困难的,尤其对待毛泽东的诗词,更得慎重,不能有丝毫之失误。他引用西方一句话,说诗即是"翻译中失去的东西"。他认为译诗不是得罪译,就是得罪诗,两害相权,只好择其轻者,主张只能以诗意的准确为主。由他翻译成英文或定稿的毛泽东诗词有些没有押韵,不如他译的其他诗那么成功,似乎可以说并没有达到他所标举的"化"境。不过,这也是无可奈何的事①。

在这三年中,他除了翻译毛泽东诗词外,白天在学部打打杂,开会学习,抽空还可以看一些书,而且似乎也有些许谈诗论文的自由了。如1973年8月他寄给诗人王辛笛的旧作《谈艺三章》就是一个标志:

① 许渊冲:《钱锺书先生及其译诗》,《钱锺书研究》(第二辑),文化艺术出版社1990年版,第280页。

《说诗》(一)

> 七情万象强牢笼,研秘安容刻划穷。
>
> 笔欲写心诗赋物,筛教盛水网罗风。
>
> 微茫未许言诠落,活泼终看捉搦空。
>
> 才尽祗堪耽佳句,绣鞶错彩赌精工。

这首诗表达了他对诗歌的美学观点。诗歌写心赋物,不应当一味写实刻画,或堆砌辞藻、镂金错彩,而应当如筛盛水、网罗风一样,既实又虚。具体说来,诗要富有意境,微茫而又不落言诠,活泼空灵,能感知而又不能捉搦,这才是诗歌的美。末两句自谦不能达到这样的境界。

说诗(二)

> 出门一笑对长江,心事惊涛有许狂。
>
> 滂沛挥刀流不断,奔腾就范隘而防。
>
> 敛诗入句裁归律,凝水成冰截作方。
>
> 参取逐波随浪语,观河吟鬓赠来苍。

这首《说诗》(二)讨论了诗歌的思想内容与艺术形式的关系。钱锺书认为人的内心思想、感情世界正如长江惊涛一样磅礴不断,奔腾不息。而诗歌的形式格律偏偏是限死的框框。所以既要合诗律,又要把感情不欠不余、恰如其分地表达出来,就要敛诗入句,使之符合格律,更要凝水成冰,使内容精练。

在这些年中,钱锺书没有发表一篇作品,杨绛的译作《堂·吉诃德》手稿也差点被毁掉,但他们始终不懈地去读书、思考、积累、准备,不屈不挠地与命运抗争,钱锺书的《管锥编》也就是在这时酝酿成熟的。

第二节 "偷"时间写《管锥编》

下放干校前,他们的房子被一对"革命夫妻"占了一半。钱锺书、杨绛为了"睦邻",处处退让。等从干校回来,这对"革命夫妻"变本加厉,公开辱骂,并发展为动手打人。强邻难以相处,只好逃亡,逃到女儿钱瑗在北京师大的宿舍暂住。钱锺书在北京师范大学的小红楼住了一段时间,哮喘病渐渐好转。到了春天,天渐渐暖和了,杨绛不想老占着人家的房子,便向文学所军宣队求得七号楼西头一间堆杂货的办公室,清理打扫后暂住。1974年5月22日,他们迁到文学所的一间办公室住下,在此一住就是三年。当时文学所里的年轻人出于对钱先生的同情、崇敬,都愿意去帮他们的忙。这些年轻人把办公室打扫得干干净净,擦洗好门窗,配好钥匙。因为钱锺书患有哮喘病,遇冷即咳嗽不止,他们担心暖气不足,又给他装上炉子,拉来煤饼叠在外边走廊上,还装上特制的风斗,以免他吸入煤气中毒。

1975年冬,钱锺书曾煤气中毒,半夜从床上掉下来,幸亏响声惊醒杨绛,杨绛立刻意识到是煤气中毒,打开窗户,脱离了生命危险。在当时险恶的环境中,能得到这些正义的青年人的关心和照顾,钱锺书和杨绛从心里觉得温暖①。

稍稍安定下来后,钱锺书便偷空看书,偷空写《管锥编》。这个"偷"字也确实名副其实。从造反派的手下、眼皮下偷来一分一秒的时间来写作。他在干校那次患重病,虽然从死神手中挣扎出来,但体质已明显衰弱。1974年左右,他又因感冒而哮喘,输氧四个小时,经抢救才脱险,但因大脑皮层缺氧反应失常,状如中风,将近一年才恢复正常。身体恢复正常后,钱锺书愈加感觉到时间对自己的重要和宝贵,他要从自己的生命中尽可能多地"偷"出时间,只争朝夕完成此书。

钱锺书写《管锥编》,主要的参考资料就是他的读书笔记,但这些笔记都还封存在原先的家中。杨绛不敢回自己的家里取东西,怕吃了造反派夫妻的亏说不清楚,于是便邀了一些年轻人为她作保镖,帮她回去拿。家中尘土堆积很厚,花费了整整两天工夫,饱餐尘土,这才整理出整整五大麻袋读书笔记,运到办公室的住处,如山一般堆积起来。钱锺书在这些笔记的基础上开始动手整理写作。这些笔记是他多年来读书记下的内容和心得,是他著述时丰富的素材,供写作时连类征引,正是

① 见杨绛《丙午丁未纪事—乌云与金边》,《杨绛作品集》(第二册),中国社会科学出版社1993年版,第182页。

经过这样长期的读书积累，他才能够在"文化大革命"后期艰难的条件下写出《管锥编》这样一部巨著来。他写《管锥编》，经常要认真地核对原文，不论中外文书籍，也不管新书古书，需要什么书，书就必须应声而来，必须到文学所、外文所、北大、北图去借书来核对，这些借书的工作全靠当时所里仰慕其学问的年轻人的帮助。经过两年的"与死亡赛跑"，到1975年，《管锥编》前四册基本写定。

70年代后期，钱锺书渡过了厄难，进入晚年的顺境。这一方面与"文化大革命"后期社会渐趋平稳有关，另一方面与胡乔木对他的支持与保护密不可分。胡乔木虽然身居要职，但对钱锺书却是以朋友视之，这是非常难得的。他又是毛选英译委员会的上层领导，钱锺书不负众望，在毛选和毛泽东诗词英译上信达雅的翻译更得到胡乔木的好评。在百忙之中，胡乔木常抽空来看望钱锺书。他从不以领导身份来，每次都是私人会见，只是纯粹地来聊天闲谈，从不谈政治，每次都聊得很开心。开始时还带着警卫人员，钱锺书感觉甚不自在，后来再来他就让警卫在楼下等，自己上楼聊天，谈学术、谈书、谈掌故，什么都谈，经常带着夫人来，有时带女儿来为他照相①。

1975年的一天，周振甫正在中华书局审稿，钱锺书过访，请周振甫晚上到他家吃饭。周振甫不知道有什么事情，下班后就匆匆忙忙地赶去了。席间，钱锺书捧出厚厚的几袋书稿，给周振甫看，希望他读后提提意见。这就是《管锥编》的手稿，全部是他自己手抄的。他对周振甫说："你可以把它带回去看，多多提些意见。"周振甫喜出望外，因为钱锺书的手稿向来不太肯借人的，于是他高兴地将手稿捧回去了。周振甫是中华书局的老编审，是著名的古典文学专家和编辑家，具有丰富的编辑经验，当年钱锺书的《谈艺录》就是由周振甫编辑的，那时他不仅仔细校核原文，有许多地方还提出自己的意见，与作者商量。钱锺书在《谈艺录（补订本）》引言中说："审定全稿者，为周君振甫。当时原书付印，君实理董之，余始得与定交。""周君并为标立目次，以便翻检，底下短书，重劳心力，尤所感愧。"钱锺书对周振甫是非常信赖的，因此才把这

---

① 杨绛：《我们仨》，生活·读书·新知三联书店2004年版，第157页。

部灌注自己多年心血的作品托付给周振甫审阅。周振甫将书稿捧回家中，仔细阅读，把书中引文逐一与原文核对。他提出了一些补充意见，把自己阅读中增加的补充材料、疑问及某些修改的建议一并记录下来，征求钱的意见。钱锺书常拿出自己的笔记本，上面可以找到解决各种问题的记述，他充分吸收周振甫的意见，使得这部书更臻完美。钱锺书在此书的序中感激地写道："命笔之时，数请益于周君振甫，小叩辄发大鸣，实归不负虚往，良朋嘉惠，并志简端。"周振甫又为《管锥编》里每条札记在目录中标上题目，提要钩玄，便于读者阅读与检索，这些烦琐工作都使这部著作更臻完善。

第三节 "名山事业"

同《谈艺录》一样，《管锥编》也可以说是钱锺书的另一部"忧患之书"。此书的写作是在中华民族历史上又一艰危的时期，即十年浩劫的"文化大革命"时期。有多少人，尤其是爱国的知识分子死于这场灾难之中。这场灾难从钱锺书的同窗吴晗开刀，由批判吴晗的《海瑞罢官》而发动。处在当时险恶的高压政治环境中，乌云蔽日、群魔乱舞，钱锺书虽然敢怒不敢言，但对"林彪江青反革命集团"严刑逼供，迫害、批斗知识分子的憎恶痛恨，对正直不阿的知识分子坎坷命运的同情，对国事的忧虑之心，并未稍减，而是自然地流露于笔墨之间，融入《管锥编》的议论中，借古讽今。如在论到赵高逼李斯诬服时，钱锺书饱蘸感情地议论道："按屈打成招，严刑逼供，见诸吾国记载始此。……信'反是实'而逼囚吐实，知反非实而逼囚坐实，殊途同归；欲希上旨，必以判刑为终事，斯不究下情，亦必以非刑为始事矣。古罗马修词学书引语云：'严刑之下，能忍痛者不吐实，而不能忍痛者吐不实'；蒙田亦云：刑讯不足考察真实，祇可测验堪忍。酷吏辈岂尽昧此理哉！蓄成见而预定案耳。"①在论屈原迟迟不忍去国时说："弃置而复依恋，无可忍而又不忍，欲去还

---

① 钱锺书：《管锥编》，中华书局 1986 年版，第 535 页。

留,难留而亦不易去,即身离故都而去矣,一息尚存,此心安放？江湖魏阙,哀郢怀沙,'骚'终未'离'而愁将焉避!"又说:"盖屈子心中,故都之外,虽有世界,非其世界,背国不如舍生。眷恋宗邦,生死以之,与为遁客,宁为累臣。"①这实际上是道出成千上万爱国知识分子的共同心声。对于"文字狱",他有深刻的体会与反思。《管锥编》中有多次论及,书中还有不少借题议论。他对敢于与皇帝辩论有神无神的范缜的勇气很赞赏:"缜洵大勇,倘亦有恃梁武之大度无所恐欤？皆难能可贵矣。"(《管锥编》,第1424页)梁武帝是帝王中极少数有度量的皇帝,容许不同的声音。而绝大多数帝王,出于对民众的恐惧,总要想办法钳制人口,连胸怀很开阔的光武帝,对于桓谭的《桓子新语》也不能容忍,"夫言语小故,陷致人于族灭","必有为而发,不图东汉之初,文网语阱深密乃而。"(《管锥编》,第1424页)可以说,《管锥编》是一部十年动乱的"忧患之书"。

与《宋诗选注》给青年人看的普及读物不一样,《管锥编》是钱锺书作为传之后世的"名山事业"经营的学术著作,是给少数人看的,不妨用文言。从他自己的习惯来说,更喜欢文言。他说:"文言白话,骖騑比美,正未容轩轾"②,他对汪荣祖说:"自负文言说理析事能明㢏雅令,故当迈出康、梁、严、章之类,非君无以发吾之狂言也。"③

有一种很普遍的看法,认为钱锺书是一个学问家,而不是一个思想家。持这种观点的同一辈人中有李泽厚,稍晚一辈的以蒋寅为代表。持这种观点的人大概都把"思想家"作为一个狭义的名词来看待。如有人批评钱锺书在五六十年代没有旗帜鲜明地亮出自己的观点,没有对社会提出直接的批判,而对社会现实采取沉默的态度。甚至以他没有被划为"右派",或者在"文化大革命"中遭批斗的程度稍轻,说他明哲保身,只有学问,没有思想。这种似是而非的观点确实引起很多人的赞同。但这种观点把思想家等同于一个政治家或民主斗士。李泽厚论思

---

① 钱锺书:《管锥编》,中华书局1986年版,第910—911页。

② 钱锺书:《与张君晓峰书》,《国风》1934年第5卷第1期,收入《钱锺书散文》,浙江文艺出版社1997年版,第409页。

③ 钱锺书:《与汪荣祖书》,1983年2月27日,见汪荣祖《槐聚心史:钱锺书的自我及其微世界》,台湾大学出版中心2014年版,第139页。

想家,眼里只有魏源、龚自珍、康有为、严复等人,他的思想史论诸书,实际上论的仅仅是政治人物思想,非思想史意义上的思想,只把眼睛盯着那些改变中国社会进程的重要政治人物,而没有从哲学思辨意义上来思考中国的思想史。思想史并不等同于政治学,并不是发表多少关于政治和局势的看法,就能确定其思想的高度和质量。思想史离不开人文社会科学的支撑,如哲学、宗教学、心理学、文学、历史、政治各个学科共同起作用。决定思想家思想的深度和质量的,是他思辨的精微和对世界思想史的贡献。从这个角度出发,《管锥编》无疑是一部蕴含着丰富思想史内容的著作。虽然《管锥编》看起来全部是读古书的札记,与现实距离很远。钱锺书生活在政治高压、极"左"思潮泛滥的年代,借读古人的书,借古喻今,含蓄委婉地表达了对社会各个方面的看法。钱锺书对社会的关心与批判可以说涉及许多方面,如《管锥编》在论及王弼何晏时,说:

> 义理学说,视若虚远而阔于事情,实足以祸天下后世,为害甚于暴君苛政。范所谓"罪深桀纣""历代之罪重"也。《孟子·滕文公》危言悚听,以"邪说淫辞"与"洪水猛兽"并列,得范论而意大申。……《能改斋漫录》卷一八:"高尚处士刘皋谓:'士大夫以嗜欲杀身,以财利杀子孙,以政事杀人,以学术杀天下后世……'"郝经《陵川文集》卷九《荆公配享小像碑本》诗:"至今宗庙无片瓦,学术终然杀天下。"……人欲、私欲可以杀身杀人,统记而弘阐之,以为"天理""公理",准四海而垂百世,则可以杀天下后世矣。[1](《管锥编》,第1132—1133页)

历代以学术杀天下的例子举不胜举,以一种思想、主义为天下亘古不变的真理和宋明时代以天理、公理而杀天下,并没有多大差别。钱锺书说这话时,内心是针对现实而发的感叹,但落到纸上,全是古人。这当然体现了他规避文网的智慧。如果仅仅把这部书当作读书札记看待,就忽略了书中丰富的思想史意义与价值。

---

① 钱锺书:《管锥编》,中华书局 1986 年版,第 1132—1133 页。

第四节 《管锥编》:钱锺书的风格与气魄

1976 年,十年"文化大革命"结束,知识分子获得了新生,学术界、思想界也由禁锢逐渐得到了解放。钱锺书与杨绛获得了自由,他们终于可以回到家中去住,可以专心致志地搞研究了,而且不久之后还为他们恢复了名誉,补发了工资。在胡乔木的批示下,《管锥编》被尽快安排出版,并且特别以繁体字出版。1979 年,这部四册百万言的巨著由中华书局出版发行,这是当年学术界的一件大事。

《管锥编》是一部用典奥的文言文和读书笔记的形式写成的研究中国古代文化的学术著作,主要是作者读中国古代的十部重要典籍,包括《周易正义》《毛诗正义》《左传正义》《史记会注考证》《老子王弼注》《列子张湛注》《焦氏易林》《楚辞》《太平广记》和《全上古三代秦汉三国六朝文》的札记和心得,这十部典籍分属经、史、子、集四部,内容极为浩瀚。钱锺书的这部学术著作沟通中外,贯穿古今,博大精深,已超越一般意义上的笔记,成为中外文化比较研究的一部巨著。它以文艺为主,囊括中外文、史、哲各个方面;既有从古到今、从中到外的重要典籍的大量引用,又征引别人不经意或不屑援引的笔记、小说、戏曲。1982 年,他又出版了《〈管锥编〉增订》,后又出版《〈管锥编〉增订(之二)》。《管锥编》简直可以说将人带进了书的海洋,全书共征引四千位作家的上万种著作,其中征引的西方学者和作家达千人以上,征引 1700 种包括数种语言的著作。内容之广博,实为空前。

据郑朝宗的研究,该书谈艺部分有重大发现、可视作定律的论述,不下百十则,诸如通感、比喻之二柄与多边、诗文之词虚而非伪等等。"管锥"二字,指管之所窥,锥之所指,自谦小见,源自《韩诗外传》;譬如以管窥天,以锥插地——所窥者大,所见者小;所刺着巨,所中者少。钱锺书对《管锥编》甚为得意,自称该书文体比《谈艺录》更为古奥,把十部经、史、子、集的代表作逐一研究,除了《太平广记》中收有唐代的小说外,这十部书都是唐代以前的著述,而《谈艺录》探讨的主要是唐代以后的诗。《管锥编》与《谈艺录》,把中国古典文学从古到今作了全面的研讨,正好形成完整的构架,这大概正是钱锺书所设想的。钱锺书的治学不仅继承了乾嘉朴学训诂、考据的传统,同时旁征博引西方历代哲学、心理学、文学名著,给"汉学"打开了一个比较研究或"打通"研究的新格局。近代以来,有许多国学造诣很深的学者,由于对西方典籍所知较少,限制了研究的气魄,导致了研究的片面性。陈寅恪可以说是现代最博学的国学大师,他的记忆力之好绝不在钱锺书之下,又通晓20多种外文和少数民族古文字,也用外文写过论文,并在牛津任过教授,但他未曾从沟通中外文化方面去研究文史,令人遗憾。当今不少年轻人,在外语方面学得不错,基础也较扎实,但对古典著作却不够精通。很少有人能像钱锺书这样,中文、外文都很精通、扎实,放眼世界、气势恢宏。钱锺书把中国文化放在世界文化大背景的参照系中研究,使中国文化研究走向世界,这也许是中国文化研究的必然走向。钱锺书的《管锥编)给学术研究、文化研究开辟了一个新的方向。

"人文学科的各个对象彼此系连,交互映发,不但跨越国界衔接时代,而且贯穿着不同的学科。由于人类生命和智力的严峻局限,我们为方便起见,只能把研究领域圈得愈来愈窄,把专门学科分得愈来愈细。此外没有办法。所以,成为某一门学问的专家虽然在主观上是得意的事,而在客观上却是不得已的事。"①钱锺书不是某一个学科领域的"专家",而是一个"通人",文史哲都很精通,他的这部书也不是某个学科领域的专著,而是一部人文社会科学的通书。

诗具史笔,史蕴诗心。《管锥编》继承了清儒的训诂考据方法,而着眼点却在于人类的思想与智慧。他不仅继承了清儒"六经皆史"的观点,更重要的是,他从史中读出所蕴含的"诗心",即中西方文化中共通的思想与智慧。他认为古史记言,大半出于想当然。史书中的记载,往往有出于仿前人的故事,《长恨歌》"温泉水滑洗凝脂,侍儿扶起娇无力",极尽美人出浴的娇态,尽传神之意境,必谓"温泉之浴其旨在治疗疾病,除寒祛风",亦大伤风情。"六军"泛指羽林军,犹如用典,不能以

---

① 钱锺书:《七缀集》,生活·读书·新知三联书店2001年版,第34页。

未考唐兵制相难①。所谓的史蕴诗心，意谓史传中往往深体人情，具有诗意。一方面，钱锺书的征引范围不限于经史而扩大到通俗的小说戏曲、民间俗语而曲尽人情，另一方面用西方相近的例证、用西学的理论相参照，可见人类思想的共通性。他释《周易·姤》："女壮勿用取女……初六：羸豕孚蹢躅，《正义》：此女甚壮，淫状若此，不可与之长久，羸豕谓牝豕也，孚犹务躁也，不贞之淫，失其所牵，其为淫丑，如羸豕之孚务蹢躅也。"钱先生释曰："盖以豕之象拟示淫欲也。"接着他以《左传》《史记秦始皇本纪》、唐寒山诗等引证。又引古希腊、罗马及近世西语亦有"壮豕""羸豕"等为亵语。又说："顾豕不仅以象征色欲，亦复象征食欲。"引《老子》二九章"圣人去甚，去奢，去泰"，考证"甚"字，从"甘"从"匹"，分别指食欲与色欲。又引小说："是故《西游记》中猪八戒，食肠'如壑'，'色胆如天'（第一九回八戒自称'色胆如天叫似雷'），乃古来两说之综合，一身而二任者。……我国古文字之有'甚'，兼'甘'与'匹'，亦犹吾国旧小说角色之有猪八戒，兼封豕与艾豭，以一当两也。"②即使传统的训诂，他往往也能别具手眼，让人耳目一新。钱锺书往往从考据学家最不屑的小说、俗语中寻求其价值。他说："野语虽未足据以定事实，而每可以征人情，采及葑菲，询于刍荛，固亦史家所不废也。"③如《论语·雍也》里：子曰"文胜质则史"，历来对"史"字的训诂很多，但都不是那么惬然于心，钱锺书拈出《韩非子·难言》"捷敏辩给，繁于文彩，则见以为史"，始涣然冰释④。

《管锥编》的论证方法，一个问题必引最早的说法以"穷源探本"，然后取不同的例子以见其流变，再以中外的比较以见其异同，是在中外大量的文化智慧中推得其类。他称之为"比物连类"。从看起来一类很小的语言或一类艺术现象，反映出大的普遍的规律，沟通不同民族、不同地域的人在心灵上的共性，用"类意识"的文化哲学眼光来看待中外文化。如中国文学中经常有登高望远的诗。登高望远，睹物

---

① 参见汪荣祖《槐聚心史：钱锺书的自我及其微世界》，台湾大学出版中心2014年版，第287页。
② 钱钟书：《管锥编》，中华书局1986年版，第28页。
③ 钱钟书：《管锥编》，中华书局1986年版，第443页。
④ 参见臧克和《钱锺书与中国文化精神》，百花洲文艺出版社1993年版，第93页。

而感怀,屈原《招魂》:"目极千里兮伤春心。"宋玉《高唐赋》:"登高望远,使人心瘁。"自此以下,诗作众多,成为中国诗中常见的一种抒情类型,"不外乎登高望远,每足使有愁者添愁而无愁者生愁"。他列举许多例证,论证这是人类的共性,中国人如此,西方也莫不如此。又举出意大利当世诗人和 18 世纪英国小说为例,最后分析产生这种诗思的心理的机制:

> 客羁臣逐,士耽女怀,孤愤单情,伤高望远,厥理易明。若家近"在山下",少"不识愁味",而登陟之际"无愁亦愁",忧来无向,悲出无名,则何以哉? 虽怀抱犹虚,魂梦无萦,然远志遥情似乳壳中函,孚苞待解,应机枨触,微动几先,极目而望不可即,放眼而望未之见,仗境起心,于是惘惘不甘,忽忽若失。李峤曰:"若有求而不致,若有待而不至",于浪漫主义之"企慕"(Sehnsucht),可谓揣称工切矣。情差思役、寤寐以求,或悬理想,或构幻想,或结妄想,佥以道阻且长、欲往莫至为因缘义谛……

追源溯流,解释这种文艺现象的中外共通性以及其心理基础。

第五节 《管锥编》对中国文化的贡献

《管锥编》不是某一门学科的专著,而是内容广泛包罗万象的读书笔记。《管锥编》是钱锺书气魄最宏伟阔大的著作,1979 年出版的前四辑洋洋百万言,仅仅是第一辑,钱锺书在本书序文中说:"初计此辑尚有论《全唐文》等书五种,而多病意倦,不能急就。"然而据其友人郑朝宗所知,远不止五种,可能还有十种,而且都是大家公认的重要书籍。《管锥编》不仅是钱锺书最能传世的代表之作,也是中国学术史上壁立千仞的一个高峰。

《管锥编》是钱锺书建立在自己读书笔记上的思想的总结。它对中西文化文学进行沟通与比较,涵盖的内容非常广泛,除了我们常说的文史哲外,对于宗教、心理学、社会学等人文学科几乎都有涉及,很难把它归于哪个学科门类之下，可以称之为中西思想智慧的比较研究。

在这部作品中，钱锺书发扬光大了《谈艺录》沟通古今中外、打通一切文学体裁界限的传统，而且更为老成，更有气势。《管锥编》对文化研究的贡献很大，它几乎囊括了古今中外人文科学的所有门类，当然，其侧重点仍在文学方面。《管锥编》充满了钱锺书自创的新见，是钱锺书独特的发现。仅就文学方面，举其大者数端，以蠡测或"管锥"此书。郑朝宗《研究古代文艺批评方法论上的一种范例》总结了以下几条：

其一，学士不如文人。文人主要是指诗人、小说家、戏剧家；学士则包括经生、学究、注家。钱锺书在文艺鉴赏方面主张"文人慧悟逾于学士穷研"，"词人体察之精，盖先于学士多多许"。文人感觉敏锐，富有灵感，表现与表达力强，能丰富文学；而学究只会皓首穷经，以考据代替文学的鉴赏领悟，对文学的本质与特性多不通晓。钱锺书长于清儒的训诂之学，但又瞧不起那些"经生"，他甚至不客气地批评朴学大家段玉裁"经生不通艺事"，"经生复荒于经"。此书以文学的眼光看待一切典籍，发现不少被文学家忽略或遗忘的"文心"，丰富了我国的文艺理论。他得力于清儒的训诂，又突破清儒的局限，以文学家的手眼看待艺事。汉学只知考据，而不知"史蕴诗心"，目光只在经史之中，不能跳出自己的圈子，必须顾到整个语境。钱锺书把狄尔泰的"阐释之循环"应用到中国古籍有关情感之词汇上。如积小以明大，而又举大以贯小；推末以至本，又探本以穷末。《鬼谷子·反应》"以反求覆"：自省可以忖人，而观人亦资自知；鉴古足佑明今，察今以裨识古。鸟之两翼，剪之双刃，缺一孤行，未见其可。《华严经》："一切解即是一解，一解即是一切解。"①

其二，通感。钱锺书在 1962 年的《文学评论》上曾发表《通感》一文。在《管锥编》中又有几次谈到这个理论，把通感的观念更扩展一步。他认为通感本于神经系统的结构，从而组成"感受之共产"，打一个有趣的比喻："五蕴异趣而可同调，分床而亦同梦，此官所接，若与他官共，故能具形，十七世纪英国诗人戏喻以数夫共一妇者也。"也就是说，人的五

① 详见［德］莫芝宜佳《清茶和洋酒：比较钱锺书和杨绛的性格和文风》，汪荣祖编《钱锺书诗文丛说：钱锺书教授百岁纪念国际学术研讨会论文集》，台湾中央大学 2011 年版，第 413 页。

官感觉即视、味、触、嗅、听觉可以互通，"寻常官感，时复'互用'，心理学命曰通感，征之诗人赋咏，不乏其例。"他又补充了一些例子，如陆机"哀响馥若兰"，莎士比亚《暴风雨》一剧中"昂鼻嗅音乐"，杨万里"犹吹花片做红声"，严遂成"风随柳转声皆绿"，这几个例子可以说是对道家"耳视目听"、佛家"非鼻闻香""耳中见色"的注脚。结合《通感》来读，几乎是中外"通感"的"大观"了，中外古今口头谚语、心理学、哲学、诗词、散文、戏剧的通感，都在此处汇聚一堂。钱锺书把这个西方术语引入中国诗词中，却赋予这个术语新的含义，作了新的发展。

其三，用心理学来阐释古典诗文、小说中的心理状态，这也是此书的重大特色。钱锺书最反对机械唯物主义那种"将时代精神""地域影响"等语，"念念有词，如同禁咒"的做法，而提倡对复杂的文学现象作深入的研究，尤其是对诗文中的心理状态进行分析。《三国演义》第七十二回记曹操出师不利，想班师回朝，"见碗中有鸡肋，因而有感于怀。正沉吟间，夏侯惇入帐禀请夜间口号，操随口曰：'鸡肋！鸡肋！'"钱锺书指出，这是曹操"不自觉而流露'肺腑'之隐衷，心析学所谓'失口'（Nersprechen）之佳例"。又比如《水浒》第二十五回记潘金莲平日百般欺负武大，近一段时间因为与西门庆私通，"自知无理，只当窝盘他"。钱锺书指出："妇初未知武大已闻郓哥之发其'勾搭'，而自觉亏心，乃暂减悍泼，心析学所谓'反作用形成'（reaction formation）之佳例矣。"《诗经》中"萧萧马鸣，悠悠旆旌"一句写静境很独特，钱锺书先后引了后代意境相似的句子如"蝉噪林逾静，鸟鸣山更幽""落日照大旗，马鸣风萧萧"，以及雪莱诗"啄木鸟声不能破松林之寂，转似幽静更甚"等，解释说这"即心理学中同时反衬现象。眼耳诸识，莫不有是，诗人体物，早具会心。寂静之幽深者，每以得声音衬托而愈觉其深；虚空之辽广者，每以有事物点缀而愈见其广"。《左传》中常常叙奉祀鬼神之事，而其所祀之鬼神又常常谲而不正，这种奉祀鬼神的矛盾心理很有趣。钱锺书解释说："人之信事鬼神也，常怀二心（ambivalence）焉。虽极口颂说其'聪明正直'，而未尝不隐疑其未必然，如常觉其迹近趋炎附势是也。""盖信事鬼神，而又觉鬼神之不可信、不足恃，微悟鬼神之见强则迁、唯力是附，而又不敢不扬言其聪明正直而壹、冯依在德，此敬奉鬼神者衷肠之冰炭也。玩索左氏所记,可心知斯意矣。"推而广之,比如人们信仰宗教、相信上帝,信其有而又疑其无,罪过、忏悔的反复就证明了这种矛盾心态。

其四,比喻之"二柄"与"多边"。这也是钱锺书对文艺学的重要贡献。所谓"二柄","同一事物援为比喻,或以褒,或以贬,或示喜,或示恶,词气迥异。"如水中月,既可喻"至道",叹其玄妙;又可喻浮世,乃斥其虚妄,同一比喻,褒贬好坏不同。又比如,在英语和意大利语中,都有"某某女人能使钟表停摆"的比喻,同一种比喻,意思可大不相同。意大利一小说曰"此夫人能使钟表停止不行",叹其容貌之美;而英国人有一剧本则说"然此间有一妇人,其面貌足止钟不行",斥其容貌之丑陋,这就是比喻的"二柄"。"比喻有二柄而复具多边。盖事物一而已,然非指一性一能,遂不限于一功一效。取者用心或别,着眼因殊,指(dentatum)同而旨(signiticatum)则异,故一事物之象可以孑立应多,守常处变",这就是比喻的"多边"。即以月为例,月有二性,即"形圆而体明",拿镜子比月,可兼取圆与明二义;拿茶团、香饼比月,则只能取圆义;如形容女子花容月貌,则只能取明洁之义。

其五,诗文词虚而非伪,诚而不实。钱锺书的目的是告诫一些学究认假作真,把文学作品不加分析地当作文献而考证的荒谬做法,因为诗文小说中的"虚"是虚构,而不是虚假伪装;作品中的"诚",是态度诚实,却不是作者的"实录""招供",不能把之当成作者自叙、传记来考据。如《红楼梦》产生于虚构,故是"假语村言",但并不是"诳语胡言",因为它并不是胡编、造谣,而是取材于现实社会,是有其一定的现实依据的。但同时应当防止另一偏向:不能因为有一定依据,就把《红楼梦》当成是曹雪芹的"自传"来作"索隐、考据",那就犯了另一个方向性的错误。这个理论的重要价值在于,确切地指出文艺的性质,文艺不能没有夸张和虚构,艺术的真实并不完全等同于生活的真实,又不完全脱离生活的真实。如果违背文艺的规律,就扼杀了文艺。

其六,哲学家、文人对语言不信任。语言是一种人们离不开但又不易驾驭的工具,它并不能无欠无余、恰到好处地表达出人们的心意,所以俗话说"常恨言语浅,不如人意深"。《管锥编》对语言研究也有很多成就。例如,(1)字之多义由于情之多绪。语言之含糊浮泛,每亦本情事之晦昧杂糅,如恨包括有"悔"之意,是因为恨之情与悔之情接景交关。但是这二字又各有不同:"恨者,本欲为而终憾未能为(regret)";"悔者,夙已为而今愿宁不为(remorse)"。(2)诗文中由于体裁不同,句法也有宽严不同的限制。在散文中,可以比较自由活泼,但在诗词中,作者的意思往往溢出诗句与音韵外,要把表达的意思安在固定好的框框内,实在不容易,"故歇后、倒装,科以文字之本,不通欠顺,而在诗词中熟见习闻,安焉若素。"(3)诗文中的"丫叉句法"(chiasmus)。如《卷阿》:"凤凰鸣兮,于彼高岗。梧桐出兮,于彼朝阳。菶菶萋萋,雍雍喈喈。"以"菶菶"句近接"梧桐",而以"雍雍"句远应"凤凰"。《史记·老子韩非列传》:"鸟,吾知其能飞,鱼,吾知其能游,兽,吾知其能走;走者可以为网,游者可以为纶,飞者可以为矰。"谢灵运《登池上楼》:"潜虬媚幽姿,飞鸿响远音;薄霄愧云浮,栖川惭渊沉。"……亦皆先呼后应,有起必承,而应承之次序与起呼之次序适反。(4)汉语中有融会相反二意之字。钱锺书在开卷第一则就扫空了黑格尔的谬论,黑格尔诬蔑汉语无融会相反意之字,如德语的"奥伏赫变"之类,钱举出许多例子来证明黑格尔信口开河,然后说:"其不知汉语,不必责也;无知而掉以轻心,发为高论,又老师巨子常态惯技,无足怪也;然而遂使东西海之名理同者如南北海之马牛风,则不得不为承学之士惜之。"

　　以上数条只能算是其中的几个"大判断",至于书中蕴含无数的"小结裹",实在无暇备举了。作家舒展曾誉钱锺书为"文化昆仑",他的《管锥编》真正是一座取之不尽、用之不竭的知识的"宝山",它随处都可启发心灵、澡雪精神。钱锺书具有这样深厚的理论基础,有人说他应建立其完整体系的理论大厦。邹文海曾说钱锺书应写一本详细完整的《中国文学史》,但钱锺书并没有那样做,《管锥编》只是采取札记的形式来写。为什么要用这种手法来写? 一方面是这种方法最方便,可以不受框架限制,少拘束,可长可短。另一方面也因为这种札记式的写作方法容量很大,它可以避免空口议论无据,从而合情合理地广泛征引。钱锺书所议论的每个问题都是具体的、微观的,但每一句话都不轻易说出,必须有无数如山的铁证作为后盾,在许多"小结裹"中蕴含着"大判断",纵横开阖,浩浩荡荡。《管锥编》虽然具体而微,但它却又是对整个世界文化宏观的审视。

有人说，钱锺书很博学，但没有思想体系，所以不能算是一个思想家，只能算是一个有学问的人。钱锺书在《读〈拉奥孔〉》中说："许多严密周全的思想和哲学系统经不起时间的推排销蚀，在整体上都垮塌了，但是它们的一些个别见解还为后世所采用而未失去时效。好比庞大的建筑已遭破坏，住不得人，也唬不得人了，而构成它的一些木头砖瓦仍然不失可资利用的好材料。往往整个理论系统剩下来的有价值的东西只是一些片断思想。脱离了系统而遗留的片断思想和萌发而未构成系统的片断思想，两者同样是零碎的。眼里只有长篇大论，瞧不起片言只语，甚至陶醉于数量，重视废话一吨，轻视微言一克，那是浅薄庸俗的看法——假使不是懒惰粗浮的借口。"[1]他并不是把理论体系与片断思想绝对对立起来，他本人就掌握了大量的中西文史哲学经典的理论体系，他反对的是没有扎实学问的空疏的理论框架。他认为所有的系统完整的理论体系是建立在严谨细密的材料与论证之上的，即他所谓的"大判断"寓于"小结裹"之中，没有"小结裹"也就没有"大判断"。古人往往只注重具体的细节而不注重整体与宏观，这种缺点是"见树不见林"；今人恰恰相反，动辄高谈理论，宏观概括，而很少细致入微的研究，缺点可谓"见林不见树"。《管锥编》却通过具体的"树"，构成中外思想与智慧之"林"。

《管锥编》到底有多大内涵？恐怕不容易说清，这百万余字中所蕴含的东西，可能要比这么多篇幅本身的含量多得多。全书无一语虚发，无数的例证纷至沓来，使人目不暇接。《管锥编》采用了典奥的文言文来写作，有些人不明白钱锺书为什么要采用文言文这种不宜于普及的形式？他说，因为这是在难以保存的时代写的，也借此测验文言文到底有多大弹性可以容纳新思想。我们只要看看后来影印出版的《钱锺书手稿集》就知道，文言实际上是其读书写作的习惯性语言，行文简练至极，惜墨如金，尤其是例子点到即止，不作展开发挥。对某些内容需参证中外文书籍以及本书其他地方的论述，也不予重复，皆写明"参观某

---

[1] 钱锺书：《七缀集》，生活·读书·新知三联书店 2001 年版，第 34 页。

某书"，大大地节省了引文的篇幅。这对于中外文学基础不厚的人来说，未免过于艰深，要读懂这部书实在不太容易。书中引了西方多种语言，钱锺书也译为文言文，译得天然凑泊，任何外语到他的生花妙笔下都变成了地地道道的文言文，一点不漏翻译的痕迹，如没有后面的外文原文或出处，几乎分辨不出那些地方是根据外文原著翻译过来的，这种功夫真正达到了翻译的"化"境。

钱锺书的小说已翻译成西方的各种文字，但他的这部《管锥编》问世十余年，至今却无人敢着手将它翻译成其他语言，书中涉及的语种之多、内容之博，尤其是文中的典故与句法的艰深，如果没有中西学兼长的人合作翻译，其难度简直不可想象。前几年，不少人曾建议把《管锥编》译成白话文，起到普及"钱学"的作用，至今也没能实现。能翻译成白话文固然好，但是不翻译也丝毫不影响这部学术名著的地位，因为此书本非为消闲解闷而著的，曲高自有知音在。钱锺书的著作，最为引人注目的特点就是博极群书，古今中外，经史子集，甚至自然科学、小说戏曲、民俗谣谚应有尽有，如果把《谈艺录》《管锥编》《宋诗选注》等援引的参考书目统计一下，估计总类数以万计，也就是说，与中国古籍书目的大成——《四库全书总目》的数量不相上下。令人难以置信的是，这涵盖文、史、哲、心理学方面的书目中牵涉英、法、意、德、拉丁语等多种语言，甚至包括那些名不见经传的二、三流外国作家作品，都有原文援引。然而颇为有趣的是，钱锺书自己的藏书却很少，他的书斋中只有一两个不大的书架，而且只是一些工具书和出版社、作者赠送给他的书籍，与他书中所涉及的参考书目之浩繁形成强烈而有趣的对比。这也是钱锺书的一个特色。

此书出版之后，钱锺书不断修订完善，重印时又补订《管锥编》（之一）（之二），20 世纪 90 年代，合为《管锥编》第五册出版。引用古今中外文献不厌其详，补订也基本上都是补充材料，不是为了炫学问、掉书袋，而是为了补充充分的证据。学者常言"例不十，法不立"，《管锥编》《谈艺录》动辄数十上百例，可见它的每个"小结裹"，都是由大量的例证归纳出来的，才具有颠扑不破的说服力。

　　《管锥编》是钱锺书的另一部"忧患之书"。虽然该书写定于"文化大革命"后期,但其实是他一生读书思考的浓缩与精华。《管锥编》已成为中国现代学术的经典著作。这部书为中国现代学术树立了一种新的典范,那就是打通不同学科之间的町畦,把人文学科作为一个有机的整体来看待,寻源溯流,中西比较,从中寻找"诗心""文心",也即人类思想的智慧。

第十四章　打开国门后的钱锺书

第一节　在欧洲汉学会上

1978年9月,钱锺书出席了在意大利奥尔蒂赛召开的第二十六届欧洲汉学会。这是新中国成立后他第一次出国参加学术会议。

在会上,钱锺书作了题为《古典文学研究在现代中国》的即兴式报告。当时,被摧残的学术研究正渐渐恢复元气,禁锢思想的枷锁刚刚被打开。钱锺书大略地介绍了新中国成立以来中国古典文学研究的状况,他说:"在现代中国,文学研究的主要倾向是应用马克思主义来分析评价个别作家、作品和探讨总体文学史的发展。当然,主要的倾向不等于唯一的倾向;非马克思主义的、传统方式的文学研究同时存在;形式主义的分析、印象主义的欣赏、有关作者和作品的纯粹考订等都继续产生成果,但是都没有代表性。"

他又说,马克思主义的应用,使中国古典文学的研究发生了深刻的变革。他主要地讲两个方面:第一点是"对实证主义的造反",新中国成立之前清代的"朴学"与欧美新进口的实证主义相结合形成的考据索隐式的研究,到1954年关于"红楼梦研究"的大辩论时受到挑战,自觉的、有思想性的考据占有应得的位置,并取得了不少成果。如不少古典小说、戏剧版本的校勘,尤其是中华书局的《二十四史》的点校更是校勘学的巨大成就,总集里添了相当精详的《全宋词》。第二点是中国古典文学研究者认真研究理论。马克思主义理论研究的应用,使中国古典文学改变了新中国成立前那种"可怜的、缺乏思想的"状态,而且还由此推广到其他文艺理论的探讨。中国古典文学研究的最大缺点,就是对外国学者研究中国文学的重要论著,几乎是一无所知的,这是一个不可原谅的缺点。

他的报告不长,在报告中,他根据文中的需要,时时加以援引,如引到的意大利文学家和他们的作品,不管是为人们所熟知的名家、名作,还是二、三流的作家、作品,甚至在意大利本国也比较陌生而较少被人提及的小作家和作品,他都能随意地援引,背诵他们作品的原文,往往一字不错,这使得欧洲的汉学家大为吃惊。此外,他在文中还引到不少的中、西方文学,英、美、法、西班牙、葡萄牙等不同国家的不同语言作品。他只是即兴式的随意发言,但语言中却流露出相当熟练与浓郁的幽默感,引起各国学者的极大好奇与兴趣,会场上常常爆发热烈的掌声。他在这次会议上大放异彩,给整个汉学会议增添了活跃的气氛。

有位意大利学者初晤钱锺书,只觉得这个名字很熟,考虑了一会,立即拍着额头叫道:"对了,你是夏志清书中一个专章的名字。"钱锺书与夏志清在20世纪40年代初就相识了,但以后一别近40年,尤其是极"左"时期和"文化大革命"时期,双方音讯久隔,他还不知道夏志清在什么书中写到自己。这位意大利学者拿出夏志清著的英文版《中国现代小说史》给钱锺书看,其中有专章论述钱锺书的小说创作,尤其对《围城》给予了极高的赞誉。钱锺书饶有兴致地一边听讲话,一边翻阅着手中的《中国现代小说史》。

当年一同参会的丁伟志先生记下了这个场面和感想。他说:

> 钱先生在学者云集的大厅里,登台发表讲演。他用标准伦敦音的流利英语(不是像有的传记中所说的用意大利语),神采飞扬、旁征博引地论述了中国和意大利间文化交往的历史,预测了中国和欧洲文化间交往的良好前景。钱先生以文学家的激情,呼吁"中国和欧洲不再隔绝"。他祝愿"马可波罗桥(即卢沟桥)将成为中欧文化长远交流的象征"。钱先生的讲演,使得会场空前活跃起来;讲演后他在对各国学者提问的回答中,把英、法、德等国的文学典故、民间谚语,信手拈来,如数家珍,语惊四座,更使得会议进入了

高潮。法国学者于儒伯,用汉语提问,钱先生当即用法语援引法国文献加以回答,于儒伯先生听了,立即大声说:"他知道的法国东西,比我还多!"引起了全场一片赞叹的轰动。法国的《世界报》对这次会议所作的报道中,十分生动地说出了欧洲学者们聆听钱先生讲演的强烈感受。报道写道:"听着这位才气横溢、充满感情的人的讲话,人们有这样的感觉,在整个文化被剥夺的近十年后,思想的世界又开始复苏了。"那时在场的我,真是激动万分。我真正感受到,钱先生确实是中国文化的光荣,或者说,现代的中国文化由于有钱先生这样杰出的代表而倍生荣光。我多么由衷地庆幸我们国家,在大劫之后,居然还会保存下来了这样出类拔萃的大学问家。①

在这次汉学会上,他还听说有三个国家的代表都翻译了和正在翻译他的《围城》。三个翻译家先后前来拜访他,他见到了法、捷、俄文三位代表,其中苏联汉学家艾德林,在1957年曾与钱锺书有过交往,比较熟悉,其他两位未曾谋面。他回答了他们提出的关于《围城》的创作经过和自己几十年来的生活情况等问题,他收到了被译成不同语言的《围城》译本。德国的莫芝宜佳(旧译莫尼克)彼时还是一个汉语系的博士生,在这次会议上见到了钱锺书后,开始了《围城》德译本的翻译。她后来回忆说:"在那儿听到钱锺书先生的报告。他用英语演讲,却完全不需要看讲稿,脱口而就,很精彩。和钱先生的相遇,对我来说,是一个转折点。他给我打开了通向中国文化之门。认识钱先生使我突然发现,我以前想象中的中国不是整体的,只是一个小局部。于是我决定和我的中国朋友史仁仲翻译《围城》。这个工作,为我大大开阔了眼界。"②

钱锺书还听说美国的凯利(Jeanne Kelly)女士也正在翻译此书,准备润色后出版。这次出访,他才知道国外学者对自己的作品评价这样高,他很高兴。从封闭了几十年的圈子内走到外界看看,如笼中之鸟获

① 丁伟志:《送默存先生远行》,何晖、方天星:《一寸千思——忆钱锺书先生》,辽海出版社1999年版,第212页。
② [德]莫芝宜佳:《钱锺书与杨绛二三事》,《读书》2006年第10期。

得了自由,使他眼界更为开阔,他感受到了学术界的生机与希望。

会议之后,与会不少学者纷纷找到钱锺书,邀请他到本国讲学。法国巴黎邀请他去,英国牛津大学也邀请他回母校讲学一年,钱锺书都一一婉谢了。

1978 年 10 月下旬,美国科学院派了一个汉代研究考察团到中国作为期一个月的访古,汉学家傅汉思、余英时向中国社会科学院提出拜访俞平伯、钱锺书、余冠英等三位学者,中国社科院把三位学者安排在俞平伯先生家中集中见面。

那时中国刚刚告别 30 年的闭关锁国,中美文化交流尚属首次,大家说话都特别谨慎。在交谈中,余冠英透露了钱锺书的著作《管锥编》正在印行中,余英时问到这本书为什么用文言写作,钱锺书半开玩笑地说:"这样可以减少毒素的传播。"半真半假的外交辞令,特别有分寸。余英时向他请教一个问题:《谈艺录》里提到灵源和尚《与程伊川》二简可与韩愈《与大颠》三书相映成趣,但书中没有举出二简的出处究竟见于何书。对于这样突如其来,好像是故意考验他记忆力的问题,钱锺书略作滑稽状,思考一下,认真地说:可以在元代《佛祖通载》里找得到。余英时提起所在的耶鲁大学,钱锺书随口提到耶鲁大学余英时几位同事教授的文章,并且评论得头头是道,很显然他都看过,而且相当熟悉,在评论中偶尔也流露出他"谑而不虐"的幽默批评,余英时第一次吃惊地感受到钱锺书的阅读之广、博闻强记能力和高超的语言艺术[1],从此成为钱锺书的崇拜者,经常写信或到北京拜访请教。

第二节　在美国演讲

1979 年 3 月,中国社会科学院决定派代表团出访美国、法国,钱锺

---

[1] 余英时:《我所认识的钱锺书先生》,沉冰:《不一样的记忆——与钱锺书在一起》,当代世界出版社 1999 年版,第 179—180 页。

书亦在其列。他决定此次到美国访问哥伦比亚大学时,特地拜访一下夏志清,就事先托人给哥大的夏志清捎个口信告知他。4 月 13 日,钱锺书动身前一日,收到夏的来信,便提笔作答。次日,他与杨绛等人一同乘飞机到巴黎,同行的是两个代表团,杨绛留在了访问巴黎的代表团中,另一个团则由宦乡率领,包括钱锺书、费孝通等,前往美国。钱锺书他们的行程安排是先到哈佛大学、耶鲁大学,然后再去哥伦比亚大学。在他们到达的前两天,夏志清收到了钱锺书的回信,信上说:

> 志清吾兄教席:阔别将四十年,英才妙质时时往来胸中,少陵诗所谓"文章有神交有道",初不在乎形骸之密、音问之勤也。少年涂抹,壮未可悔,而老竟无成,乃蒙加以拂拭、借之齿牙,何啻管仲之叹,知我者鲍子乎? 尊著早拜读,文笔之雅,识力之定,迥异点鬼簿、户口册之伦,足以开拓心胸,澡雪精神,不特名世,亦必传世。不才得附骥尾,何其幸也! 去秋在意,彼邦学士示 Dennis Hu 先生一文论拙作者,又晤俄、法、捷译者,洋八股流毒海外,则兄复须与其咎矣。一笑。社会科学院应美国之邀,派代表团访问。弟厕其列,日程密不透风,尚有登记请见者近千人,到纽约时当求谋面,但嘈杂倥偬,恐难罄怀畅叙。他日苟能返国访亲,对床话雨,则私衷大愿耳。新选旧作论文四篇为一集,又有《管锥编》约百万言,国庆前可问世。《宋诗选注》增注三十条,亦已付印,届时将一一奉呈诲正,聊示永以为好之微意。内人尚安善,编小集,出版后并呈。秦女士①名门才媛,重以乡谊,而当日人多以谈生意经为主,未暇领教,有恨何如? 晤面时烦代致候。弟明日启程,过巴黎来美,把臂在即,倚装先覆一书,犹八股文家所嘲破题之前有寿星头,必为文律精严如兄者所哂矣。匆布,即叩
>
> 　近安
>
> 弟锺书敬上杨绛同候
> 四月十三日

---

① 秦家懿(Julia Ching,1934 - 2001),美籍华人,祖籍无锡。著名汉学家,生前为加拿大塔尔图大学哲学系教授。

1979 年 4 月 23 日，钱锺书随社科院代表团前去访问哥伦比亚大学，终于见到了夏志清，并与他进行了一次长谈，话题即由夏的《中国现代小说史》谈起。夏志清因为想尽量运用这短暂而宝贵的时间多了解一些他崇拜已久的大学者的情况：几十年来有关他的身世、生活和创作情况以及他对当前学术界的看法等等，便尽量少谈自己的事，多问钱锺书。

他问钱锺书关于国内"红学"研究的近况，想听听钱的看法。钱说近年来许多所谓曹雪芹和《红楼梦》的新资料大半是伪造的。他抄了两句平仄不调、文义拙劣的诗句为证说，曹雪芹如果会写出这样的诗，就不可能写《红楼梦》了。

夏志清问起钱锺书，传说他曾任毛泽东的英文秘书，《毛泽东选集》的英译本是他策划主译一事，钱锺书立即否定了前一说，他不是共产党员，怎么会有资格去当毛泽东的英文秘书？夏志清又问了钱锺书创作《围城》的经过和他们夫妇在英法留学的情况，钱锺书一一作答。钱锺书的谈话时用中文，时用英语，并不时夹杂一些法文成语、诗句。中国人学习法文，普通阅读不难，但要讲得漂亮流利实在不容易。钱锺书英文自然不必说，他的法文咬音之准、味道之纯，实在令夏志清惊异。夏志清这才得知钱锺书在牛津大学拿到学位以后，曾随夫人杨绛在巴黎读过一年书。杨绛原是专攻拉丁语文学的，所以非去法国不可，钱锺书因此练就了一口流利的法语。海外人都猜测钱锺书正如方鸿渐一样，是 1937 年回到中国的，却并不知道他曾在法国学习一年。

夏志清指导了一位博士研究生管德华，博士论文写的是抗战期间的上海文学和北平文学，题目为《不受欢迎的缪斯》，不仅有专节讨论钱锺书的小说，也有专节讨论杨绛的剧本，并对杨绛推崇备至。钱锺书翻看了他的论文目录，十分高兴地解答了管德华所提出的问题。谈到《谈艺录》这本书时，钱锺书说他正准备补订此书，30 年来，他又读了不少书，自感对《谈艺录》不太满意，他说原书有些嘲笑洋人的地方是不应该的。当年留学时，他看不起意大利哲学家兼文艺评论家克罗齐（Croce），现在把克罗齐全集读了，对他的学识见解不禁大为佩服。钱锺书的思想十分活跃，他不是守在古典文学圈子里，而是尽可能多看新书,容纳新思想。尽管十年浩劫后的学术界还比较闭塞,但钱锺书对代表西方最新潮流的文学作品、学术专著却已经读了不少。钱锺书自称近些年还读过法国人罗勃·葛利叶(Alain Robbe Grillet)、德国人毕尔(Heinrich Böil)的小说,以及结构派人类学家李维·史陀(Claude Lëvi—Strauss)和文学评析家巴特(Roland Barthes)的不少著述。

下午是钱锺书同哥伦比亚大学研究生、教授约谈的时间,夏志清带着钱锺书去恩德堂四楼,走进研究室,已有十多位崇拜者围着长圆桌,正等待钱锺书的光临。之后人数不断增加,有些人远道而来,还有一些纽约的华人慕名而来,济济一堂,十分热闹。这个座谈会事前并无准备,钱锺书有问必答,仅凭其熟练的英语口才即语惊四座。事后一位专攻中国史的洋同事对夏志清说,他生平从未听过这样漂亮的英文,在这位美国学者所接触的人中,算来算去只有一位哈佛大学研究英语语言的教授,英语口语可同钱锺书相媲美。钱锺书赴欧洲之前已有30年未同洋人接触,而英语照旧出口成章。夏志清曾在《追念钱锺书先生》一文中写道:"我国学人间,不论他的同代和晚辈,还没有比得他的博闻强记,广览群书。"现在又一次与钱锺书接触长谈,夏志清再次确信像钱锺书这样的奇才,还没有第二人堪同他相比,他称钱锺书为"中国第一博学鸿儒"。座谈会开始时,一些学生在钱锺书面前不免怯场,不敢多向他请教。碰到这样的场面,夏志清就自己发问或者说些幽默话。夏志清为了考考钱锺书在其他方面的知识,就带着轻松的语调说道:"钱先生的中西学问我无法同他相比,可是美国电影知识,我远比他丰富,现在我要考考他,简·芳达是谁?"不料钱锺书竟随口回答道:"这位明星是否最近得了个什么奖? 简·芳达是左派国际红星。"他的回答大出人们意料,他虽然人在北京,所涉猎的报刊却很广,连这些电影明星都了解。夏志清的一位学生刚走进研究室,夏志清看到了,便介绍说这位学生正在写《平妖传》的论文,要向钱先生请教。钱锺书即提名品评两三位主要人物,说这部小说最后几章写得极差,这位学生赶紧把要请教的问题提出来,钱锺书轻松地解答了这位学生的所有难题。钱锺书读这部小说可能是四五十年前的事了,然而他至今不忘,记忆犹新,令在座者大为惊讶。

在哥大的讲座上，还有一个来自纽约的华人女子，等会议结束后挤过来拉着钱锺书的手问："钱先生，你还记得我吗？"钱锺书一时愣住了。"我是何灵琰啊！""Julia?"钱锺书脱口喊出她的名字。何灵琰是 34 年前钱锺书在上海沦陷时期收的女弟子。何灵琰是名门之后，她的父亲何竞武中将，与蒋复璁、徐志摩、徐森玉都有交往。徐志摩是她养父，她从小跟陆小曼学画画。徐森玉特地请钱锺书教她学英文。她与杨绛妹妹杨必还是同学。她崇拜钱锺书，除了跟钱锺书学习英文外，也喜欢请教写诗问题。她能诗善画，钱锺书送过她一些诗，新写的和以前作的都有，当时正在创作《围城》，也跟她谈过《围城》的内容。1946 年何灵琰出国之后，30 多年一直没有联系。这次从夏志清那里知道钱锺书要来，非常兴奋，特意赶过来拜见的。多年后钱锺书才知道，她到处宣扬跟钱锺书学诗，还把钱锺书 1938 年所作《题叔子夫人贺翘华画册》的诗当成是钱锺书为她作的题画诗，在香港报刊上宣传，钱为之悚惧①，哭笑不得。

晚上在招待酒会上，夏志清的一位同事抄了一首绝句问钱锺书。此诗通常认为是朱熹的作品，却不见于《朱子全书》，此君查了不少书都找不到答案，为此困惑已久，便打算询问一下钱锺书。钱锺书一看即说出此诗为谁所做，初刊于哪一本书，他说此诗并非朱熹的作品。钱锺书似乎不是在发言，而是在"表演"，他的"表演"把所有的"观众"都吓坏了，两个小时"表演"结束后，"观众"报以热烈的掌声。

第二天下午发言会在东城公园大道旅馆举行，美籍华人、著名女作家於梨华也来参加。晚宴间，他们在轻松的气氛中谈了一些杂事，琐忆话旧。

他们谈到"文化大革命"时期的生活，夏志清提起他写的《追忆钱锺书先生》一文，对自己误听传闻、信以为真写了一篇追悼文章之事，请钱锺书原谅。钱锺书听了哈哈大笑，他说他对这篇文章倒有很大兴趣。接着，他一目十行地读了，回忆说 70 年代初期为庸医所误，小病大治，

---

① 范旭仑：《钱锺书收女弟子》，《掌故》第二集，沉冰：《钱尘梦影》，《不一样的记忆——与钱锺书在一起》，当代世界出版社 1999 年版，第 368 页。

昏迷四个小时的事，这就是他的"死讯"传出的依据。回首往事，简直如大梦一场。钱锺书又谈了自己的近况：结束了"十年动乱"，中国大陆出现了万物复苏的新气象，给知识分子落实了政策，他和杨绛已经由中国社科院文学所的办公室搬到了北京西城区三里河的"高知楼"，夫妻俩领两份研究员的薪水，并且补发了以前的工资，生活还算比较优裕。他们的独生女儿钱瑗也获得了 British Councill 的一笔奖学金，到英国留学了。

夏志清又问，郭沫若有《李白与杜甫》一书，为什么像郭沫若这样的学问家抑杜扬李，他请教钱锺书的看法。钱说，毛泽东读唐诗，最爱三李——李白、李贺、李商隐，毛泽东的诗风最与李白、李贺接近，反而不喜欢杜甫，郭沫若的诗也接近李白，他当然也要抑杜扬李了，他从风格的角度解释了郭沫若的倾向性①。

余英时《我所认识的钱锺书先生》一文中记载了钱锺书访耶鲁大学时的点滴。代表团中的一部分人访问了耶鲁大学，其中有钱锺书与费孝通先生。在耶鲁校方的正式招待会上，本来应该致辞的领队赵复三先生，大概觉得自己的英文不够好，特别推让钱锺书以英文致辞。晚上，余英时受校方委托，在家中设自助餐招待中国代表团，加上耶鲁的教授与研究生，人数大概不下七八十人。在这样比较随意自由的环境下，可以讲真话，流露真感情。比如谈了"反右"及"文化大革命"中的一些人事、经历。特别是提及吴晗一家的悲惨遭遇，有人说了一些前因后果。钱锺书忽然看着费孝通说："你记得吗？吴晗在 1957 年'反右'时期整起别人来不也一样无情得很吗？"（大意如此——余英时按）费孝通以一丝苦笑，默认了他的话。这些话给余英时非常强烈的印象，钱锺书不单单是一个沉在书斋里不问世事的读书人，余英时说："在这次聚会中，我发现默存先生嫉恶如仇激昂慷慨的另一面。进而在读《管锥编》中更加深了这种认识：'默存先生冷眼热肠，生前所储何止汤卿谋三副痛泪！《管锥编》虽若出言玄远，但感慨世变之语，触目皆是。'"②

---

① 夏志清：《钱锺书访哥大纪实》，沉冰：《不一样的记忆——与钱锺书在一起》，当代世界出版社 1999 年版，第 76—77 页。

② 余英时：《我所认识的钱锺书先生》，沉冰：《不一样的记忆——与钱锺书在一起》，当代世界出版社 1999 年版，第 182 页。

访问加州大学。1979 年 5 月 9 日,中国社科院代表团一行八九人抵达美国西海岸的旧金山。他们在加州停留了两天。庄因《钱锺书印象》说:第一天在加州大学伯克利分校,主要拜会在加大执教的原籍英国的汉学家白之教授(Cyril Birch)及其他研究中国文学的专家。钱锺书表示他不愿正式演讲,只希望以非正式的座谈方式交换一下意见,于是便由校方安排,举办了一个小型的座谈会。

那天参加座谈会的除了白之教授外,还有著名评论家薛佛教授、简慕善教授、张洪年教授和研究生们。这个非正式的小型座谈会参加人数有十多人。

钱锺书身穿一套笔挺的灰色中山装,虽然年届七十,但精神健旺,容光焕发,极少白发。有一位叫水晶的作家想方设法也挤了进去,参加了座谈会,他在后来描写初见钱锺书时的印象说,他"四方脸,浓眉,一副新型黑框眼镜白皮肤,整齐的白牙,望之俨然四十许的人,简直漂亮齐整得如晚年的梅兰芳"。钱锺书的漂亮形象,首先就引起在座者的一片惊讶。

钱锺书不愿作正式演讲,只希望随便交谈。他首先介绍了中国国内自粉碎"林彪江青反革命集团"后,万物复苏、思想解放,学术界呈现的活跃气氛,以及中国社会科学院文学研究所的学术研究概况。接下来便与在座者交换意见,随便答问,因此气氛很活跃,无拘无束,参加座谈会的人都争着提各种学术问题和有关他生平、创作的问题。据水晶所记,当他进到系主任办公室时,正谈到《金瓶梅》,钱说:"《金瓶梅》是写实主义极好的一部著作。《红楼梦》从这本书里得到的好处很多。尽管如此,在中国的知识分子之间,《金瓶梅》并不是一本尽人可以公开讨论的书,所以我听说美国有位女教席在讲授《金瓶梅》这本书时,吓了一跳。因为是淫书,床笫间秽腻之事,她怎样教?"从《金瓶梅》自然又引起人们请教《肉蒲团》的问题,钱又打开记忆的百宝箱,用英语侃侃而谈:"《肉蒲团》写得最成功的地方是文字清简流畅,一洗同类春宫小说(erotic novels)的凡俗与累赘。《肉蒲团》自有其严肃的一面,所以可以被看作性质严肃的小说,同时写得非常风趣隽永……"他列举了《金瓶梅》《肉蒲团》《镜花缘》《西游记》等书中出现的"时间错误症",批评那些饾饤小儒"鸡蛋里挑骨头"般地挑剔作者的不是。这时,白之教授补充引了《牡丹亭》三十三出中石姑对柳梦梅说的话作佐证,钱锺书立即把这段戏文连唱词到宾白都背了出来,在座的人简直被惊呆了。张洪年教授将《水浒传》二十四回里王婆的一句费解的玩笑话抄在纸上向钱锺书问道:"他家(指武大夫妇)卖拖蒸河漏子,热荡温和大辣酥。"钱眼睛一瞥,说:"这是一句玩笑话,也就是西洋修辞学上所谓的 oxymoron(安排两种词意截然相反的词语,放在一起,借以造成突兀但是相辅相成的征忡效果),像新古董 novel antiques 便是。像河漏子(一种点心小食)既经蒸过,就不必再拖,大辣酥(另一种点心小食)也不可能同时具有热荡、温和两种特质。据此可以断定是王婆的一句风言风语,用来挑逗西门庆,同时,也间接地刻画出潘金莲在《水浒》中正反两种突兀的双重性格。"① 对类似这样完全出其不意的问题,钱锺书总能迅速敏捷地反应,并给出完整、圆满、无懈可击的答案。

人们对中国国内的文坛情况很感兴趣,便围着钱锺书问一些现代作家的情况。先问到钱锺书的同学吴组缃,钱说:"吴组缃的身体不太健康,否则到北京去是很容易见到的,他一直执教于北京大学中文系,现在他的作品和老舍的作品都可以重印问世了。"又说:"吴组缃是位相当谨严的作家,对于写作一事,始终觉得力不从心,所以自从《鸭嘴涝》(后经老舍建议改名《山洪》)出版后便搁笔了。"晚上在加大校长鲍克博士的宴请会上,人们仍然不放过请教的机会,不断地询问现代作家"平反"的情况,钱锺书说:文艺界的"四条汉子"(阳翰笙、田汉、夏衍、周扬),因为受"四人帮"的荼毒太深,元气大伤,名誉一时还不能完全恢复过来。"丁玲呢?""丁玲和四条汉子的情形一样,一时也不能完全恢复名誉。""那么,吴祖光呢?"钱答:"现在很好,我来以前,还收到他的信,告诉我治哮喘病的方子。赵树理、田汉去世了,曹禺身体很好,今年下半年将可能来美国访问。"

本没有资格"觐见"钱锺书的水晶,座谈会上更是抓紧一切时机提问:"为什么《围城》中的唐晓芙下落不明(fade out)?"钱锺书笑答:"人

---

① 水晶:《侍钱"抛书"杂记 两晤钱锺书先生》,《书城》1999 年第 1 期。

生不正多的是'下落不明'的情形吗？像我们今天在这里聚首碰面，明天我们各自东西，而我的影像，在你们脑中逐渐模糊，不就是'淡出'的一个定例吗？"水晶坚持否认说"绝不会"，又追问："像《围城》中每一角色，都被你冷嘲热讽过，唯独唐小姐例外，偏偏她又是'淡出'的，这两者中间，有什么关系吗？"

钱锺书忙不迭地说："难道你的意思是说，唐晓芙是我的 dream-girl 吗？"逗得大家开怀大笑。又问："你在《围城》中，曾写过一首仿爱利恶德（T. S. Eliot）体的歪诗，似乎你对他印象不甚佳。"[①]

钱答："Eliot 的声誉，不会因我的恶讽而受影响，我在《围城》中所笑的是模仿荒原体的劣诗，而不是荒原本身。像三十年代的卞之琳、戴望舒等诗人，介绍了法国象征派的诗；四十年代的乔治·叶（即叶公超）介绍了 Eliot 和吴而芙夫人（Virginia Woolf）等的诗，一时在中国很起了一阵激动，我在《围城》中所写的就是这些拙劣的歪诗人。"

水晶忽然想起忘了问钱锺书关于鲁迅的看法，便赶忙提了出来。钱锺书说："鲁迅的短篇小说写得非常好，但他只适宜写 short-winded（短气）的文章，不适宜写 Long-winded（长气）的，像阿 Q 便显得太长了，应当加以修剪才好。"

会后，钱锺书又拜访了寓居美国的前辈学人赵元任、杨步伟夫妇。

水晶对钱锺书访问加州大学很感兴趣，特地写了长文《侍钱"抛书"杂记》，并与钱合影留念。与夏志清一样，水晶也是"拜钱同仁"，他说："余何人也，能有幸亲炙天颜，余死无憾焉。"可见其佩服之诚。在会上提到著名华人女作家於梨华，钱锺书只说了一句："她十分 clever。"水晶觉得意犹未尽，便往下再问，钱说："她是女士，照中古骑士的风格，你叫我还能再说些什么呢？"问到张爱玲，钱说："She is very good, she is more than the clever。"水晶恍然大悟，会心而笑，对钱的俏皮的评价大为佩服。水晶又问："在抗战末期，钱先生与张爱玲女士同是上海红极一时的作家，那时候钱先生有没有跟张女士见过面？"钱锺书连忙说："我不如她，我从来没有见过她。我是一个比较 retired person（闭门不出的人），不过我很久没有

---

① 水晶：《侍钱"抛书"杂记 两晤钱锺书先生》，《书城》1999 年第 1 期。

看见她的新作了。"水晶特意带了张爱玲的几部作品相赠①。

德文系的一位教授对钱氏佩服得五体投地,连声说:"He is the most excellent intellectual that I have ever seen。"(他是我生平所见的最优秀的知识分子)

5月10日,钱锺书到了斯坦福大学,在东方语文系前系主任刘若愚教授主持下,又举办了一个小型座谈会,另外伯克利还跟来了一批人,因为在伯克利座谈时限制很严,许多慕名而往的人未能如愿,所以特地跟到斯坦福,因此这个座谈会有30多人参加。这次座谈会与第一天在伯克利召开的座谈会一样成功、精彩。提问十分踊跃,钱锺书则有问必答。当座谈会上有人提到冯友兰时,钱锺书把冯友兰骂了一顿,他说:冯友兰简直没有文人的骨气,也没有一点知识什么分子的节操观念。又说:冯友兰最不应该的是出卖朋友。在座有人问冯友兰究竟出卖了哪些朋友,钱锺书却不愿指出姓名。② 钱锺书情绪颇为激动,他说他不愿提此人,他的正义感使在座的人十分敬佩。钱锺书对那些"打破砂锅问到底"式的各种问题作出了迅速准确的解答,并且旁征博引,妙语连珠,他的渊博,他的学识、品质与口才,再一次令听众倾倒。

钱锺书能令这么多学人为之倾倒,美国一位学者撰文认为主要原因有三点:一是他颇有语言天才,英文、法文、德文、拉丁文等各种语系的语言都很在行。二是他博学强记,读书甚多,且擅长背诵,过目不忘。费景汉提到在耶鲁大学茶话会上遇到钱氏的印象时说:"会场上最出风头的要算是钱锺书——他给我的印象是机智,善于 impress 别人。他在茶话会上提到一位美国诗人,他用优美的英文背诵了一段那位诗人的诗作。提及另一位德国诗人,他就用标准的德文背诵了他的一篇作品。再提及一位拉丁诗人,他也能用拉丁文来背诵一段。这些诗人未见得是什么大诗人,提及的诗作也未必是他们的重要之作,但钱锺书都能出口成章,流利无滞地背出,真是把在场的美国人吓坏了。"其实对了解钱锺书的人来说,这一点应当是见怪不怪的。他作学问,无论中外,都是巨细靡遗,大小统

---

① 水晶:《侍钱"抛书"杂记　两晤钱锺书先生》,《书屋》1999年第1期。
② 庄因:《钱锺书印象》《关于〈钱锺书印象〉补充》,《钱锺书传记资料》(第一辑),(台北)天一出版社1985年版,第54页。

吃。例如,他能够随手认出或背出宋元以来重要诗人的作品,甚至是二三流诗人的作品,这也是流传甚广的美谈。钱锺书第三点教人佩服的地方是才气甚高,无论创作、学术,都有自己的独到之处。费景汉说:"我自己倒不觉得钱锺书怎么样,语言流利,背诵出几首诗并不能成为伟人,一位伟大的思想家,总要拿出自己的一套思想、分析方法,光背诗怎么能算数呢?"这话说得不错,但拿此来论钱锺书,定有许多人不会苟同。夏志清对钱锺书的创作十分重视,尤其对他的长篇小说《围城》备加誉扬,并在他那本《中国现代小说史》上立专章讨论,还指导学生以这本书为博士论文的材料,使得此书轰动一时,被转译成多种文字。此外,夏志清对钱锺书的《谈艺录》也十分佩服,认为是继承诗话传统的经典之作,为此,还与颜元叔大打笔仗,闹得文坛哗然,一时热闹万分。钱氏在《谈艺录》中大掉书袋,许多问题都点到为止,一般读者难以卒读,然对学院派的饱学先生来说,则文中微言大义,时有创见,读起来却是兴味益然。

钱锺书在美国的行程被安排得密不透风。许多海外的朋友要见他,从华盛顿到哥伦比亚大学、耶鲁大学、哈佛大学,再到加州大学伯克利分校、斯坦福大学,行色匆匆,还要挤出时间会见新老朋友。在华府他会晤了时钟雯女士。时女士久仰钱锺书大名,早想一见。她翻译过孔尚任《桃花扇》,对中国古典文学甚有修养。她拟这年夏天到大陆访问,请钱锺书带信给茅盾,请求拜见采访。在芝加哥会见余国藩。在哈佛大学,校方请客,把钱锺书在清华时的老同学方志彤请来作陪。他们清华一别,已经几十年没再见面,有说不完的话。方志彤(1910—1995)1932年清华大学哲学系毕业,曾任职于燕京学社,1947年后任教于哈佛大学东亚语言与文明系,被称为"百科全书式"的学者。他精通数国语言,希腊语造诣更深,以研究庞德诗歌知名。1977年他已经退休,但是他的皇皇巨著《Pound与中国》却因卷帙浩繁,一直拖延着未能出版,而在海外出版这样的学术专著不仅没有稿费,还要作者负担一部分费用,两位老人一时相对默然[①]。

---

① 钱锺书致李文俊函,见《万象》杂志 2005 年 7 月第 43—44 页;又见张佩芬《偶然欲作最能工》,丁伟志:《钱锺书先生百年诞辰纪念文集》,生活·读书·新知三联书店 2010 年版,第 166 页。

第三节 "自传不可信，相识回忆亦不可信"

5月，访美归来，需要交一篇访美的感受。钱锺书闭门"总结"，写了一篇《美国学者对中国文学的研究简况》，被收入中国社会科学出版社出版的《访美观感》中。这次中国学术界代表访美，影响巨大，一时成为学术界的时髦话题，在国内也被学术界所称道。他一回来，老记者黄裳就写信问安，祝贺他在美国访问成功。钱锺书收信后，写信给黄裳：

> 奉书失喜，年光逝水，世故惊涛。海上故人零落可屈指……契阔参商，如之何勿思也。弟无学可讲，可讲非学。访美时绝未登坛说法。彼邦上庠坚邀，亦皆婉谢。报章渲染，当以疑古之道疑今。兄旧是个中人，美言不信，必不受眼慢耳。明年或尚须远役，自知不舞之鹤，难为伏枥之骥，贻诮腾诮，且食蛤蜊。拙选初非惬意，本欲无灾梨祸枣……未及细校，错讹殊多，重劳齿及，促增颜汗。有小集一种，月内问世，差如韩陵片石，君堪共语也。又君美才，通函以少作相询，弟老而无成，壮已多悔。于贾宝玉所谓"小时干的营生"，讳莫如深。兄不为锦被之遮，而偏效罗帏之启，薄情忍心，窃有怨焉。弟此番在美，晤博士论文及拙作译本小传，语多不经，一作者自加拿大来见，问之，则云曾至港台，遍访弟师友，采撷轶闻，弟乃知自传不可信，相识回忆亦不可信，古来正史野史均作如是观。Voltaire 所以言 Pyrrhanisme del histoire，身外是非谁管得，隔洋听唱×××可矣。佳笺沾污，愧甚。即颂
> 近祉！
>
> 弟钱锺书上杨绛同候
> 四日

这封信最能看出钱锺书对名利的淡泊，他对此番美国之行海外报章的大加渲染颇不以为然，声称自己访美时"绝未登坛说法"，对自己以前的作品戏称为贾宝玉所说的"小时干的营生"，讳莫如深，自己从不提及，也反对别人再来"效罗帏之启"，使自己"献丑"。信中所谓的"一作

者自加拿大来见"云云,当指 1979 年 5 月 11 日他在美访问时美国学者西奥尔多·赫特斯(Theodore Huters,汉名胡志德)特来拜访之事。胡志德为写《钱锺书》一书,得到刘若愚、叶嘉莹的指导,采访了在美国、港台不少与钱锺书有关的人,如钱的老师叶公超,友人宋淇、罗香林,学生王佐良等人,也采访了钱锺书本人。钱锺书却说:"自传不可信,相识回忆亦不可信,古来正史野史均作如是观。"轻易否定掉了,对照他的《魔鬼夜访钱锺书先生》中那句"自传就是别传"的名言,他的谦逊简直就偏激到了自我贬损的地步了①。

与此相反,他对友情却看得很重,"海上故人零落可屈指",饱含着"太息交游秋后叶,枝头曾见绿成阴"的人生感慨。每次上海有人北上到他那儿,他都要问一些文坛老友的近况,他心中常常挂念着他们。友人冒效鲁到了晚年身体健康极差,眼患白内障,多病缠身,钱锺书知道后心情颇为沉重,回首往事,寄诗安慰:

蕉树徒参五蕴空,相怜岂必病相同。
眼犹安障长看雾,心亦悬旌不待风。
委地落花羡飞絮,栖洲眠鹭梦征鸿。
与君人世推排久,白发无须叹未公。

遥想当年,风华正茂、年华如水,而今老矣,如落花委地、眠鹭栖洲,视力不济、心力交瘁,寄予了对友人的深切同情和怜悯。诗虽不免人生如梦的伤感,但这种真挚的友情却是何等的绵远、悠长。

第四节　日本讲学

1980 年 11 月,钱锺书应邀随中国社会科学院访问团到日本访问讲学。钱锺书的小说和文学研究在日本一直是颇有影响的,京都大学的

---

① 黄裳:《关于〈管锥编〉的作者》,《榆下说书》,生活·读书·新知三联书店 1982 年版,第296 页。

小川环树教授早在 1959 年就对钱的《宋诗选注》给予很高的评价,酝酿很久,要组织人力来集体翻译、研究这部书。《围城》的日译本也正在策划与翻译之中,但钱锺书并未到过日本,对日语也不精通,因此,到日本座谈就不像在美国、欧洲那样可以随意差遣各国语言,挥洒自如了。

11 月 10 日,他来到日本京都大学,在人文科学研究所开了一次小型的座谈会。钱锺书由人文研究所所长福永光司,名誉教授小川环树,名誉教授、前所长桑原武夫,教授荒井健陪同就座,由荒井健与小川环树教授致欢迎词和介绍情况。

钱锺书很客气地称赞由小川环树和已故的吉川幸次郎两位汉学权威主办的京都大学《中国文学报》的优良学风。当初小川教授评《宋诗选注》的文章就是在这上面发表的。钱锺书说,他对《宋诗选注》实在极不满意,这不仅是采录标准的见仁见智问题,而且是因为"艺术性"与"人民性"的成分争论以致外行干扰内行的问题。结果是"应选不选,不应选而选",连选注者的他自己,也几乎想把此书付之一炬。即使如此,当年此书出版后,还受到严重批判。幸好此时小川环树教授的《评钱锺书的〈宋诗选注〉》寄来,赏誉备至,于是群喙立息。《文学遗产》编辑部特为此向他道歉。钱锺书还提到海外误传他"死讯"的事,荒井健教授写了悼念文章,他说:"死者"后来自己读到,当然十分感动。

接下来便是提问,人们提到诸如当年考清华大学时的数学成绩、"文化大革命"期间有没有写过什么小说等等。比较有趣的是有人问《中国现代文学家辞典》第二分册说钱锺书"对文化人类学保持深厚的兴趣",请他谈谈这方面的心得。钱锺书笑着说:他这深厚兴趣是一向保持的,研究心得就说不上了。接着,他又补充说:这类"作家辞典,多是年轻教师们所编;起先遍函大小作家,请各撰自传,附交小照,然后编集成册,以第三身的语气,说第一身的事情",两得其欲,皆大欢喜。可惜他与杨绛夫妇俩对这类征求,反应向来颇欠热烈,编者只好四处寻找些资料来拼凑,于是他就往往获得不虞之誉,得到一些莫名其妙的头衔。

最后有人半开玩笑地问钱锺书怎么评价其父亲及其《现代中国文学史》?他自嘲地轻笑说:"不肖!不肖!"然后谨慎地说:"我们父

子关系很好,主要是感情方面的良好;父亲对我文学上的意见,并不是常常赞同的,不过父亲许多优点之一,是开明、宽容,从不干涉我的发展。至于《现代中国文学史》,其中有许多掌故,是一本很有趣味的书,虽则现代方式的文学批评成分似乎少了一些。"他很庄重而惋惜地说:"父亲还有很多未刊的遗稿,包括日记、文集等等,统统被烧了。"

11 月 20 日,他随代表团到了早稻田大学,参加一个小型的恳谈会。这次他准备进行一次专题演讲《诗可以怨》,事先草拟了一个大致提纲,但讲时却是随口而谈。

恳谈会开始,钱锺书很客气地说:到日本来讲学,是很大胆的举动。就算一个中国学者来讲他的本国学问,他虽然不必通身是胆,也得有斗大的胆。理由很明白简单,日本对中国文化各个方面的卓越研究,是世界公认的……我是日语的文盲,面对着贵国"汉学"的丰富宝库,就像一个既不懂号码锁,又没有开撬工具的穷光棍,瞧着大保险箱,只好眼睁睁地发愣。但是,盲目无知往往是勇气的源泉。接着他举了一个乡下佬用棍子和布做遮雨伞而自认为是发明的笑话,说:我今天就仿佛那个上注册局的乡下佬,孤陋寡闻,没见识过雨伞。不过,在找不到屋檐下去借躲雨点的时候,棒撑着布也还不失为自力应急的一种有效办法。一番话,使在座的教授热烈鼓掌,开怀大笑。接着言归正题,提出中国文学中的一条一般的理论,即孔子提出的"诗可以怨":痛苦比快乐更能产生诗歌。他着重拈出这个中国文学史上一般的观点,却阐发出许多的新意。他指出了从孔子、司马迁、刘勰、钟嵘、韩愈直到明清时代,"诗可以怨"这个主张的提出、发展、变化过程,又辨析他们对这个观点的不同理解。如司马迁认为发愤著书是为了使人死后不朽,是"死人的防腐溶液";而钟嵘却"把诗可以怨当作是活人的止痛药和安神剂",一个人的潦倒愁闷,全靠"诗可以怨"获得排遣、慰藉或补偿。这个观点发展到后来的明清时代,把文学(不仅仅是诗,小说、戏剧等莫不如是)当成了欲望的替代性满足,这竟与弗洛伊德的文学理论有点似曾相识了。这也是他"打通"研究的一个新的发现。

接着，他又举出韩愈《送孟东野序》里的"不平则鸣"，自古以来大都认为作者牢骚不平，就会产生诗歌，把韩愈的"不平则鸣"等同于司马迁的"发愤所为作"。他指出："韩愈的'不平'和'牢骚不平'并不相等，它不但指愤郁，也包括欢乐在内。先秦以来的心理学一贯主张，人'性'的原始状态是平静，'情'是平静遭到骚扰，性'不得其平'而为情。"并引"性之于情，犹波之于水，静时是水，动则是波；静时是性，动则是情"。因此，韩愈下文为"抑不知天将和其声而使鸣国家之盛耶？抑将穷饿其身，思愁其心肠，而使自鸣其不幸耶？"钱夸赞黄庭坚诗"与世浮沉唯酒可，随人忧乐以诗鸣"，"用'忧乐'二字作为'不平'的代词，真是一点儿不含糊的好读者。"他的解释，澄清了千百年来被人误解的这个概念。不过，他认为韩愈的逻辑推理还是有一些问题的。"我们不妨说：虽然在质量上'穷苦之言'的诗未必就比'欢愉之词'的诗来得好，但是在数量上'穷苦之言'的好诗的确比'欢愉之词'的好诗来得多。因为'穷苦之言'的好诗比较多，从而断言只有'穷苦之言'才构成好诗，这在推理上有问题，韩愈犯了一点儿逻辑错误。不过，他的错误不严重，他也找得到有名的同犯，例如十九世纪西洋的几位浪漫诗人。"[①]把西方文艺理论中的相近观点做了有趣的比较。

他还讲了文学史中一种有趣的现象："没有人愿意饱尝愁苦的滋味——假如他能够避免；没有人不愿意作出美好的诗篇——即使他缺乏才情。""诗人企图不出代价或希望减价而能写出好诗。小伙子作诗'叹老'，大阔佬作诗'嗟穷'，好端端过着闲适日子的人作诗'伤春''悲秋'。"他举出一些令人发笑的例子，如有人为写诗歌生动感人，在呈给上司的诗中编了"舍弟江南殁，家兄塞北亡"的谎话，成为笑柄，被人嘲笑"只求诗对好，不怕两重丧"。倒是一些普通人能看破这种风气或习气，一个蜀妓写给情人的《鹊桥仙》词中说："说盟说誓，说情说意，动便春愁满纸。多应念得'脱空经'，是哪个先生教底？"就是对这种无病呻吟"文学"的嘲讽。钱锺书意犹未尽，继续说："'脱空经'的花样繁多，不仅是许多抒情诗文，如有些忏悔录、回忆录、游记甚至于国史，也可以归

① 钱锺书：《诗可以怨》，《七缀集》，生活·读书·新知三联书店 2001 年版，第 124—125 页。

入这个范畴。"

这一场精彩的演讲约一个小时左右，全场不断爆出笑声、掌声，随意不拘的讲话，却格外幽默、吸引人，打动了不少人的心弦。钱锺书讲了许多别人没有注意到的大问题，足以启发人的思想。

这次在日本讲学时间虽不太长，钱锺书却受到了热情的欢迎和推崇。陪同钱锺书的荒井健教授在20世纪50年代就打算翻译《围城》，后来因为种种原因，停了下来。在"文化大革命"后期，海外传闻钱锺书"过世"，荒井健在1977年10月《飙风》上发表附记，寄托哀思，并着手翻译此书，与中岛长文、中岛碧夫妇三人合作翻译。现在，竟奇迹般地见到了"死者"，他心中十分感慨。在钱锺书的支持帮助下，《围城》终于在1988年出版了日译本。京都大学的小川环树也在组织人力翻译《宋诗选注》，并为此专门派遣留学生到复旦大学跟随王水照教授学习、研究《宋诗选注》，以便能够翻译出一部高水平的《宋诗选注》日译本来。

在爱知大学文学部，他做了《粉碎"四人帮"以后中国的文学情况》的演讲。他精通西方数国语言，唯独不谙日语，只能用中文演讲，因此他用东京新大谷饭店和名古屋饭店的笺纸，随手起草了一个五页长的发言提纲供翻译参考[1]，由荒川清秀翻译。

从日本回来后，他就打定主意以后哪也不去了。杨绛说，他们就是老红木家具，不能再搬动了。钱锺书戏称坚决不再"走江湖卖狗皮膏药"了。欧洲汉学会、哈佛大学、普林斯顿大学邀请讲学，他都一概辞谢了[2]。

十一届三中全会后，党中央纠正了"文化大革命"及其之前的"左"倾错误，确定把全党工作重点转移到社会主义现代化建设上来。人们经过反思，才真正认识到极"左"思潮与闭关锁国对中国文学艺术与学术研究的破坏，中国重新确立对外开放政策。钱锺书作为硕果仅存的老一辈作家、学者，在国际上的地位与影响日渐显现，墙内开花墙外香，钱锺书开始受到国人的尊崇。

---

[1] 王水照：《〈对话〉的余思》，沉冰：《不一样的记忆——与钱锺书在一起》，当代世界出版社1999年版，第243—244页。

[2] 汪荣祖：《槐聚心史：钱锺书的自我及其微世界》，台湾大学出版中心2014年版，第170页。

第十五章　热闹的"钱学"与冷静的钱锺书

第一节　声名日隆的烦恼

1977年5月7日,经党中央批准,中国科学院哲学社会科学部改称中国社会科学院,与中国科学院平级,都属于部级单位。随后,胡乔木出任中国社会科学院第一任院长兼党组书记,他与钱锺书接触的机会更多了。百忙之中,他有空就找钱锺书请教聊天。

胡乔木70岁生日时,回顾平生作了四首诗,总题为《有所思》。他觉得自己旧诗没把握,请钱锺书提提意见。胡乔木作为新中国第一大笔杆子,无非是想在用字用韵平仄上或遣词炼句上请钱锺书帮忙推敲。不料钱锺书书生气上来,提笔即不能自休,涂抹点窜,把原稿改得面目全非。这让胡乔木为难了:不遵照钱锺书改稿就失于礼貌,遵照改动就失了自己的面貌。颇费一番踌躇,最后决定让李慎之到钱府委婉表示这个意思。钱锺书给胡乔木的回信说:"我恍然大悟,修改得好多不合适,现在读您来信,更明白了。我只能充个文士,目光限于雕章琢句;您是'志士仁人'而兼思想家。我上次的改动就是违反了蒲伯的箴言⋯⋯"钱锺书这次做了有限的改动,胡乔木非常高兴,不久就发表在7月1日的《人民日报》上。

胡乔木虽身兼多职,但他特别重视中国社会科学院院长职位,脑子里想的是"一片振兴学术之心",经过十年浩劫,老一辈专家凋零殆尽,硕果仅存的有顾颉刚、俞平伯、夏鼐、钱锺书,胡乔木尊重知识分子,非常重用这些人,为振兴中国社会科学规划了蓝图。有一天,大约是 1982 年 5 月份的一个星期六,胡乔木对李慎之说:"明天要去找钱锺书。"李慎之问为什么,他一字一顿地说:"我要请他看在我的面子上,给社科院撑撑场面,给社科院当个副院长。"李慎之深深感叹:中华人民共和国成立 33 年了,我从来只知道"官能荣人",现在才第一次看到原来"人也能荣官"①。

1982 年 6 月,中国社科院文学研究所准备聘钱锺书为顾问,他感觉有压力,力辞得免。哪知第二天,中国社科院召他开会,有车子来接,到了社科院才知道胡乔木和他商议,请他和夏鼐出任中国社会科学院副院长,说夏鼐已经同意,他赶忙说自己没有时间。胡乔木说:"一不要你坐班,二不要你画圈,三不要你开会。看在老同学面上……"钱锺书又说:"我昨晚刚辞了文学所的'顾问'头衔,人家会笑我'辞小就大'……"胡乔木立即说:"我担保给你辟谣!"他没有什么好说的,只好看老同学的面子不再推辞。回家后苦着脸对杨绛说了此事,杨绛笑说:"这番捉将官里去也。"②1982 年 8 月,他被任命为中国社科院副院长,一年后他提出辞职:"尸位素餐,于心不安。"胡乔木打个哈哈,没有同意。别人都羡慕他,享受副部长待遇,却又不需要做任何事。有个曾经诬陷过他的同事,一心想做副院长,但每次都落了空。不想做的人,却推都推不掉。

第二节　谢绝应酬,闭门读书

1979 年初,钱锺书一家迁入三里河南沙沟"高知楼"。三里河大院内有六七排四五十座公寓楼,全是一色红砖建筑,非常别致、雅静。这

---

① 李慎之:《胡乔木请钱锺书改诗种种》,沉冰:《不一样的记忆——与钱锺书在一起》,当代世界出版社 1999 年版,第 95 页。

② 见赵令畤《侯鲭录》:"杨朴被真宗诏,自言不会作诗,真宗问临行时有人作诗相送否? 朴言:'独臣妻有诗一首云:更休落魄贪杯酒,亦莫猖狂爱咏诗。今朝捉将官里去,这回断送老头皮。'上大笑,放还山。"

里住的全都是享有盛誉的专家学者,俞平伯、钱锺书、华君武、黄永玉等许多知名人士都住在这里。

钱锺书住在三楼,在兼作会客用的书房里,钱锺书与杨绛各有一张工作桌,平时两人各自伏案工作。杨绛充当钱锺书"看门人",钱锺书很少与人交往,来访的人许多也被杨绛"挡"在门外,他们俩也很少拜访别人,几乎终日闭门看书。

漫画家华君武也是无锡人,同住在一个大院中,但与钱锺书互不相识。华君武早慕同乡钱锺书的大名,他每天早晨在院子里散步,常常怀疑有一位经常碰面的人就是钱锺书,越想越觉得像,最后下定决心上前去请教,结果却是另一位学者。他不知道钱锺书根本没有散步的习惯。华君武为钱锺书画过几幅漫画,他说:比方说我画过一张钱锺书的漫画。他是个大学者,人品艺品都是很高的。但是现在忽然来了"钱锺书热",到处都是讲钱锺书如何如何的。其实钱先生并不喜欢这样,他也不喜欢出头露面。我觉得他是典型的中国知识分子的品格,因此我画了一幅漫画:好几壶开水浇下来,他坐在澡盆里做无奈状。旁题:"先生耐寒不耐热",这样可以把钱锺书先生的品格表现出来。[1]

黄永玉常对人称赞钱锺书是住在这里的大儒,《管锥编》出版时,他买了不少套放在家中,随手送给来访的朋友。作为著名的画家诗人,不送自己的书画,却送钱锺书的书,也可见推崇之忱。

钱锺书整天闭门自守,一意地经营自己的事业。他足不出户,但他的信息却很灵通,他订阅了许多中、西文报刊,每天都从中获得许多信息。还有各种学术或政治的开会通知,有寄信来请教问题的,有青年慕名登门求见的,有研究者文章请他审阅的,他对这些打扰深感头痛,极力躲避,或什么意见都不表示。杨绛曾说,有位外国女士打电话请见钱锺书,可他却在电话中说:"假如你吃了一个鸡蛋觉得不错,又何必要认识那下蛋的母鸡呢?"正像杨绛所说,他有时对来访的客人客客气气地谢绝,有时是毫不客气地不见。尤其是新闻界,他更是不敢见,避之唯恐不及。1985年,当时中国新闻社香港分社记者林湄小姐从香港到北

① 华君武:《我的漫画生涯》,《中国文化报》2011年4月7日。

京,采访了不少文坛名人,但就是没能见到钱锺书。林湄找到了熟悉钱锺书的《文艺报》编辑部的吴泰昌,通过电话与钱锺书联系,钱锺书在电话中警觉地说:"这分明是引蛇出洞嘛!谢谢她的好意,这次免了。"但林湄此番来京,非要见钱锺书不可,她便同吴泰昌采取突然袭击的办法,没有打电话便直接找上门去。他们按了门铃,出来开门的正好是钱锺书本人,一见面,钱锺书哈哈大笑:"泰昌,你没有能引蛇出洞,却又来瓮中捉鳖了……"他看到了站在旁边含笑的林小姐,便客客气气地招呼他们坐下。林湄为了使这次不容易的采访多一点收获,就单刀直入地提问,她的口才也不弱于钱锺书,钱锺书只好用沉默来抵挡,实在被逼无奈,便只好一一回答了她提出的问题,关于《围城》,关于他的创作和生活近况……事后,林湄发表了一篇题为《"瓮中捉鳖"记》的人物专访。香港书评专栏作家黄俊东也曾"突然袭击"过钱锺书,他的目的只是为了见见他崇拜很久的大学者的形象。本不善言辞的黄俊东在见到钱锺书的时候,由于紧张更显得木讷寡言,这却使钱锺书大为同情,特意同他谈了很长时间,并答应黄的请求合影留念。①

杨绛始终是钱锺书的"守门人",很多情况下便由她来应付来访者,省得别人干涉钱的读书写作。

有位在世界非常"走红"的美籍华人新闻家,走遍天下无阻拦,以为到中国见见钱锺书不成问题,便带着录音机来采访,结果出乎此人意料,被拒之门外。钱锺书并不乖僻,他喜欢真诚,对不怀势利之心的人他格外热情。1980年前后,北京电影学院摄影系学生邓伟,自费拍摄中国文化名人肖像,出版《中国文化名人肖像摄影选》。邓伟先找到干面胡同钱锺书的旧居,得知他已搬到三里河,便又赶往三里河,在住宅区居委会门前,看到为儿童捐款的光荣榜上有杨绛的名字,便循踪径直叩门拜访。在这个大学者面前,一米八高的邓伟觉得自己太渺小了,他不敢占用钱锺书的时间,只是战战兢兢地请求:"让我拍一张吧,钱锺书先生。"他的真诚感动了钱,钱锺书痛快地说:"好!"指着屋子:"你看在哪拍,在写字台前?书柜前?"拍完之后还鼓励邓伟说:"你们年轻人,名利地位都不要去追逐,年轻

---

① 吴泰昌:《秋天里的钱锺书》,《新民晚报》1990年1月23日。

人需要的是充实思想,要多层次、多方位去思维。"

邓伟起身致谢,感谢钱锺书允许他拍照,钱锺书大笑说:"作为社会动物,必然塑造自己的公开形象,表现自己为某种角色,谁也逃避不了这个终身致力的制造和维修工作。但是尽心尽力地塑造不一定能保证作品的成功和效果。用谈话和举动为自己制造的公开形象,往往是一位成功作家的最失败的创作,当然,也许是一位坏作家的最好的创作。"

已故戏剧家陈西禾,生前落落寡合,不喜交际,钱锺书却很关心他,时时存问。陈西禾在上海病危时,钱氏夫妇甚为关切,闻讯远道托人延医为他诊治。他不仅对旧日的友人,连友人的子女这些小字辈也常常牵挂在心,托人询问,问寒问暖。如对李健吾、曹禺、柯灵等人的子女,他都很关心。钱锺书不爱应酬,对世事也常抱漠不关心的态度,尤其是关于名利纷争,许多事情他都不置可否。前几年,有人曾以某名人前妻回忆录寄给钱锺书,希望他发表意见,他复信云:"××之争,曲直昭然……仗义主持公道,先生之志则大矣,先生之事则不可。"①

1987 年他父亲钱基博先生诞辰 100 周年之际,华中师范学院(华中师范大学的前身)要召开隆重的纪念会,《华中师大学报》在 1987 年底出版《"纪念钱基博先生一百周年"专辑》,给钱锺书去信,希望得到他的同意与支持,请他光临纪念会,钱锺书没有回音。连去几封信后,钱锺书回信表示婉谢,信中说:

> 奉读惠函,不胜惶悚,前叠得彭祖年先生来信,道追念先君事,为人子者感刻心骨。而七月以还,疾病缠身,迄今五旬,尚未痊可。痰嗽失眠,心身俱惫,以是迁延未能报命。尚乞垂体下情,许其免役。专此奉复,诸维谅宥!
> 此上
> 华中师范大学
>
> 钱锺书敬白
> 八月三十一日

① 吴忠匡:《记钱锺书先生》,沉冰:《不一样的记忆——与钱锺书在一起》,当代世界出版社 1999 年版,第 140 页。

钱锺书这种精神是很难能可贵的,他对华中师范大学为纪念他父亲而编写纪念文集并不热心,他也从未发表过纪念自己父亲的文章,这充分说明了他对名利的淡漠态度。同时,他对当前流行的各种巧立名目的纪念会、学会也深为不满。他在给华中师范大学友人的信中曾说过自己不参加这种会的原因:"盛谊隆情,为人子者铭心浃髓。然窃以为不如息事省费。比来纪念会之风大起,请帖征文,弟概置不理。今年无锡为先叔父举行纪念会,弟声明不参预。三不朽自有德、言、功业在,初无待于招邀不三不四之闲人,谈讲不痛不痒之废话,花费不明不白之冤钱也。贵乡王壬秋光绪九年日记载《端午绝句》云:'灵均枉自伤心死,却与闲人作令辰',慨乎言之,可以移咏流行某某百年诞辰纪念会矣。"

后来有一家出版社准备出版钱基博的《现代中国文学史》等著作,写信征询钱锺书的意见,请他作跋,他复书云:"先君遗著有独绝处,然出版尚非其时,数年后必有知者,其弟子辈尊师而无识力,急求刊行,弟于此事不敢置可否。"婉言谢绝了。[①]

第三节 "固辞不获,补订少作"

钱锺书说:"在写作上,我也许是一个忘本的浪子,懒得去留恋和收藏早期发表的东西。"到了80年代,他的绝版多年的《写在人生边上》和《人·兽·鬼》却被人们"挖掘"出来,他吃惊而自嘲地说:"考古学提倡发掘坟墓以后,好多古代死人的朽骨和遗物都暴露了;现代文学成为专科研究以后,好多未死的作家的将朽或已朽的作品都被发掘而暴露了。""擅长发掘文墓和揭开文幕"的陈梦熊向他游说,要重印他的《写在人生边上》《人·兽·鬼》两书,钱锺书手头竟没有一本存书,他说,干脆让它们绝迹算了。陈梦熊特地从上海复制了原本寄给他。福建人民出版社要出版"上海抗战时期文学丛书",编委会要收这两本书,钱锺书谢

---

① 吴忠匡:《记锺书先生》,沉冰:《不一样的记忆——与钱锺书在一起》,当代世界出版社1999年版,第140页。

绝了,他说:"《写在人生边上》不是在上海写的,《人·兽·鬼》又不是在抗战时期出版的,混在丛书里,有冒牌的嫌疑。"他的好友柯灵批评他:"你不让国内重印,事实上等于你放任那些字句讹脱的'盗印本'在国外继续流传,这种态度很不负责。至于'丛书'该不该收,编委自有道理,你不用代我们操心。"①朋友的话他听从了,同意修改后重印。但当他要修改时,才发现陈梦熊给他复制寄来的书竟早被弄丢了,只好再复制一次。他也就硬着头皮,重看这两本书,"控制着手笔修改大量的字句"。

按照编排体例,要写序,还要回忆当时写作过程和经验,钱锺书两书合写一短序,最后说:

> 我们在创作中,想象力常常贫薄可怜,而一到回忆时,不论是几天还是几十年前、是自己还是旁人的事,想象力忽然丰富得可惊可喜以至可怕。我自知意志软弱,经受不起这种创造性记忆的诱惑,干脆不来什么缅怀和回想了。两本小书也不值得各有一序,这篇就一当两用吧。

人们常说"敝帚自珍",但钱锺书却贬其少作为"贾宝玉所谓小时干的营生",不仅不自珍,而且根本不愿重印。到了被朋友或出版社缠得不得已时,他才不得不对自己的旧作作认真的补充修订,这时候他又是非常严肃认真的。《围城》在 1980 年再版时,作者曾"顺手有节制地作了些修改"。《宋诗选注》再版时增补了 30 余条注。《管锥编》出版后,他不断地修订补充,书中的天头地脚,写得密密麻麻。1981 年写了《〈管锥编〉增订》;1989 年,又写了《〈管锥编〉增订之二》。中华书局多次写信请求同意重印《谈艺录》。钱锺书对这部"少作"颇不满意,多次"逊谢",固辞不获,只有认认真真地着手对此书作了一番很大的补订。当年正值战乱,图籍难觅,资料不足,几十年来,他读了更多的书,占有更多的资料,而且对学术问题的研究更为深入、更为准确,他曾说年轻时瞧不起克罗齐,现在仔细研究克罗齐的全集,对克罗齐的见解大为佩服,不光如此,他对《谈艺录》中许多问题有了更深刻的见解并获得了更

---

① 钱锺书:《〈人·兽·鬼〉和〈写在人生边上〉重印本序》,海峡文艺出版社 1991 年版。

有力的论据。他把开明书店原版的《谈艺录》"稍删润原书,存为上编,而逐处订益之,补为下编;上下编册之相辅,即早晚心力之相形也"。补订的篇幅,比原书篇幅还多,大大丰富了此书的内容。如原书第十二则"长吉好用代词"只有半页篇幅,补订此节近三页;有些对原书不足的地方也加以更正、完善。如原书第十五则"论造艺两宗",在补订本中钱锺书对其修正、补足后,谦虚地说:"此节言造艺两宗,尚无大误,而援据欠审。当时百六阳九,检书固大不易,亦由少年学问更寡陋也。"他用了整整一页篇幅来补正。由此,我们不得不对钱锺书严谨不苟的治学态度肃然起敬,他虽不爱惜旧作,但一旦需要再版,他便抓住机会认真修订,勘误清谬,增补删改,态度严肃、认真。他对旧作的修订补充,体现了一个大学者治学的谨严作风。

第四节　"钱锺书"在海外

钱锺书的著作在中国台湾很受欢迎,钱锺书研究也很兴盛。20世纪80年代初期,苏正隆在台湾书林有限公司出版了钱锺书的《围城》,一时流传甚广。因为这本小说在当时属"禁书",未经官方许可,结果苏正隆被警方拘留,最后处以罚款了事。到了1988年,苏正隆又汇辑《钱著七种》,由书林有限公司出版,他寄信给钱锺书,想让钱锺书写个前言,钱锺书在给他的回信中写了一篇《表示风向的一片树叶》,短文如下:

> 水是流通的,但也可能阻隔,"君家门前水,我家门前流"往往变成"盈盈一水间,脉脉不得语"。就像海峡两岸的大陆与台湾。这种正反转化是事物的平常现象,譬如生活里,使彼此了解、和解的是语言,而正是语言也常使人误解以至于冤仇不解。由通而复隔,当然也会正反转化,由隔而复通。现在,海峡两岸开始文化交流,正式出版彼此的书籍就标志着转变的大趋势。我很欣幸,拙著也得以作为表示这股风向的一根稻草、一片树叶。青年好学的苏正隆先生汇辑了《钱著七种》,由书林有限公司出版,几年前,《围城》曾牵累苏先生遭受小小一场文字之祸,我对他更觉感愧。

苏先生来信，要我为台湾版写几句前言，说第一种印行的是《谈艺录》。我记起 1943 年伏处上海，胡步曾先生自江西辗转寄来论旧诗的长信，附了首七律。我的和诗有一联："中州无外皆同壤，旧命维新岂旧邦"，我采用了家铉翁《中州集序》和黄庭坚《子瞻诗句妙一世》诗的词意，想说西洋诗歌理论和技巧可以贯通于中国旧诗的研究。现在读来，这两句仿佛切合海峡两岸间关系的前景，不妨事后冒充预感或先见。《谈艺录》里曾讲起"作者未必然，读者何必不然"（Complete liberty of interpretation），就算那两句也是一例，借此表达愿望吧。

除了《钱著七种》以外，台湾《联合文学》杂志还辟了"钱锺书专辑"，由香港黄维梁负责筹备，向港台、大陆学人征稿。台湾天一出版社出版了《钱锺书传记资料》（第一辑），还出了"世界小说家读本"第四十八种"钱锺书"、周锦的《〈围城〉研究》，至于钱著的"盗版书"，更是不一而足。

钱锺书为中国香港重印《宋诗选注》写了一篇《模糊的铜镜》，提到胡颂平编《胡适之先生晚年谈话录》中胡适评论钱锺书的《宋诗选注》：对选目很不满意，认为是迎合风气，但胡适却认为，注确实写得不错，由此可知台湾学术界一直关心着钱锺书的著作。钱锺书在《模糊的铜镜》中开玩笑地说："选诗很像有些学会之类选举会长、理事等等，有'终身制''分身制'。一首诗是历来选本里都选的，你若不选，就惹起是非；一首诗是近年来其他选本都选的，你要是不选，人家也找岔子。正像上届的会长和理事，这届得保留名位；兄弟组织的会长和理事，本会也得拉上几个作为装点或'统战'。所以，老是那几首诗在历代和同时各种选本里出现。评选者的懒惰和怯弱或势利，巩固和扩大了作者的文名和诗名，这是构成文学史的一个小因素，也是文艺社会学里一个有趣的问题。""在当时学术界的大气压力下，我企图识时务守规矩，而忍不住自作聪明，稍微别出心裁，结果就像在两个凳子间隙里坐了个空，或宋代常语里所谓的'半间不架'。我个人学识上的缺陷和偏狭，也产生许多过错，都不能归咎于那个时代的严峻戒律。我就不利用这个惯例的方便借口了。"《宋诗选注》的序中引用了毛泽东《在延安文艺座谈会上的讲话》，有人说钱锺书在当时是出于自我保护的目的。其实恐怕也不尽然。他在后来多次修订再版时并没有改动这句话,相反的,倒是再次引用毛泽东1965年给陈毅论诗的一封信,说明他还是很赞同毛泽东对诗的看法的。

香港的"钱著"盗版比台湾有过之而无不及,报刊上也常常登一些有关钱锺书的内容,当然,这些内容大多荒诞不经。更可笑者,他的短篇小说《纪念》曾被人在香港剽窃,改名叫《绮丽的回廊》,在杂志上发表。小说刊载后,读者反映此文甚好,这位文抄公声誉与知名度大增,只可惜很快被识者揭露出来,原来是偷袭剽窃,拾人唾余,文抄公一下子又声名狼藉了。有人把此事告诉钱锺书,他大笑,"觉得很有趣"。钱锺书20世纪40年代在上海教过的女弟子何灵琰在香港的报刊上发表文章,把钱锺书抄给她的《题叔子夫人贺翘华女士画册》诗误当作为她作的题画诗,后来被钱锺书发现了,啼笑皆非。

钱锺书的小说《围城》和诗歌评论集《诗论五篇》在1987年年初由法国巴黎克里斯蒂昂·布歌华出版社出版,在法国引起很强烈的反响。法国学者阿兰·佩罗博在1987年2月13日《世界报》上撰文《钱锺书出现在法国人面前》,对钱锺书予以很高的评价,他说:

> 一位伟大的中国作家刚刚出现在法国公众面前:钱锺书。他不是年轻的先锋派作家,也不是目前在中国文坛上地位显要的"五十年代作家"的代表,而是一位早在四十年代便勤奋著作,现年七十七岁的人道主义文人,从今以后,他的名字就将和鲁迅、茅盾、老舍或巴金并列于西方了。
>
> 汉学家对钱锺书早有了解。早在1983年6月10日,西蒙·莱斯曾在《世界报》上撰文认为,如果把诺贝尔文学奖授予中国作家的话,只有钱锺书才能当之无愧,因为"他是一位天才的作家……他的作品具有异乎寻常的才华"。……克里斯蒂安·布热瓦相继出版了他的小说《围城》和文学评论集《诗论五篇》,它们的出版立刻证实了西蒙·莱斯的看法:钱锺书无疑是中国文学最杰出和最引人注目的人物。①

---

① 吴岳添:《钱锺书出现在法国人面前》,《读书》1987年第5期;又载《编译参考》1987年第6期,燕汉生译,译文与前略有不同。

西方人读他的著作,特别能理解其小说的审美趣味,以及他对东西方的沟通比较,以他和他的作品为题的研究越来越多。

第五节 《围城》的改编

把钱锺书从一个学者推向公众人物的,是黄蜀芹拍的电视剧《围城》。小说《围城》自从 1980 年人民文学出版社重印以来,在青年中尤其是大学生中风靡一时,成为热门话题。但小说毕竟还局限于大学生和知识分子中,电视剧《围城》则把他推向了全国公众。

如何把这本有趣的文学名著普及到中国更广大的读者之中,这促使黄蜀芹立下了愿:要通过影视手段,把此书介绍给更多的人。她从 1986 年起即着手改编电视剧剧本《围城》。其实,在黄蜀芹改编《围城》之前,就有不少人曾经动过这个念头,并曾请教过钱锺书,但钱锺书对此既不赞成,又不反对。他在给一位改编者的信中说:"看来剧作家要编戏,正像'天要落雨,娘要嫁人',也是没有法儿阻止的。中央电视台有一位同志曾写信要求改编《围城》,我不支持,但不阻拦。我很惭愧,也很荣幸。"由于小说的媒介与影视的媒介不同,《围城》中妙趣横生的幽默语言,要在影视中表现得无余无欠,就困难得多。特别是许多奇妙的比喻以及作者的议论文字,很难转化成电视形象。有的改编者在初步尝试之后就知难而退,不敢再问津了。曾因导演《人鬼情》而知名的黄蜀芹与电影艺术家孙雄飞、屠传德却知难而进,他们克服了重重困难,终于把《围城》改编成了电视剧本。当初,他们对这样一部渊博有趣的小说名著也是望而生畏,不敢轻举妄动,孙雄飞便写信同钱锺书联系。钱锺书回信只说明改编的难度相当大,他自己也没有什么好讲的,对此事仍然持不支持也不反对的态度。黄蜀芹、孙雄飞、屠传德只好反复阅读这部小说,理解小说的社会背景与时代背景,反复揣摩小说的哲理内涵,寻找书中人物的形象和性格特点,体味与把握书中幽默讽刺的表现手法。

经过三年的努力,他们终于把这部长篇小说改编成了电视文学剧本。接着,他们便着手筹拍。1989 年 9 月 3 日,黄蜀芹拜访了他们的文学顾问、钱锺书的好友作家柯灵,希望在开拍前再次听听柯灵的意见。柯灵说:"我劝你们最好找杨绛。"黄蜀芹有点为难,他们与钱锺书、杨绛不熟悉,钱锺书又最不喜欢别人拜访,怕吃闭门羹,就求柯灵给钱锺书、杨绛写封介绍信,为他们引见。

9 月 5 日,孙雄飞与黄蜀芹带着柯灵写的信,怀着惴惴不安的心情去拜访钱锺书和杨绛,因怕遭拒绝,事先连电话都不敢打,就直接闯到三里河南沙沟的"高知楼",叩开了钱家的门。

出来开门的是戴一副金丝玳瑁眼镜、童颜鹤发体态娇小的老人,她是杨绛。当听到他俩诉说来意后,杨绛微笑着放他们进去了,二人终于松了一口气。钱锺书与杨绛在偌大的书房里走来走去,两人动作都很敏捷,递茶倒水,听他们介绍电视剧筹拍的情况。钱锺书与黄蜀芹、孙雄飞、屠传德虽然未曾见过面,但从报上都曾见过有关他们的介绍,而且从报上得知黄蜀芹导演的《人鬼情》两次在国际上获奖的事。黄蜀芹与孙雄飞简单介绍了从 1986 年以来,他们三人在一起讨论改编《围城》的经过,接着便征求钱、杨二人的意见。杨绛给他们详细地介绍了钱锺书当年创作《围城》的经过,与《记钱锺书与〈围城〉》中所讲的基本差不多。黄蜀芹谈起他们筹拍中的困难,说:"书中妙趣横生、幽默绝伦的比喻,要转化成为影视形象非常困难,既要保持小说的原貌,又不违反电视特点,很难办,因此就采取通过延伸人物对话,把这些比喻用进去,其他用不进去的,就采取旁白的方式把这些精彩的文字读出来。"

钱锺书坐在靠椅上听了他们的介绍后,说:"Auteurism, the media is the message,媒介物就是内容,媒介物肯定作品。用电视、戏剧来广播,它的媒介物跟意义就不同了。就不能把原来的内容都肯定,诗情要变成画意,非把诗改掉不可;好比画要写成诗,一定要把画改变,这是不可避免的。这种改变是艺术的一条原则。"

钱锺书、杨绛同黄蜀芹有两代人的交情,40 年代杨绛的成名作《称心如意》就是由黄蜀芹的父亲黄佐临导演的,在当时取得了很大的成功。现在由黄蜀芹来导演钱锺书的《围城》,钱锺书、杨绛相信她的家学渊源,说她一定能导好。钱锺书说:"我们两代人有这个交情,这交情我一定要强调,表明人是不能忘本的嘛!对上海的几位同志来这里,我要是不识抬举是不对的。"他幽默开朗的笑语,打消了黄、孙二人的紧张感。杨绛又补充道:"小说的媒介物是语言文字,电视的媒介物是形象。现在媒介物变了,小说当然也要变的。"

黄蜀芹还有点担心地说:"因为小说是比较完美的,我们的编剧不可能把它完全形象地变成电视。"

钱锺书笑着说:"你是导演,导演是新作者,莎士比亚的戏可以改成京剧。所以,Auteurism 可以信赖,我可以沾光。我不会有什么意见的。另外,从美学原理上讲,媒介物就是内容,好比小说变成戏就不同,剧本到了上演,媒介物又不同,因此,我是很理解的,在这里我只能对你感谢,对上海电影制片厂两位同志感谢!我很欢迎这个机会。"

钱锺书接着说:"我很惭愧,也很荣幸。这次木已成舟。当时,湖南、广西,还有东北写信来,我全谢绝了,没有你们的倔劲,一定要搞。"

"在改编时,我们曾经走过一段弯路,后来觉得不好还是走回来了,现在的改编本比较忠于原作。"黄蜀芹一边说着,一边将十一集的改编本递给钱锺书,"这一套给你们,想请你们提提意见。我们在拍摄前还想改一稿,改成十集,不过要把小说拍摄成电视剧确实困难,有洋味又有幽默感的演员也不好找。"钱锺书风趣地笑道:"这一次麻烦你们了,你们自讨苦吃。"在场的人全笑了。黄蜀芹说:"我们要全国人民知道,有这么一部有趣的小说。希望能够起到普及的作用。"

钱锺书说:"天下事是矛盾的,不普及就变成名贵。什么是'时髦'?就是不普及。一变普及就不'时髦',这和人生、'围城'的意义是一样的。"

在钱锺书与杨绛的鼓励与支持下,黄蜀芹、孙雄飞等充满了信心和决心,他们决心要把这部电视剧搞好。两天后的下午,两位改编者再次登门聆听钱锺书与杨绛对剧本的意见。

杨绛把剧本读了两遍,提出了 40 余处修改意见。她说:"现在的剧本比我们想象得要好。我对剧本的最大意见是开头,小说是文字写的,轻描淡写地记载了几桩事,不是给人很深的印象。现在变成形象,这个印象就深了,好像方鸿渐是个骗子,从这个女人追求到另一个女人。其实方鸿渐这个人心肠软，意志弱，略有才学，却不能干。他的性格是被动的，什么都不主动，他反抗了一下老太爷，被一骂，就一声不响地坐下来……"

钱锺书补充道："方鸿渐是个被动的主角，Things happen to him."

杨绛继续说："实际上，是苏文纨在追他，而且他还受了鲍小姐的骗，现在的开头容易给人以一个不好的印象，追女人啊！很荒唐啊！品德完全不可取的形象。听蜀芹同志讲过，现在的剧本要改成十集，我有一个大胆的想法，干脆把船上的戏砍掉，戏从下船写起。鲍小姐这个人物不要，用照片，用苏小姐的几句话把过去的事交代出来……"

杨绛到底是经验丰富的喜剧家，对剧本提出了不少详细的修改意见，如结尾的钟、方鸿渐游学等等。钱锺书纠正剧中怎样称呼太太、老爷，学着叫花子的腔调："先生，先生娘娘……应该这样叫。"引得人们捧腹大笑。

对电视剧怎样突出主题的问题，杨绛递给黄蜀芹一张纸条，上面写道：

> 《围城》的主要内涵是：
> 围在城里的想逃出来，
> 城外的人想冲进去。
> 对婚姻也罢，职业也罢
> 人生的愿望大都如此。

《围城》的含义到底是什么呢？它不仅仅指方鸿渐的婚姻，结婚前各自掩藏起自己的本来面目，结婚后才发现对方并不是自己的意中人；而更泛指人性中的某些悲剧因素，即对愿望满足以后的不满足心理。钱锺书为了更明确地说明这层含义，特意翻出《谈艺录》中一段话指给他们看，说："王国维在《红楼梦评论》中反复称引叔本华哲学，其实有些地方，他也并未完全弄懂叔本华的话，'苟尽其道而彻其理，则当知木石因缘，侥幸成就，喜将变忧，佳耦始者或以怨耦终，遥闻声而相思相慕，习进前而渐疏渐厌，花红初无几日，月满不得连宵，好事徒成虚话，含饴还同嚼蜡。'这段话你们都可以看一看，还有英文对照呢。"杨绛设想：如果作者让方鸿渐与唐晓芙成为眷属，再吵架闹翻，那么结婚如同身陷围城的意义就阐发得更为透彻了。

杨绛还努力回想当时情景，为他们谈场景安排、道具设置、人物动作等。钱锺书也忆起旧事说："当时，我在国外本来还可以延长一年，但是我还是回来了。要是留在外国就碰上打仗了，晚一年恐怕回不来了，我是正好逃出。那时的留学生都想回国，极少想留在国外的。"

在无拘无束的气氛中，他们谈了很久，钱锺书、杨绛很开心地把他们的著作《谈艺录》《围城》《干校六记》《洗澡》等拿出来送给他们两位。

为了筹拍这部电视剧，黄蜀芹和孙雄飞确实花了相当大的力气。回到上海后，他们又征求文学顾问柯灵对剧本的意见，柯灵在给他们的回信中提了七条意见，比如对幽默的处理要防止无效的逗笑和油滑，对结构的处理要紧凑，演员的物色、主人公形象的全面把握，结尾的处理、社会背景典型环境的安排，等等。但柯灵相信，黄蜀芹一定能把这部电视剧导好，不仅因为她父亲黄佐临是富有经验的电影导演艺术家，而且她本人也富有经验，曾拍摄出不少好影片，并且他们还得到过钱锺书、杨绛的亲自指导，他们一定会不负众望。

黄蜀芹为了完成她的夙愿，为她筹建的《围城》剧组选择了素质很高的演员队伍：方鸿渐由陈道明饰，孙柔嘉由吕丽萍饰，苏文纨由李媛媛饰，李梅亭由葛优饰，高松年由英若诚饰，赵辛楣由英若诚之子英达饰，这一班人都是在影视圈中很有影响的演员与表演艺术家，他们的表演风格又与小说中的人物性格相接近。因此，1990年12月，当电视剧《围城》在中央电视台播出后，相当成功，轰动一时，反响极为强烈。电视剧对人物内心的刻画、形象的塑造、主题的揭示，比人们事先预想的要好得多。喜剧的表演、悲剧的意识，可以说它是对小说的再创造。当然，不足也还是有的，由于媒介的不同，小说中令人捧腹大笑的许多地方仍无法巨细无遗地传达给观众，有些人物的语言是从小说中直接拼接出来的，书面语气息过重，显得不够自然。但可以说，瑕不掩瑜，仍然不失为一部使人回味无穷的电视剧。难怪看过电视后，有人说："准会有不少青年对婚姻失去兴趣。"果真如此的话，那真是人生的不幸，然却是作品的大幸。

第六节　删落浮华的《槐聚诗存》

1994 年，钱锺书把自己一生创作的旧体诗，经过大力删除，经杨绛抄录整理，定名为《槐聚诗存》出版。这是钱锺书公开出版的唯一一部诗集。他的《槐聚诗存》收录了钱锺书 1934—1991 年所创作的旧体诗 270 余首。钱锺书在序中写道："自录一本，绛恐遭劫火，手写三册，分别藏隐，幸免灰烬。去年余大病，绛亦积劳成疾，衰弊余生，而或欲以余流传篇什印为一书牟薄利者。"他说自己"本寡交游，而牵率酬应，仍所不免。且多俳谐嘲戏之篇，几于谑虐。代人捉刀，亦复时有。此类先后篇什，概从削弃"。①

钱锺书贯穿一生的文学创作是传统的诗歌。虽然在 20 世纪 40 年代，他的小说、散文产生较大的影响，但他真正钟情且用力最多的还是传统的诗歌。他与现代的学者、作家不同的地方是，五四以来的学者、作家大多数都以白话为日常行文语言，文言只是偶尔为之，而他仍然是明清以来传统意义上的文人，白话小说、散文只是适应发表与出版的时代要求，在他自己的天地里，读书笔记、日记、尺牍及学术著作都是传统的文言。所以，不能说他从新中国成立以后就停止了文学创作，只能说他转向了传统意义上的文学创作。他的诗歌是他真正表达内心思想而不求发表的文学创作。

比起小说、散文来，旧体诗更能体现他作为一个传统文人学者的特点。众所周知，诗歌是中国古代应用最多的文体，几乎可以说是传统文人的家常便饭。集部中的别集，是四部中最多的类别，明清以来，别集可以说是数不胜数，至今都没有一个准确数字的统计。但从五四新文化运动以后，传统的文言文作为旧文学的体裁被历史遗弃，中国传统的诗歌也完全被白话的新诗取代，而被称作"旧体诗"。在现代人心目中，它是相对于白话体的"新诗"而言的。从五四新文化运动以来的这个文

---

① 钱锺书:《槐聚诗存·序》，生活·读书·新知三联书店 1995 年版，第 1 页。

化断层,在诗歌创作中的体现就是很少有人能写本色当行的旧体诗。只有一部分上了年纪的文人创作了一些所谓的"老干部体"的旧诗,遣词造句表达方式都是白话式的,不会用典、诗律不协,更不用说诗体诗法、风格流派之别了。

钱锺书的旧体诗在当下具有独特的价值与意义。他早期诗歌学晚唐体,从杜牧、李商隐入手,为才子诗,近于明末汤卿谋、清人黄仲则,后受陈衍的指点,"汤卿谋不可为,黄仲则尤不可为",转而学习宋诗,深受晚清"同光体"的影响,深得"宋诗"风神,他的才学也与宋诗"以议论为诗、以才学为诗"的取径相近。但他的诗与"同光体"专学"江西诗派"不同,他不大喜欢黄庭坚的"生硬晦涩",对所谓的"夺胎换骨""点铁成金"的话持批评态度,《宋诗选注》只选了黄庭坚三首诗,很能看出他的倾向①。他更倾向于由黄(庭坚)、陈(师道)上学杜甫的陈与义,以及由学江西诗派而脱胎出来的生动活泼的杨万里诗风。钱锺书留学欧洲到上海沦陷,经历了国破家亡,因此他写的诗更接近于杜甫、元好问的风格,又泛观韩、柳、苏轼、王安石诸家,以才学议论为诗,而力求清新生动,有理趣而不为理障,自成一体。

他一生旧体诗创作用力最勤,新中国成立前发表于报章杂志上的就有很多,新中国成立后朋友之间的酬唱应酬也不少。晚年钱锺书从更严格的标准要求自己,一概删削,为后人留一个诗稿的定本。从诗艺的角度而言,这种严格要求当然是对的,但从人物传记及史料角度来看,如早年那些"缘情凄婉"的爱情诗作以及与师友唱和的作品,对于后来读者知人论世,这种删削未免是一种损失。

今人旧体诗也受白话与新诗的影响,很少有当行本色的传统旧体诗,故往往以"用典过多"非议钱氏之旧体诗,不知老杜之诗无一字无来历,东坡之作无一诗无才学。钱锺书论学问与性灵说:"今日之性灵,适昔日学问之化而相忘,习惯以成自然者也。神来兴发,意得手随,洋洋祇写吾胸中之所有,沛然决肺腑所流出,人己古新之界,盖超越而两忘

---

① 参见《宋诗选注》中黄庭坚简介中的评价,钱锺书:《宋诗选注》"黄庭坚",人民文学出版社 2000 年版,第 97 页。

之。故不仅发肤心性为'我',即身外之物,意中之人,凡足以应我需、牵我情、供我用者,亦莫非我有。"①吴宓题赠《中书君诗》初刊的"源深顾赵传家业,气胜苏黄振国风"颇能道出其诗之特色。前人所讲的宋人"以议论为诗,以才学为诗,以文字为诗"都可用来移评钱锺书的诗。

钱锺书删存其诗作,自有其严格标准。1933 年以前的"少作"一首不留,1949 年以后应酬的作品也留存极少,1936—1945 年抗战时期的作品保留最多,占全书的泰半。可知其还是秉持诗歌言志抒情传统的观念,忧时伤生,抒发自己的真正的思想性情。到了晚年,虽然他极少参加社会活动,但即使在个人的书斋生活和朋友酬答中,仍然渗透着忧时伤生的思想。如晚年所作的《阅世》:"阅世迁流两鬓摧,块然独喟发群哀。星星未熄焚余火,寸寸难燃溺后灰。对症亦知须药换,出新何术得陈推。不图剩长支离叟,留命桑田又一回。"②可知他并不是只知钻故纸堆的书生,而有着悲天悯人、忧世伤生的博大胸怀。

钱锺书的诗歌,在今天看来是"学人"之诗,其实用典隶事、避免直白、借古喻今,一直是中国传统诗歌的最主要的修辞手法。前人习以为常的用典,今人要一一加以注解才能明白,文化的落差与断层由此可见。正像《谈艺录》《管锥编》以其文言而难懂一样,钱锺书《槐聚诗存》以其精工与才思取胜,虽然博学众家,但诗歌风格还是近于宋调。"夫人禀性各有偏至,发为声诗,高明者近唐,沉潜者近宋"③,如果明白其中的典故,可谓深得"无一字无来历"之妙④。

20 世纪 90 年代的"钱锺书热",起源于杨绛的散文。她的《干校六记》等一系列散文著作,成为那个年代影响最大的散文作品。杨绛作品的畅销带动了"钱锺书热",这可能是她自己都没有预料到的结果。人民文学出版社再版《围城》之后,杨绛的《纪钱锺书与围城》使这部小说

① 钱锺书:《谈艺录(补订本)》,中华书局 1984 年版,第 206 页。

② 钱锺书:《槐聚诗存》,生活·读书·新知三联书店 1995 年版,第 132 页。

③ 钱锺书:《谈艺录(补订本)》,中华书局 1984 年版,第 4 页。

④ 参见叶嘉莹《从中国诗论之传统与诗风之转变谈〈槐聚诗存〉之评赏》,见汪荣祖编《钱锺书诗文丛说:钱锺书教授百岁纪念国际学术研讨会论文集》,台湾中央大学 2011 年版,第 1—20 页。

更广为人知。到电视剧《围城》的热播，更让钱锺书成为家喻户晓的公众人物。在名满天下的同时，自然也带来了许多烦恼。许多人拜访或写信求见，钱锺书不愿意"应酬"，又不得不应酬，变成了自嘲的"写信机器"。他不愿意被崇拜，又被人崇拜。最初的"钱学"，还略带一些玩笑性质，谁知不久就有了专门的研究刊物，有了一支研究队伍，成为一门爆发式的"显学"。钱锺书嘲讽过的现象在他身上再现，多少有一点反讽的意味。

第十六章　名满天下，谤亦随之

第一节　"钱学"热

钱锺书的著作，包括他的文学创作、学术研究在国外产生了很大的影响，他的《围城》被译成世界上绝大部分的语种，《谈艺录》《管锥编》尽管深奥，也还是被外国的汉学家所研究、介绍。在欧美和日本，以及中国港台地区，形成了一支研究"钱学"的队伍，仅以美国而言，就发表出版了不少有关钱锺书的博士论文与专著。

国内的钱锺书研究起步较迟，1979 年以前还有许多人不知道钱锺书和《围城》。《管锥编》《谈艺录》《围城》出版后，1982 年以钱锺书或其著作为题撰写论文者有 30 人左右。郑朝宗更是筚路蓝缕，指导他的几名文学理论专业的硕士研究生以《管锥编》为研究方向，积数年功夫，这些研究生写出了高质量的学位论文，结集为《〈管锥编〉研究论文集》，1984 年 4 月由福建人民出版社出版。这是国内"钱学"研究的第一本专著。评论家敏泽在序中作了热情洋溢的肯定。

1986 年，作家舒展写了《文化昆仑——钱锺书——关于刻不容缓研究钱锺书的一封信》，称钱锺书为"文化昆仑"，更引起社会的强烈反响。至那年年底，发表的研究文章已有 200 多篇。1989 年，郑朝宗、周振甫、黄裳、傅璇琮、舒展、陆文虎等人，在北京酝酿创办《钱锺书研究》刊物，成立了编委会。但钱锺书本人对这事却极力反对，他向舒展抗议："昆仑山快把我压死了。"他曾说："大抵学问是荒江野老屋中二三素心人商量培养之事，朝市之显学必成俗学。"又说："读书人如叫驴推磨，若累了，抬起头来嘶叫两三声，然后又老老实实低下头去，亦复踏陈迹也。""生平寒士，冷板凳命运，一遇吹捧就如坐针毡。"对于这些所谓的"钱学"，他自己"期期不愿与闻"，也全力阻止别人研究，劝阻无效，最后只好不置一词了。

1989 年 10 月，中国艺术研究院常务副院长李希凡带头，黄克出面负责，在京召开《钱锺书研究》编委会，讨论出版"创刊号"。周振甫因出差未到，在京的有庞朴、傅璇琮、刘再复、陆文虎等人，王蒙作了即兴发言。钱锺书对他们的宣传非常不满，极力阻止。他写信说："我是不喜欢这类学会的人，没想到自己也成为组织学会的借口，这真是'人生的讽刺'了。人生的讽刺是免不了的，只希望能'缓刑'到人死以后。"编委会的同仁终于不顾钱锺书本人的反对，克服阻力进行工作，1989 年 11 月《钱锺书研究》（第一辑）由文化艺术出版社出版，在社会上反映甚好，3000 余册很快告罄，又加印了 3000 册。1990 年 11 月又出版了《钱锺书研究》（第二辑），收集国内外"钱学"研究有代表性的文章数十篇，代表"钱学"研究最新成就。花城出版社又约舒展编选《钱锺书论学文选》，收入《管锥编》《谈艺录》及《七缀集》大部分和一些未刊手稿，想尽量把这些著作的内容条理化、系统化，一时颇为畅销。但钱锺书对于这种任意割裂、断章取义的做法很不满。目前，"钱学"成为一门显学，普及到高校，甚至有些中学也已讲起"钱学"了。"普及钱锺书"俨然成为学术界一个口号，在许多中学里开发校本教材，把钱锺书《宋诗选注》《谈艺录》《管锥编》的一些内容结合中学语文课教学，在中学课堂中讲授，取得了很好的效果。如钱之俊在安徽无为，吴勇前在湖南涟源一中，杭起义在安徽芜湖、浙江杭州中学，进行了这方面的实验，形成了专门的教材，对于普及钱锺书、普及钱学都是很有意义的尝试。

第二节　几桩知识产权官司

自从钱锺书和《围城》热了之后，他的著作盗版侵权事件越来越多，严重损害了他的知识产权。钱锺书与杨绛被迫围绕著作的知识产权打了好几场官司。

一、关于《围城》的盗版侵权案

《围城》自 1980 年由人民文学出版社出版后，十分畅销，之后每隔一两年就要重印一次，印了数十万册，由于印刷次数太多，纸型已经坏了，需要重排。1990 年底，电视连续剧播映后，《围城》便走进寻常百姓家，人民文学出版社抓紧时间重排出版。还没有等重排本出来，不法书商已在各地开始大量盗印，人民文学出版社重排本出来后，各地的盗印本已充斥于大小书店。人民文学出版社陆续接到山东、安徽、福建、河南、湖北、黑龙江、四川等地大量读者来信，指责《围城》错误百出，粗制滥造，还有些读者退还买来的书，原来这些都是各地书商的盗版书。这些书假冒人民文学出版社的名义，还有更大胆的奸商，明目张胆地换了花山文艺出版社的牌子盗印。人民文学出版社一面立即向国家新闻出版署反映汇报，请求追查，一面在《光明日报》《新闻出版报》和《文学故事报》同时刊登《郑重启事》，告诫读者不要上当。国家新闻出版署为此向全国发出正式通知，追究盗印者的法律责任。《围城》的责任编辑黄伊看到两种盗印本，马上写信给钱锺书。钱锺书起初不在意，以为"商人要赚钱，利之所至，固在意料"，但当看到盗印本把他的作品糟蹋得不成样子时，怒不可遏，一向不问身外事的他写信给责任编辑，说："盗印本纸质劣，印刷拙，恶俗封面擅加，而售价昂贵，盗印牟利，无法无耻，胆大脸厚，乃至于此！"叮嘱出版社不能"视而不见，装聋作哑，听而任之"。《郑重启事》发表了，国家文件下发了，《中华人民共和国著作权法》也公布了，但是《围城》的盗印本却并未制止，反而更加猖狂，仅人民文学出版社就发现十种盗印本。钱锺书无可奈何地说，不仅大陆在盗印，东南亚也在盗印，"台湾出了一个盗印本，该出版社并未和我联系过，当然更没有得到我的授权，但书上却赫然印着'版权所有，翻印必究'。他们大概以为隔着一个海峡，我究不着他们。"

不久，又有一本貌似"合法"实则比盗印更可恶的书，是甘肃一家出版社正式出版的《钱锺书人生妙语》，掐头去尾、断章取义地抄录一些《围城》和其他散文里的话，不管是书中正面人物还是反面人物的话，不分青红皂白一概强加在钱锺书头上，当作他的"语录"。人民文学出版社出面交涉，该出版社才在《光明日报》上登了道歉声明。

一波未平，一波又起。两个月后，钱锺书又收到四川文艺出版社寄的一部更貌似合法的《围城汇校本》。杨绛对黄伊说："《围城》又不是《红楼梦》《水浒传》，作家还活着，四川一家出版社竟出了《〈围城〉汇校本》，有什么意义？"

《〈围城〉汇校本》编者胥智芬以《围城》在《文艺复兴》上连载的初刊文本为底本，校了1947年晨光出的初版和1980年人民文学出版社出的重印本，着重校出作者不同时期对小说修改的文字歧异，并收录各版的序跋，从中可以看出《围城》一书几十年来变化的脉络。应当说，"汇校"原本是新文学研究一桩很有意义与价值的工作，汇校者的态度也还认真严肃，但事先没有征得作者本人和对此书享有出版权的人民文学出版社的同意就印刷出版，使这本本来有一定学术意义的书成了变相的盗版书。

人民文学出版社认为《〈围城〉汇校本》是盗版，侵犯了作者的修改权、保护作品完整权和作品的使用权，也侵犯了人民文学出版社对《围城》一书的专有出版权。但四川文艺出版社认为汇校本是一项学术研究成果，新颁的《中华人民共和国著作权法》里也没有把"汇校"列入版权之内，两家出版社各执一词。但《围城汇校本》的发行量很大，确实损害了人民文学出版社的利益。四川文艺出版社承认工作的疏忽，表示愿意赔礼道歉，按千字30元付酬，60%作为作者稿酬，40%付人民文学出版社，但不接收对方立即封存销毁出版物和纸型并按发行总码洋10%的赔偿，双方相持不下，只得对簿公堂。直到1996年12月25日，才由上海市高级人民法院终审判决，维护了钱锺书和人民文学出版社的权益。围绕"汇校本"官司，还引出了一场"笔墨官司"：那就是健在的现代文学家的作品该不该"汇校"的问题。一种意见如黄裳、施蛰存等认为作家尚健在，有修改自己作品的权利，不必旁人去"汇校"，特别是其中有些是作家已改正的文字疏漏、排校错误，还有的是繁简字、异体字，也原样不动地"校"出来，更没有什么意义[①]。另一种意见如陈思和

---

① 如黄裳《〈围城〉书话》及《〈围城〉书话续》（黄裳：《寻找自我》，青岛出版社2009年版，第335、338页）、施蛰存《钱锺书打官司》等。

说，新文学的校勘不能忽视，由于几十年来时代风云变幻、政治环境变化，作家往往在不同时期修改自己的作品，有的作品多次修改，有的改动很大，只有通过汇校，才能把握现代文学变化发展的全貌①。这两种观点各有各的理由。如何看待由"汇校"而引出的版权纠纷呢？施蛰存先生说，要出"汇校"，"可以出一本《〈围城〉汇校记》，但不能把正文也印进去"，这话是有道理的。

《〈围城〉汇校本》还未了结，又出现了另一种形式的侵权，春风文艺出版社出版了署名"兆明"的《〈围城〉之后》（副题"《围城》续集"，1992年版）。《红楼梦》没写完，曹雪芹死后才有高鹗的续书；塞万提斯《堂·吉诃德》第一部出版不久，紧接着出了第二部，那是原书没写完，续作者等不及了。而《围城》，不仅作者还活着，而且小说也是完整无缺的，却有好事者越俎代庖写出了"续集"，接着《围城》的末尾续下去，在方鸿渐、唐晓芙、苏文纨之间又编出一堆不伦不类的情节。续书作者极力模仿钱锺书式的幽默，但笨拙呆板，毫无灵气可言。这种狗尾续貂的"作品"损害了小说原著的形象，引起钱锺书与人民文学出版社的抗议，结果判令春风文艺出版社向钱锺书道歉并支付赔偿。

时隔不久，又出现了一本署名魏人的《〈围城〉大结局》（农村读物出版社1993年版），乌七八糟地续下去。看来这种事也是防不胜防的，钱锺书也懒得再去理会了，他没有时间，也没有精力为这些事折腾了。

正像一位评论家所说："每本书都有自己的命运，《围城》有了个强行过继的儿子，这个儿子又为它添了个农村读物的孙子，大有自成系列绵延不绝、无穷扩散之势。可叹一蟹不如一蟹，恐怕没有希望看到在某一代身上出现返祖遗传了。或曰：哪位作者真有几分钱先生的学识与才情，当另起炉灶，自立门户，不屑于寄人篱下，拉大旗作虎皮也。如此说来，不续也罢。"②

---

① 陈思和：《为新文学校勘工作说几句》（《文艺报》1993年9月18日"文艺百家"）、《再为新文学的校勘工作说几句》，持此相近观点的还有朱金顺《也谈"汇校本"》、王得后《中国现代文学的汇校和校记问题》（刊登于《中国现代文学研究丛刊》2005年第2期）。
② 施康强：《〈围城〉大结局》，《都市的茶客》，辽宁教育出版社1995年版，第104页。

二、《记钱锺书先生》与《钱锺书评论(卷一)》的侵权案

有些"钱学家"打着研究的旗号,公开征集钱锺书的书札、题跋、题字,未经同意,擅自汇集出版。1992 年李洪岩利用编辑《钱锺书研究》的条件,公开征集钱锺书的手稿、书信等,不经同意,公开发表。钱锺书、杨绛提出抗议,认为自己亲朋好友及家属间的通信,属于自己的私生活,不应当擅自公开发表。但他们的抗议不起任何作用。1995 年,牟晓朋、范旭仑编的《记钱锺书先生》,又未经许可,擅自收集钱锺书未刊的序跋、书信等多篇,其中大多是家属、亲戚间的私人通信,不适宜公开发表。钱锺书、杨绛通过法律的手段,于 1997 年 8 月起诉大连出版社和牟晓朋、范旭仑,要他们停止侵权,销毁书籍,向出版社和编者追究法律责任,并在《光明日报》《中华读书报》上登报道歉。

这事刚结束,1997 年底杨绛发现李洪岩、范旭仑又编了《钱锺书评论(卷一)》(社会科学文献出版社 1996 年版),跟上本书一样,侵犯了他们的著作权,而且有"卷一",就意味着有"卷二""卷三",打算长久地做下去。杨绛诉诸法律,追究侵权行为,责令他们在《光明日报》《中华读书报》上登报道歉。这两位"铁杆钱迷"恼羞成怒,开始联合起来,死整杨绛。原来把杨绛的《钱锺书与〈围城〉》当作经典一样"疏证",这时候一转脸又写了"辨证",一条条地批判。杨绛写一篇文章,他们必跟着写一篇"辨证"来"搅浑水",凡是能给杨绛抹黑的,什么都干。是非对错完全没有标准,学术研究成为发泄私愤的工具,斯文扫地。他们的文章主要攻击杨绛为了钱斤斤计较,利用"钱夫人"的身份压制他们的研究。这种论调似乎很有理,颇能博得一些人的同情。他们不反省自己缺乏法律意识,屡次侵犯钱锺书著作权。钱锺书、杨绛把所有的版税几千万元都捐出来,设立了奖学金,会在乎他们那一点罚款吗?

三、钱锺书书信手稿拍卖案

钱锺书、杨绛是特别重感情的人,他们很难接受现在很多人唯利是图、把友情当作生意来买卖的行为。香港原《广角镜》杂志社总编辑李国强,当年编杂志时,经常向钱锺书、杨绛约稿,从香港到北京,与钱氏

一家有往来。钱锺书一家很信任他,成为很好的朋友,先后致李国强私人书信百余封,钱、杨文章和一些手稿也都给了他。有许多信件,纯粹是朋友之间的私下交流,不适宜公开发布的。如在一封写于1981年的信中,钱先生谈到《红楼梦》的英译本:"因思及 Hawkes 近以其新出译本第三册相赠,乃细读之,文笔远胜杨氏夫妇(编者注:杨宪益与戴乃迭),然而此老实话亦不能公开说,可笑可叹。"钱先生"不能公开说"的话,却因拍卖公司前期寄出的大量影印件而在诸媒体和网站上"被公开"了。2013年5月,中贸圣佳公司发布公告表示,其将于2013年6月21日13时举行"也是集——钱锺书书信手稿"公开拍卖活动,公开拍卖上述私人信件,其中包括66封钱锺书书信和他的《也是集》手稿、12封杨绛的书信和《干校六记》手稿、6封女儿钱瑗的书信。为进行该拍卖活动,中贸圣佳公司还将于2013年6月8日举行相关研讨会,于2013年6月18日至20日举行预展活动。杨绛听到消息后大为吃惊。1998年7月11日李国强父亲去世时,钱瑗已去世,钱锺书重病在床,杨绛还特意去信吊唁慰问。没想到人还在,所谓的"朋友"就公开"叫卖"起这些私人信件,展览、拍卖,公之于世界。杨绛很生气,她打电话给李国强:"我当初给你书稿,只是留念;通信是私人间的事,你为什么要把它们公开?"面对指责,李国强却支吾道:"这件事不是我做的,是我朋友。"①也就是说,李国强已经把钱锺书、杨绛、钱瑗的书信手稿全部转卖给了别人。所谓的"友情"已经被变卖成金钱了。杨绛很寒心,立即起诉中贸圣佳公司和李国强,阻止所谓的"朋友"这种做法。

法院认为,涉案私人书信作为著作权法保护的文字作品,其著作权应当由作者即发信人享有。任何人包括收信人及其他合法取得书信手稿的人,在对书信手稿进行处分时均不得侵害著作权人的合法权益。中贸圣佳国际拍卖有限公司在权利人明确表示不同意公开书信手稿的情况下,即将实施公开预展、公开拍卖的行为,构成了对著作权人发表权的侵犯。如不及时制止,将给权利人造成难以弥补的损害。在充分考虑保护社会公众利益的前提下,法院及时、审慎地作出司法裁定,裁

①《李国强回应杨绛指责:拍钱钟书书信是朋友所为见》,《羊城晚报》2013年5月26日。

定中贸圣佳国际拍卖有限公司在拍卖、预展及宣传等活动中不得以公开发表、展览、复制、发行、信息网络传播等方式实施侵害钱锺书、杨绛、钱瑗写给李国强的涉案书信手稿著作权的行为。

此案 2014 年 2 月 18 日一审审结，北京二中院判决中贸圣佳公司停止涉案侵害书信手稿著作权行为，赔偿 10 万元经济损失；中贸圣佳公司、李国强停止涉案侵害隐私权行为，共同支付 10 万元精神损害抚慰金；中贸圣佳公司、李国强就其侵权行为向杨绛公开赔礼道歉。两被告被判赔偿杨绛先生 20 万元并赔礼道歉①。看起来获胜了，暂时阻止了拍卖，保证了一时，谁又能保证以后呢？

这几桩知识产权的官司虽然打赢了，却付出了很大的代价。毕竟失败的一方人多势众，散布各种谣言，攻击杨绛。特别是那两个"铁杆钱迷"连输两场官司后，连篇累牍地写文章，还编了一本《为钱锺书声辩》的书，来为自己"声辩"。韩石山专门还写了一篇《反叛了的"钱迷"》，批评钱锺书、杨绛夫妇"太过精明"，"斤斤计较"，为了金钱与年轻人打官司，导致"钱迷"的反叛。

更有甚者，"文化大革命"时期与那对"革命夫妻"的打架纠纷，还经常被人炒来炒去。钱杨已经作古，身后是非谁管得，后人自有后人的评说。

第三节　关于钱锺书的评价

杨绛在忙碌之余，还抽出时间继续她的工作，1990 年底完成了她的译作——柏拉图对话集中的《斐多》篇。这是一篇充满睿智的哲学名篇，对西方的哲学、文学等产生过重大的影响。但翻译难度很大，杨绛说："我是按照自己翻译的惯例，一句句死盯着原译文而力求通达流畅。苏格拉底和朋友们的谈论，该是随常的谈话而不是哲学论文或者哲学座谈会上的讲稿，所以我尽量避免学术语，努力把这篇盛称有戏剧性的

①《钱锺书书信手稿拍卖案一审审结，原告获赔 20 万元并接受道歉》，新华网 2014 - 02 - 18。

对话译成如实的对话。"此书1991年由辽宁人民出版社出版,赢得很高的评价。杨绛后来也累倒了,但幸亏她身体尚好,几次生病住院,很快就又康复了。

1994年夏,钱锺书住进医院,杨绛每天去看他,为他送饭送菜。1995年冬,钱瑗住进医院,在西山脚下,杨绛也要每晚通电话,每周去看望,三人分居三处,杨绛做联络人。1997年3月4日,钱瑗去世。1998年12月19日,钱锺书去世。

世间好物不坚牢,彩云易散琉璃脆。

"三里河寓所,曾是我的家,因为有我们仨。我们仨失散了,家就没有了。剩下我一个,又是老人,就好比日暮途穷的羁旅倦客;顾望徘徊,能不感叹'人生如梦''如梦幻泡影'?"①

"我们仨"失散了!

杨绛在《我们仨》的开头说:有一晚,我做了一个梦。我和锺书一同散步,说说笑笑,走到了不知什么地方。太阳已经下山,黄昏薄暮,苍苍茫茫中,忽然锺书不见了。我四处寻找,不见他的影踪。我喊他,没人应。只我一个人,站在荒郊野地里,锺书不知到哪里去了。我大声呼喊,连名带姓地喊。喊声落在旷野里,好像给吞吃了似的,没留下一点依稀仿佛的音响。彻底地寂静,给沉沉夜色增添了分量,也加深了我的孤凄。

只有二十几位亲友参加了钱锺书遗体告别仪式,包括他的女婿、外孙、外孙女,学生和朋友,没有花篮和挽联,甚至没有哀乐。杨绛在钱锺书遗体前最后"再站两分钟"。

钱锺书、钱瑗走后,杨绛的压力很大,她一个人承担着三个人的感情重负,她要把丈夫、女儿尘世未了的心愿完成,等于为丈夫、为女儿处理后事,她戏称自己"打扫现场",这就是她写的《我们仨》。这是一个母亲、妻子最真切的亲情流露,比她以前的其他散文都更纯美感人。

2005年年初,杨绛又从医院出来,回到家中。一个老人,往往免不

---

① 杨绛:《我们仨》,生活·读书·新知三联书店2004年版,第72页。

了要考虑问题,考虑人生,百年的生活经历,有太多感想,她在思考中,又断断续续地动笔,写出了《走到人生边上——自问自答》。这是一本特殊的文学作品,它是杨绛对世界、对人生的哲学思考,从神鬼写到人生,从人性、人的灵与肉、人的命运与天命写到人的文明、人生的价值,谈了自己很独特的看法,看起来颇像随感,但随手拈来古往今来东西方哲人的大量论述,她不像钱锺书那样汪洋恣肆炫学问,而是像拉家常那样娓娓道来。在晚年的这本书里,可以惊奇地发现,杨绛对中国传统的学问同样驾轻就熟。最奇特的是她的注释,不是引经据典论证,而是引她所经历的事、所见到的人、所看过的书作为她的注脚,就像听一个饱经沧桑的智慧老人说故事,古今中外,上天入地,亲切又博学。所以说,《走到人生边上》是一本特殊的文学作品,是她百年人生思想的结晶。

杨绛还有一桩大事要做,她要把钱锺书花一生精力抄写、涂改、修补的手稿笔记影印出来。这是一项很大的工程,要整理出来简直不敢想象,但一个百岁老人,不畏艰难,竟然完成了。钱锺书先生身后留下的几大麻袋的读书笔记,是他一生读书的札记、思想的记录,是无价之宝。杨绛先把钱锺书的笔记清点整理,由于担心整理不善,破坏原貌,交由商务印书馆扫描影印,公诸世人,让读者能够亲眼看见钱锺书的笔记原稿,这是最妥善的保存方法。

2003年,影印出版了钱锺书《容安馆札记》3册,2011年出齐了《钱锺书手稿集·中文笔记》20册,涵盖了他的79本读书笔记,共15000余页,涉猎极广,包括经史子集和各种小说戏曲书籍,每页天头地脚都有密密麻麻的补缀、批注,这都是钱锺书读中国古典著作笔记与思考的结晶。

《钱锺书手稿集·外文笔记》规模更大,全书约35000页,共有211本笔记本,涉及英语、法语、德语、意大利语、西班牙语、拉丁语、希腊语等7种语言,囊括4000余种外文图书、期刊的读书笔记手稿。令人叹为观止的是,其涉猎语种之多,各语种之间转换之流畅,涉猎的西方人文学科知识之广博和贯通。第一辑于2014年4月出版,至2015年年底,《钱锺书手稿集·外文笔记》共48册(附总索引1册)全部出齐。《钱锺书手稿集》中外文笔记全部手稿笔记加起来是厚厚的71册。手稿都是写得密密麻麻的，如果每页按千字算，也有 5000 万字以上的规模①，可谓是钱锺书一生学问的大宝库，也是中国文化学术的大宝库，其价值是无法估量的。钱锺书以一个绝世天才，下了一辈子笨功夫。杨绛说他："不仅读，还做笔记，不仅读一遍两遍，还会读三遍四遍，在笔记上不断地添补。"②这些笔记，往往前后互相补充、引证和参考，积累了宝贵的精神财富。这部大书涉及这么多语言、这么多学科，现在国内不知是否有读者完全读懂它，它的作用还远远没有发挥。其嘉惠后学之功，可能要到很多年之后才能体现出来。如果拿这些读书笔记与《管锥编》对比，就会发现，《管锥编》只是从这些笔记中写定整理出的很小一部分，正如一瓢水之于一缸。钱锺书在《管锥编序》说："瞥观疏记，识小积多。学焉未能，老之已至。遂料简其较易者理董者，锥指管窥，先成一辑。假吾岁月，尚欲赓扬。"他只是晚年没有时间和精力去整理写定。他的中外文笔记里，往往摘引重要原文，就此问题展开讨论，寻源溯流，阐幽发微，引用中外文献，连类归纳，对比分析，比较异同。他的中外文笔记中参观互见之处很多，可知作者一生对这些手稿进行过多次补充、连缀。这些笔记都是钱氏经过前后反复参照对比、认真思考和归纳过的，实际上都相当于《管锥编》的"长编"形，只是没有最后写定而已。如果都要整理写定，那《管锥编》就不会只有四五册，可能要有成百上千册的篇幅了。

这 71 册的读书笔记，蕴藏了他一生读书的笔记和思考的心得，是一个有待于将来进一步挖掘的文化学术资源，其价值可能远超其生前已出的著作。

百岁的杨绛先生说她"这一辈子，脑袋里全是想不通的问题"，其实，这正是彻底想通的体现，她已经完全看开了人生的一切。杨绛把自己和钱锺书的稿费和著作权早已交给清华大学托管，成立了基金资助困难学生。这项基金，不以钱锺书、杨绛名字命名，而以"好读书"三个

---

① 这个手稿集并不是他的全部笔记，如后来无锡发现了其抗战时在上海记的笔记 17 册，他在昆明时期的笔记受潮腐蚀，页页结成了块，无法辨认，都毁了，以及在"文化大革命"中剪掉的日记，都没包括在内。

② 杨绛：《钱锺书手稿集序》，《钱锺书手稿集·中文笔记》第一册，商务印书馆 2011 年版，序第 3 页。

字命名,据称迄今已收到两人版税所得 800 万元人民币。2010 年 7 月 17 日,按照传统的习惯,杨绛满 100 岁,她跟钱锺书一样,不喜欢过生日,也不要任何形式的公开庆祝活动,只是在自己家里吃一碗寿面。

2015 年底,《钱锺书手稿集·外文笔记》出版,至此洋洋洒洒 71 册的《钱锺书手稿集》全部出齐。杨绛完成了最后的心愿,她把家里的所有物品做了处理。2016 年 5 月 26 日凌晨,杨绛作别了尘世,与丈夫、女儿,"我们仨"在天国重圆。

钱锺书被誉为 20 世纪中国的"文化昆仑"。他的《谈艺录》《管锥编》等在中国的学术史上有重要的不可逾越的学术地位,他也成为 20 世纪中国博通古今、横跨中西的一个学问大家,在中国乃至西方世界被认为是中国现代一位有世界影响的学者。研究钱锺书的文学创作及学术思想已经发展成为当今一门显学,也就是所谓的"钱学"。

同时,钱锺书也是一位备受争议的学者,对他的评价非常困难。在他生前身后,关于他的争议也有不少,作为传记,有必要对这些问题做一个大致分析评价。争议焦点主要有下列几方面:(1)钱锺书的博学在当今社会已经可以被电脑与互联网取代。(2)钱锺书有学问,没有思想,没有建立自己的理论体系,他的学问只是"一地散钱"。(3)钱锺书不能算是思想家,他只钻进自己的书斋,不关心时事,不关心社会,在"反右"和"文化大革命"中都没有受冲击,明哲保身。

这三个问题看起来似乎有一定道理,其实似是而非,需要做一些辩证。

第一,钱锺书的博学是否可以被电脑取代?在当今高科技发达的时代,基于互联网的各种文献的数字化和数据库,为我们查找检索知识提供了极大的方便。我们可以通过百度、中国知网和各种各样的数据库,快捷地检索到古今中外的知识。但是这些检索工具能否代替阅读、代替思考,需要打一个大大的问号。一个固定的词汇、术语可以通过电脑来检索,但思想、观念和思辨永远不能靠电脑获得。钱锺书早在 20 世纪 40 年代就讽刺说:"学问的门径在于书后的引得,若从正面看起,反见的迂远了。"1928 年秋,在美国哈佛大学讲学的洪业(煨莲)深感查

第十六章　名满天下,谤亦随之

245

检中国古籍十分困难,萌发编纂古籍引得(即索引)的设想,哈佛—燕京学社"引得编纂处"1930 年 9 月成立于北京,该处十几年间共编索引 64 种 81 册(其中正刊 41 种,附有原文的特刊 23 种),此外还出版了索引理论的专著、专论。选题广及群经诸子、前四史、佛道子目、宋辽金元明清传记、类书、诗文和现代期刊,兼及专书、引书、刊误、书目、专题及期刊论文。钱锺书在 80 年代中国计算机初起时,就倡议建立中国社会科学院电子文献中心,说明他也很重视电子化在学术研究中的作用。计算机与互联网,特别是人工智能作为工具可以为人们提供一些方便,但永远不能取代阅读与思考。五四新文化运动以后,特别是现代学校教育的体制,使学科分化越来越细,现代学校教育已经很难培养出精通不同专业学科的学问家。几十年来,我们有各种各样的专书索引和各种各样的数据库,但并没有培养出一位真正的大师,这就值得我们认真反思了。学问是思想的本钱,学问愈博大,思想愈精深。那种认为有现代的科技条件、先进的检索方法,钱锺书式的学问完全可以被电脑取代,实际上是不值一驳的笑谈。

第二,钱锺书是否只有学问而没有思想体系? 说钱锺书是个博古通今的学问家,大概都没有异议。但钱锺书有没有自己的理论体系就各有各的看法。有许多人看钱锺书的著作,大都是征引古今中外各家的话,很少有自己大段的论述,便断定钱锺书说来说去都是别人的观点,没有自己的思想,也没有自己的理论。有人说,钱锺书的学问就是"一地散钱"①,没有一根可以串起来的绳子。明代刘健曾说过,丘浚的学问是"一地散钱",丘浚却说,你有一根丝绳,却没有散钱。这话完全可以移评钱锺书与今人。现代以来的学者习惯于用一个主题(一根丝绳)贯穿前后,点缀三五散钱(材料和论据),看起来是一个贯穿前后的完整的整体,但没有多大的价值。钱锺书的学问是中国传统学者笔记式的论著,除了《七缀集》里收集的一些学术论文之外,其他大都是读书笔记。但这些读书笔记并不是一般意义上的摘录札记,而是就某一问

---

① 余英时引叶公超评论,说钱锺书的问题是他满地都是散钱,没有串起来(见傅杰《余英时时隔十年谈钱锺书》,《东方早报》2008 年 5 月 25 日)。

题的古今中外的不同论述的融会贯通,是关于一个问题的起源、发展、流变的脉络,是古今中外的异同辨证,寻源溯流,比较分析。《谈艺录》论述唐宋以迄近代的诗歌,以文学本体为主线穿起了钱锺书所有的相关笔记,每一则都有一个明确的主题,如诗分唐宋、论比喻、诗乐离合、性情与才学、神韵,长吉诗境等。唐宋以后的诗史是它的主线,串起一个个诗学上的重要问题。《管锥编》的气魄更宏大,是以文学本体为主线研究中国的思想观念与智慧,考证《周易》《毛诗》《左传》《史记》《太平广记》《老子》《列子》《焦氏易林》《楚辞》以及《全上古三代秦汉三国六朝文》等十部典籍。虽然研究的每个问题是具体而微观的,但作者却把它放在中西方文化广阔的视野中,用多种不同的语言的文献加以阐述、比较和分析,在看似松散随意的笔记体中,囊括了中外文学、语言学、文字学、历史学、哲学、心理学等多学科的内容,有着海涵地负的容量。钱锺书说:由于人类认知的局限性与世界无限性的矛盾,任何理论体系都不会是完整的,一种理论体系往往过不了多久就会失去其合理性,显示出其弊病。犹如庞大的建筑物经不过时代的考验而倒塌,只剩下木石砖瓦尚可利用,片断思想比庞大的体系更长久①。所以,他本来就无意去建构一种什么体系与框架。他的笔记体的著作显然不是一棵大树从主干到枝叶的"树状结构"那么简单,而是满山的花草树木、藤蔓枝条,长满各种枝叶和奇花异果,比起"树状结构"虽不免稍嫌芜杂,却要复杂得多。那么,钱锺书的著作有没有他的思想体系呢?其实还是有一个完整的理论系统的。在他的著作里,所有的"大判断"和"小结裹"就是在中外文化沟通与比较下结出的果实,是一个前后统一完整有机的整体,看起来松散随意的笔记体实际上有着开阔、宏大、复杂的系统。

美国学者艾朗诺(Ronald Egan)先生对中国古代文学、美学和人文文化进行过多年深入的研究,他的《管锥编》英文选译本(*Limited views:Essays On Ideas and Letters*)1998 年由美国哈佛大学亚洲中心出版,从原书 1400 多项条目中选了 65 项。此选译本分为六个部分,各部分由译者拟了大标题:美学和批评概论;隐喻、象征和感知心理学;

---

① 钱锺书:《读〈拉奥孔〉》,《七缀集》,生活·读书·新知三联书店 2001 年版,第 34 页。

语义学和文学风格学;论老子;魔与神;社会和理想。舒展将《管锥编》《谈艺录》《宋诗选注》等大部分与《七缀集》全部的学术论著进行了分门别类的编目整理,分别归纳为思辨、人事、创作、鉴赏和文论五编。尽管这样的选编对于钱锺书的著作来说并不完整,但对每一类问题进行排比归类和综合,有助于我们理解钱锺书整体的思想与理论框架。

第三,有人认为钱锺书就是一个学问家,没有自己的思想。李泽厚的观点很有代表性,看起来也似乎很有道理,但经不起推敲。如他认为陈寅恪、钱锺书虽然很有学问,但不是思想家。他说:"谈论中国近代史,特别是近现代文化史,前不可能绕过康、梁,后不可能绕过陈(独秀)胡(适)鲁(迅)。他们是重要的文化历史存在。可以不讲陈寅恪、钱锺书,但不可不讲鲁迅、胡适。"又说:"学界也流行以'知识''学问'来压倒与贬低思想。其实严复当年就说过,中国学人崇博雅、'夸多识';而西方学人重见解、'尚新知'。"①李泽厚讲的思想,是政治思想,而不是思想史意义上的思想。他只重视对政治起过影响的人物,如康有为、梁启超、严复等人,而不知道研究中国文化的普遍意义上的思想。按照他的观点,顾炎武、王夫之、颜元、戴震都不能算思想家了。他所论的只是政治家或改革家,而不是严格意义上的思想家。新中国成立后,由于政治气氛的影响,学术与思想截然分为两途,作学术的研究不谈思想,思想家只从政治着眼,不涉及学问研究。纯学术研究没有思想,构建政治理论体系却不讲学问,无思想的学问与无学问的思想,都显得空疏不学,这成为现当代文化史上的一大问题。王元化对此很有感慨,提出"有思想的学术与有学术的思想"。从王国维、陈寅恪到钱锺书,都应当纳入思想史研究的范围。钱锺书的思想正体现在其对论及的中外主题的比较与评判上,语言不多却蕴含了许多对社会、对政治、对人生的看法,微言大义,深得春秋笔法。《管锥编》诞生在一个特殊的时代,《管锥编》里谈到某些古今相似的问题,钱锺书也会借题发挥,含蓄曲折地表达他的思想。不过他不会直说,而是用古文,借古讽今,言在此而意在彼,不深入研究无以窥其全貌。

---

① 李泽厚、刘再复:《共鉴五四新文化》,《万象》第 11 卷第 7 期,2009 年 7 月。

由于钱锺书淡泊名利,不喜欢应酬,远离政治,有许多人认为钱锺书在新中国成立后的政治运动中都没有受到多大的冲击,是一个"明哲保身"的人。其实,他并不是不关心世事,而是有深切的忧时伤生的意识,他说他的《谈艺录》是"忧患之书",他的《槐聚诗存》中保留了许多反映忧患思想的作品,《管锥编》是他晚年的"忧患之书",里面有许多借古讽今、别有寄托的话。没有受到多大的冲击,主要原因是与长期参与"毛选"和毛泽东诗词英译的特殊身份有关,也与他平时谨言慎行有关,不能因为"没受冲击"就得出"明哲保身"的结论。陈丹晨说:"钱锺书先生完全不是一般人想象的那样一个不食人间烟火的现代隐士,而是热情洋溢爱憎分明,对生活怀有强烈的激情,就如他自己说的忧世伤生。"(《在钱锺书寓所琐闻》)

　　在国际上,钱锺书被称为"很可能是 20 世纪最博学之人"。比利时汉学家西蒙雷(Simon Leys)1983 年 6 月 10 日在法国《世界报》上曾说:"他(钱锺书)对中国文学、西方文学以及世界文学的知识极其精博,钱锺书今日在中国、在世界上,都无与伦比。"①

　　钱锺书是不是专家?是,又不是。他的专业是外国文学,但又长期从事古代文学研究,都有很高的建树。他还是著名的翻译家,他的翻译水平当代无出其右。但这些都不足以代表他的成就,他更是一个通人。钱锺书曾说,他不是学者,而是通人,意谓他不是专业领域的文学家、史学家、哲学家,而是兼通文史哲的通人。他不愿意出于功利目的作某一方面的专门之学,而是为学问而学问,一辈子都在读书明理。这个所谓的"理",是个极广的概念,也可以说是人类的思想与智慧。中国传统文人所谓的"一物不知,儒者之耻",用在他身上再合适不过。这样一种纯粹的学者,在现代中国没有第二人。《谈艺录》《管锥编》以及他所有的笔记手稿,无不参透中西方的理论,为中国思想文化与学术研究服务,开阔了中国传统学术的视野,在东西方很不相同的文化传统中,发现其间出人意表的契合相通之处。不管是研究文学、历史、哲学,还是其他人文学科,人们都可以从他的书中各取所需,获得各方面有益的养分。

---

① 转引自汪荣祖《槐聚心史:钱锺书的自我及其微世界》,台湾大学出版中心 2014 年版,第178 页。

无用之才，才是大用。

钱锺书与陈寅恪先生无疑是 20 世纪中国两位最博学的学者，他们成为现代中国学术界的两座高峰。尽管两位同在清华大学生活、学习与教书，但他们走的路并不相同，学术的旨趣也大异其趣。钱锺书说：陈先生学问之博实无可置疑，然思想上是否通卓，方法上与记诵上是否有缺失，文笔是否雅洁，自有公论，不容曲笔。陈先生通外国语至多，而于外国文史哲巨著似未能通解，如在《柳如是别传》中说：牧斋以柳为"柏拉图理想"，即因未解柏氏之书故。别传颇有可商榷处，他戏称传主"柳岂如是"，而非柳如是也。汪荣祖曾问钱先生：在清华读书时曾否与陈氏有过从，答称在校时未上其课，同事时亦未请益，在清华接触较多的师长是吴宓先生①。

但陈寅恪对钱锺书却很赏识，钱锺书在西南联大被排挤走时，陈寅恪与吴宓都为之惋惜，为重新聘请他而努力奔走。新中国成立初还致信给他："钱锺书又云：解放后忽蒙其惠书称赞《谈艺录》，乃陈夫人手笔，心甚感之，此函毁于文革。汪荣祖问：陈氏父子皆能诗，而陈寅恪以诗证史，介于文史之间，未悉尊意云何？答称：陈先生诗作得好，学钱牧斋，亦受李义山之影响。渠老太爷陈三立大有诗名，然除特有的高亢之气外，可取之处无多。陈先生混文于史，实有违文学意趣处，其读《会真记》以自传考论之，尤违文学基本理论所谓的 fictionnality。"②

虽然钱锺书对陈寅恪的学术观点不完全赞同，对其本人还是很尊重的，陈寅恪也很欣赏他的才华。陈寅恪的著作《元白诗稿笺证》，亲笔签名送给钱锺书。陈寅恪弟子、复旦大学蒋天枢教授《陈寅恪先生编年事辑》稿本写成，曾寄给钱锺书校正。钱锺书非常认真地校阅了一遍，陈氏诗集中许多文字错误也由钱锺书改正，可知钱锺书对陈寅恪是尊其人爱其诗，虽然与其学术思想大异其趣。杨绛说，钱锺书晚年很欣赏陈寅恪的诗，曾说：早知陈先生如此会作诗，在清华读书时一定会选陈

---

① 汪荣祖：《槐聚心史·弁言》，台湾大学出版中心 2014 年版，第 6—7 页。
② 汪荣祖：《槐聚心史·弁言》，台湾大学出版中心 2014 年版，第 7—8 页。

先生的课，陈先生也会成为恩师①。

　　钱锺书对学术的评价，论事不论人，对就是对，错就是错，不以人废言，也不为贤者讳。如对清代学者钱大昕、戴震，对现代前辈学者如陈寅恪、冯友兰，甚至包括他的父辈师辈，既有许多称扬，也有尖锐批评②。这正是"吾爱吾师吾尤爱真理"精神的体现。

　　钱锺书的去世，意味着中国传统的古典文化的终结，也意味着 20 世纪大师辈出的时代已经结束。在学科分化日渐细化、传统与现代已被切割开来的今天，新时代的大师，特别是能够学贯古今、打通中西的人物的出现，似乎还需等待。

① 汪荣祖：《槐聚心史·弁言》，台湾大学出版中心 2014 年版，第 19 页。
② 傅杰：《〈管锥编〉称引段玉裁王念孙说述论》，见汪荣祖编《钱锺书诗文丛说：钱锺书教授百岁纪念国际学术研讨会论文集》，台湾中央大学 2011 年版，第 216—217 页。

钱锺书年谱

1910 年（宣统二年）　1 岁

11 月 21 日（农历十月二十日），钱锺书出生于无锡县城关。其父辈兄弟四人：大伯父钱基成，二伯父（早亡），父钱基博与叔父钱基厚为孪生兄弟。

大伯父基成无子，因此，出生后即出嗣给大伯父。父亲钱基博（1887—1957），字子泉，一字哑泉，号潜庐，为中国近现代著名国学家。母王氏，近代通俗小说家王西神之妹。

钱锺书出生时，适逢有人送来《常州先哲遗书》，因此，伯父为他取名仰先，字哲良，小名先儿、先哥，后又改称阿宣、宣儿。

1911 年（宣统三年）　2 岁

周岁抓周，抓到书，正式取名"锺书"。

6 月 2 日，堂弟钱锺韩出生。

7 月 17 日，杨绛在北京出生。

1915 年　6 岁

秋天，当地初级小学秦氏小学读书。未及半年，因病辍学在家，由伯父启蒙教育。

1916 年　7 岁

与堂弟锺韩在亲戚家私塾附学一年，开始读《毛诗》，后因附学不便,在家中复由伯父授课。已读了家中《西游记》《三国演义》《水浒传》等书。

1917 年　8 岁

从伯父学,前后共三年时间。课余,在街上租读了《说唐》《七快五义》等小说。

1920 年　11 岁

夏,与锺韩一道考入无锡县立第二高等小学,即东林小学一年级。不久,伯父病逝,钱锺书改由父亲抚养,但仍称父亲为叔叔。

小学时,他的国文成绩相当优异,文章一直得到教师最佳评语。常常做些小考证文字,而数学成绩却相当糟糕。因他爱"胡说乱道",父亲为他取字"默存"。

在此前后,由读"林译小说"而最初接触外国文学。

1923 年　14 岁

秋,与锺韩一同考入美国圣公会创办的私立苏州桃坞中学初级部,学习三年。其父时在清华大学任教。大量阅读现代小说杂志。

1925 年　16 岁

被父责打,始发愤读书。系统地阅读古典文学作品《古文辞类纂》《骈体文钞》《十八家诗钞》等书。

1926 年　17 岁

夏,苏州桃坞中学停办。秋,转入美国圣公会同人创办的私立无锡辅仁中学高级部,学习三年。国文、英语成绩特优。

1929 年　20 岁

秋,考入清华大学外国语文系。他报考清华时,数学成绩只有 15 分,而中、英文成绩俱优,被清华大学破格录取。

清华学号为 844。本届外文系 30 人左右，教师有王文显、叶公超、陈福田、温源宁、吴宓等人，以及温德等外籍专家教授。

1930 年　21 岁

2 月 28 日，处女作旧体诗《无事聊短述》载《清华周刊》33 卷 1 期，始署笔名"中书君"。

5 月 16 日，写作论文《小说琐征》，载 11 月 22 日《清华周刊》33 卷 4 期，署名"中书君"。

1931 年　22 岁

在清华。作"*Pragmatism and Potterism*"，3 月 7 日载《清华周刊》35 卷 2 期，署名 Dzien Soong-su（这是苏州桃坞中学按苏南口音规定的英文名字）。"*A Book Note*"载 1931 年 5 月 2 日《清华周刊》35 卷 8、9 合期。

12 月 5 日，旧体诗《忆陆大》二首载《清华周刊》36 卷 4、5 合期，署名"中书君"。

1932 年　23 岁

在清华。1 月 16 日，英文书评"*A Book Note*"载《清华周刊》36 卷 11 期，署名 Dzien Soong-Su。

3 月 26 日，旧体诗《得石遗先生书并示人日思家怀人诗敬简一首》等四首载《清华周刊》37 卷 5 期，始署名"默存"。

春，杨绛考入清华研究院西方语言文学系。杨绛原名杨季康，亦为无锡人，从东吴大学政治系毕业，考入清华后，钱、杨二人始相识。

10 月 1 日，书评《一种哲学的纲要》（E. S. Bennett 著），载《新月月刊》4 卷 3 期，署名"中华君"（疑为"中书君"之误）。

《为什么人要穿衣》载 10 月 1 日《大公报》。

10 月 15 日，书评《大卫·休谟》载《大公报》。

11 月 1 日，书评《中国新文学的源流》（周作人著），载《新月月刊》4 卷 4 期，署名"中书君"。按，此文后收入陶明志编《周作人论》（北新书局 1934 年版)。

11 月 5 日,书评《休谟的哲学》载《大公报》,署名"中书君"。

11 月 7 日,书评《鬼话连篇》载《清华周刊》38 卷 6 期,署名"中书君"。

11 月 14 日,书评《英译千家诗》载《大公报》,署名"中书君"。

12 月 1 日,书评《美的生理学》(Arthur Sewell 著),载《新月月刊》4 卷 5 期。

12 月 14 日,"*On Old Chinese Poetry*"载《中国评论周报》(*The Chinese Critic*)6 卷 50 期,署名 Dzien T'soong-su。

12 月 22 日,书评《约德的自传》载《大公报》,署名"中书君"。

1933 年　24 岁

3 月 1 日,书评《落日颂》(曹葆华著),载《新月月刊》4 卷 6 期,署名"中书君"。

3 月 16 日,《旁观者》载《大公报》。

6 月 1 日,书评《近代散文钞》(沈启无编),载《新月月刊》4 卷 7 期,署名"中书君"。

夏,从清华大学外文系毕业,获得文学士学位。

清华大学教授挽留他留校攻读西洋文学研究生,因他准备两年后考庚款留学而谢绝。

与杨绛订婚。

秋,任上海私立光华大学外文系讲师,并兼英文刊物《中国评论周报》编辑。前后近两年。其父钱基博原任同校中文系主任,半年之后,又兼任文学院院长。

《上家大人论骈文流变书》载《光华大学半月刊》第 7 期。

10 月 16 日,论文《中国文学小史序论》载南京《国风半月刊》3 卷 8 期,始署名"钱锺书"。

11 月 4 日,散文《论俗气》载《大公报》,署名"中书君"。

《读〈道德定律的存在问题〉书后》载《光华大学半月刊》2 卷 2 期。

《阙题》载《光华大学半月刊》2 卷 4 期。

12月1日,《〈中国文学小史序论〉补遗》载《国风半月刊》3卷11期,同期还有旧体诗《壬申年秋抄杂诗》(共10首)。

1934年　25岁

在上海。春天,北上清华,经泰山到北京,拜会师友,会见杨绛。

6月1日,旧体诗《北游纪事诗》(共23首)载《国风半月刊》4卷11期。同日,英语论文"Su Tung-Po's Literary Background and his Prose-poetry"(《苏东坡的文学背景和赋》,是为Le Grose Clark的英译《苏东坡诗集》作的序),载北京《学文月刊》1卷2期,署名Ch'ien Chung-shu(这是当时字典上的标准译名)。

7月1日,书信《与张君晓峰书》载《国风半月刊》5卷1期。

7月2日,友人徐景铨(字管略,无锡国专教师)病逝,卒年37岁,钱锺书作《哭管略》二首载《国风半月刊》5卷1期。

7月,论文《论不隔》载《学文月刊》1卷3期,署名"中书君"。

10月1日,旧体诗《中书君诗》(共3首)载《国风半月刊》5卷6、7合期。

初刊诗集《中书君诗》(非卖品)一册寄赠陈衍,陈衍在《石遗室诗话续编》录其诗数首,称誉备至。

10月17日,论文《论复古》载天津《大公报·文艺副刊》第111期,署名"中书君"。

1935年　26岁

在上海。1月5日,书评《马克斯传——一九三四年我所爱读的书籍》载《人间世》19期,署名"中书君"。

2月1日,旧体诗《中书君诗》(共18首)载《国风半月刊》6卷3、4合期。

3月1日,旧体诗《中书君诗》(共9首)载《国风半月刊》6卷5、6合期。

5月1日,旧体诗《中书君诗》(共4首)载《国风半月刊》6卷9、10合期。

6月5日,书评《不够知己》(温源宁著,"Imperfect Understanding")载《人间世》第29期,署名"中书君"。

6月,考取教育部第三届英国庚款公费留学生。回苏州、无锡与杨绛举行结婚仪式。婚后,携夫人杨绛赴英国留学。

钱锺书入牛津大学英文系深造,杨绛系自费留学。

8月,英文论文"Tragedy in Old Chinese Drama"(《中国古剧中的悲剧》)载上海《天下月刊》(*The Tien Hsia Monthly*)创刊号。

10月,旧体诗《赁庑卧病裁诗排闷》载《国风月刊》7卷4期。

1936年　27岁

在牛津。5月,旧体诗《中书君诗》(共11首)寄回国内,载《国风月刊》8卷5期,又《中书君诗》(8首)载《国风月刊》8卷8期。

12月,旧体诗《诗录》(共10首)寄回国内,载《国风月刊》8卷12期。

任牛津大学"东方哲学宗教艺术丛书"特约编辑。

1937年　28岁

4月,英文论文"Correspondence"载《天下月刊》4卷4期。

5月1日,散文《谈交友》载北京朱光潜主编的《文学杂志》创刊号。

5月,女儿钱瑗出生于牛津。

8月1日,论文《中国固有的文学批评的一个特点》载《文学杂志》1卷4期终刊号。

夏,以学位论文"China in the English Literature of the Seventeeth and Eighteeth Century"(《十七、十八世纪英国文学里的中国》)获得牛津大学文学士学位。

秋,谢绝牛津大学聘任讲师的挽留,与杨绛一道由英赴法,进入巴黎大学研究院研究法国文学,在索邦听课。

1938年　29岁

在巴黎。清华大学文学院院长冯友兰致信钱锺书,邀他返国,聘他为清华大学外文系教授。

9月间，钱锺书与杨绛携女儿由法国搭船回国。杨绛携女儿回到上海，钱锺书则在香港上岸后，转往昆明，到清华大学外文系任教授。时清华大学已并入战时迁在昆明的西南联合大学。

时清华大学1938学年第一学期尚未开学，10月底、11月初抽时间回上海省视父母、看望妻女，做短暂团聚。时其父准备动身往湖南宝庆蓝田镇的国立师范学院，回去看望并送父亲上船，父亲由吴忠匡陪同上路，钱锺书匆匆赶回昆明。

1939 年 30 岁

在昆明。

1月15日，散文"冷屋随笔之一"《论文人》载昆明西南联大教授办的《今日评论》周刊1卷3期。"冷屋"是其在西南联大的斋室名，即今昆明市文化巷11号。

2月5日，散文"冷屋随笔之二"《释文盲》载《今日评论》周刊1卷6期。

4月2日，散文"冷屋随笔之三"《一个偏见》载《今日评论》周刊1卷14期。

5月28日，散文"冷屋随笔之四"《说笑》载《今日评论》周刊1卷22期。

夏，由昆明回上海小住。因父亲命其去国立师范学院侍奉，写信给叶公超，未收复信，与徐燕谋等由上海经水路、陆路前往湘西宝庆，任设在蓝田的国立师范学院外文系主任，筹建外文系。时其父钱基博任同校国文系主任。

12月5日，收到杨绛信及校秘书长沈履的电报后，即致信清华校长梅贻琦与沈履，陈述自己未收到梅的电报及赴蓝田的原因。

1940 年 31 岁

在湘西宝庆。

2月，论文《中国诗与中国画》初载蓝田《国立师范学院季刊》第6期，1947年2月收入《开明书店二十周年纪念文集》，后又收入《旧文四篇《七缀集》。

开始撰写《谈艺录》，初稿于 1942 年完成。

学位论文英文"China in the English Literature of the Seventeeth Century"载北平图书馆英文馆刊《图书季刊》（*Quarterly Bulletin of Chinese Bibliography*）1 卷 4 期发表。任该刊首席编委。

收集从上海到湘西路途中所写的旧体诗，编为《中书君近诗》，在蓝田自费印行。

1941 年　32 岁

3 月，为徐燕谋《燕谋诗稿》作序。

6 月，与徐燕谋结伴由蓝田经广西，到海防搭海轮回上海小住。

8 月 16 日，论文《中国诗与中国画》又载成都私立齐鲁大学国学研究所刊行的《责善半月刊》2 卷 10 期。

英文论文"China in the English Literature of the Eighteeth Century"续载《图书季刊》2 卷 1—4 期。

10 月间，西南联大外文系主任陈福田来上海，邀请他回联大继续教书，辞谢。12 月 8 日，太平洋战争爆发，上海陷落，羁居上海，在震旦女子文理学院接岳父课讲授《诗经》。在家中继续写《谈艺录》，也写短篇小说。

同月，散文集《写在人生边上》由上海开明书店初版，列为"开明文学新刊"之一，内容除《序》外，共收入《魔鬼夜访钱锺书先生》《窗》《论快乐》《说笑》《吃饭》《读〈伊索寓言〉》《谈教训》《一个偏见》《释文盲》《论文人》十篇散文。这部散文集由杨绛拣选编定，编定此集时钱锺书尚在湘西宝庆。

1942 年　33 岁

困在上海。本年起，任上海震旦女子文理学院教授，迄 1945 年抗战胜利时为止。

4 月 28 日，赴冒孝鲁父亲冒广生七十寿宴，晤夏承焘。

继续写《谈艺录》和短篇小说。

10 月 24 日，清华同学张荫麟在遵义病逝，作诗悼念。

上海孤岛与沦陷时期，张元济、叶景葵、陈陶遗所创立的合众图书馆,成为钱锺书常去的地方。1947 年,合众图书馆聘请他与顾颉刚、潘承弼为顾问。

1943 年　34 岁

年初,在宋淇家做客,初识夏志清。

5 月,杨绛的四幕喜剧《称心如意》在上海公演,黄佐临导演,李健吾担任主角,演出甚为成功。

1944 年　35 岁

在上海。年初,看过杨绛的戏剧后,萌发写作长篇小说《围城》的念头,从此开始闭门写作。每天写 500 字左右,写好后交杨绛看,不再改动。共写两年时间。这段时间生活甚艰辛。

1945 年　36 岁

夏,杨绛创作四幕悲剧《风絮》。

8 月 15 日,日本投降。

10 月 1 日,《新语》半月刊在上海创刊,由周煦良、傅雷主编,迄 12 月 1 日停刊,共出 5 期。钱锺书在《新语》上曾连载《小说识小(一、二)》,载《新语》4、5 期。又有短篇小说《灵感》,载《新语》1、2 期。

11 月 17 日,《槐聚庀诗》载《新语》第 5 期。

12 月 6 日,在上海美军俱乐部作英语演讲《谈中国诗》,主要是面向在中国对日作战的美军士兵讲。

12 月 10 日、14 日,论文《谈中国诗》载《大公报》。

12 月 17 日,中华全国文艺协会上海分会成立,钱锺书与杨绛都是会员,参加成立大会。

英文论文"Chinese Literature'"载《1944—45 中国年鉴》(*Chinese year Book* 1944—45)

1946 年　37 岁

1 月 10 日,短篇小说《猫》载上海郑振铎、李健吾主编的《文艺复兴》

月刊创刊号。

2月15日,长篇小说《围城》在《文艺复兴》连载,自1卷2期起连载,直到1947年1月的2卷6期为止。

《小说识小续》在《联合日报晚刊》4月15日,5月2日、9日、23日,6月7日、21日发表。

5月,应邀担任南京国立中央图书馆编纂,兼任英文刊物 *Philobiblon*(《书林季刊》)的主编。

5月18日,《所谓"警管区"在英国》载《周报》37期,署名"丘去耳"。

6月,短篇小说集《人·兽·鬼》由上海开明书店初版,列为"开明文学新刊"之一,包括《上帝的梦》《猫》《灵感》《纪念》四篇短篇小说和一篇《序》。

《十五天后能和平吗》载6月15日《周报》41期。

6月,《书林季刊》在南京创刊,由国立中央图书馆发行,特邀钱锺书为主编,迄1948年9月出至2卷3期后停刊,共出7期。本月出的创刊号上有钱锺书英文书评"Le père Matthieu Ricci et La Société Chinoise de son temps(1551—1610)",by R. P. Henri Bernard。

9月21日,书信《寄储安平的信》载上海《观察周刊》1卷4期。

同月,发表"The Chinese: Their History and Culture",载《书林季刊》2期。

同月,应刘大杰之邀,任上海国立暨南大学外文系教授,主讲外国文学及文学批评两科,迄1949年5月。

秋,其父钱基博赴武昌华中大学任教。

英文书评"The Rapier of Lu, Patriot Poet of China"载《书林季刊》3期。

1947年　38岁

1月1日,发表《〈围城〉序》,载《文艺复兴》2卷6期。

1月,和刘大杰、俞庆棠等18位教授联署抗议美国大兵制造"沈崇事件"。

在暨南大学。3月1日,散文《说"回家"》载《观察》周刊2卷1期。

同月,论文"The Return of the Native"载《书林季刊》4 期。

论文《中国诗与中国画》又载开明书店出版的《开明书店二十周年纪念文集》。

为徐燕谋编《英国现代随笔选》(*Selected Mordern English Essays*)作英文前言。

5 月,长篇小说《围城》由上海晨光出版公司初版,列为"晨光文学丛书"第八种。1948 年 9 月再版。1949 年 3 月第三版。

9 月 27 日,书评《补评英文新字辞典》(葛传椝等编),载《观察》周刊 3 卷 5 期。

9 月,书信"答 Paull E. Burnand"载《书林季刊》2 卷 1 期。

12 月 1 日,书评《游历者的眼睛》("The Travellers'Eye by Dorothy Carrington")载《观察》周刊 3 卷 16 期。

《答编者问》载上海《大公报》1947 年 12 月 11 日。

冬,任 Brtish Council 留学生派送委员会主任。

1948 年　39 岁

在上海。开始写作第二部长篇小说《百合心》。

3 月 18 日,与蒋复璁、向达、徐森玉、李宗侗等参加当时国民党教育部在台北举行的文物展览会,在台湾大学有一个系列专题演讲,4 月 1 日上午由钱锺书作《中国诗与中国画》演讲。访台大中文系主任乔大壮,有诗《赠乔大壮先生》。

3 月 6 日,散文《杂言——关于著作的》载《观察周刊》4 卷 2 期。

3 月,论文 "An Early Chinese Version of Longfellow'Psalm of Life" 载《书林季刊》2 卷 2 期。

6 月,《谈艺录》由上海开明书店初版,列为"开明文史丛刊"之一,翌年 7 月再版。

6 月,论文 "A Note to the SecondChapte of Mr. Decadent" 载《书林季刊》2 卷 3 期终刊号。

牛津大学有意请他去作 Reader(讲师),因暨南大学课重,未应。

10 月下旬,在合众图书馆与胡适短暂会面。

1949 年　40 岁

年初,和杨绛迁居上海蒲石路蒲园"且住楼"。

1 月 17 日,参加叶景葵家宴,和郑振铎、顾颉刚、徐森玉、张芝联、顾廷龙等为胡适送别。

3 月 11 日,和杨绛去任鸿隽、陈衡哲家做客,晤胡适。

3 月前后,香港大学邀他任香港大学文学院院长,英国汉学家 K. G. Spalding 写信邀请到英国工作,因伦敦天气和女儿的健康等原因,未应聘。

3 月 28—31 日,在周节之陪同下,与杨绛杭州四日游。

5 月,上海解放。次月,暨南大学停办。

8 月 24 日,钱锺书、杨绛带女儿赴北京,重返清华大学外文系任教。钱锺书主要是指导研究生,杨绛是兼任教授。长篇小说《百合心》已写了 34000 字,但在从上海迁居北京时丢失。从此,搁笔不再从事小说创作。

10 月 1 日,中华人民共和国成立,担任母校清华大学外文系教授,并负责外文系研究所事宜,迄 1952 年止。

1950 年　41 岁

在北京。年初搬进新林院七号乙,与林徽因为邻。接受黄裳采访。

夏,参加《毛泽东选集》英译委员会,与一位外国翻译家共同负责。清华校友徐永煐为主任。

其父钱基博将无锡家中藏书 200 箱运抵武汉,捐赠华中大学。

1951 年　42 岁

年底和次年年初,"三反""五反"运动开始。

1952 年　43 岁

6 月,与陈梦家、俞平伯、游国恩等参加清华中文研究所研究生周祖謨的学科毕业考试口试,并把陈寅恪题赠的《元白诗稿笺证》送给周祖譔。

8—10 月，借调亚洲及太平洋区域和平会议翻译处参加中译英工作。

9 月，全国高等学校院系调整，被调到新成立的北京大学文学研究所。文学研究所初属北京大学，后改隶中国科学院哲学社会科学部，钱锺书、杨绛在文学研究所外国文学研究组。

10 月，参加亚洲及太平洋区域和平会议的文件翻译工作。

本月迁居至北京大学宿舍中关园 26 号，书房很小，取名"容安馆"，《容安馆札记》就是作于此时。

11 月 9 日，和郑振铎、何其芳、余冠英、卞之琳、王伯祥、罗大冈等出席文学研究所筹备会。

1953 年　44 岁

2 月 22 日，文学研究所成立，隶属北京大学，郑振铎任所长，何其芳任副所长。

这时，主要工作是负责"毛选"英译的定稿工作，放弃了其他教学研究任务。从 1950—1956 年，几乎没有文章及著作问世。

本年，加入中国作家协会。

1954 年　45 岁

2 月，"毛选"英译工作告一段落。

8 月 16—25 日，在北京出席全国文学翻译工作会议。杨绛及其妹妹杨必同时参加。

10 月 25—28 日，和俞平伯、吴组缃、林庚、王瑶、余冠英、吴小如等出席北京市文艺工作者第二次代表大会。

1955 年　46 岁

所长兼古代文学研究组组长郑振铎把钱锺书"借调"到古典文学研究组工作。

6 月 1 日，中国科学院哲学社会科学部成立，文学研究所改隶学部。

暑期，带女儿赴武昌探望父亲。

9月，女儿钱瑗以优异成绩考入北京师范大学俄语系。

1956 年　47 岁

1 月，译《精印本〈堂·吉诃德〉引言》，载《文学研究集刊》第 2 册。

文学研究所所长郑振铎把编撰《宋诗选注》的任务交给他，开始选注宋诗。选目由集体确定，注由自己撰写。

9 月 15—27 日，为中共八大翻译文件。后又和王佐良、杨周翰、巫宁坤等对中共八大会议文件英译文加工定稿。

1957 年　48 岁

年初，父钱基博在武汉华中师院病笃，钱锺书自京赴鄂省亲，作《赴鄂道中》五首。

2 月 27 日，受邀到中南海听取毛泽东《关于正确处理人民内部矛盾的问题的讲话》。

任文学所图书资料委员会主任、图书管理委员会主任。受文学所委托，致信周恩来总理建议划拨图书。

《文学研究》季刊创刊，任编委。《宋代诗人短论十篇》载《文学研究》1957 年第 1 期。

《关于巴尔扎克·后记》载《古典文艺理论译丛》2 辑。

10 月 17 日，郑振铎因空难逝世。

11 月 21 日，父钱基博去世。

《〈宋诗选注〉序》发表，载《文学研究》1957 年第 3 期。

1958 年　49 岁

6 月，书评《韩昌黎诗系年集释》（钱仲联著）载《文学研究》1958 年2 期。

9 月，《宋诗选注》一书由人民文学出版社出版，列为"中国古典文学读本丛书"中"中国古典文学作品"第五种，选注宋代 81 位诗人的作品 297 首。出版不久，即遭批判。此书 1979 年重印，迄 1987 年，已 5

次重印达几十万册。

12月初,下放河北昌黎。至次年1月(阴历年底前)返京。

12月,母亲在无锡去世。

1959 年　50 岁

1月底,从昌黎回到北京。

5月,迁居东四头条1号文学所宿舍。

1960 年　51 岁

参加《毛泽东诗词》英译定稿小组。袁水拍任组长,乔冠华、钱锺书、叶君健等为组员,迄于1966年初。

5月,为胡先骕选定《忏庵诗稿》并作跋。

夏,主持《中国文学史》"唐宋部分"的撰写。

1961 年　52 岁

3月,夏志清的英文著作《中国现代小说史》(*A History of Modern Chinese Fiction*)由耶鲁大学出版,对钱锺书的《围城》予以极高的评价。

1962 年　53 岁

3月,出席上海高校文科教材(《西方文艺理论选》)编选会议。黄裳利用这个难得的机会去看望他。

论文《通感》载《文学评论》1962年第1期。后收入《旧文四篇》《七缀集》。论文《读〈拉奥孔〉》载《文学评论》1962年第5期,后收入《旧文四篇》《七缀集》。

7月,《中国文学史》由人民文学出版社出版,其中《宋代文学的承先启后》《宋代的诗话》为钱锺书所撰。

译《弗·德桑克梯斯文论三则》载《文汇报》8月15日。

8月,迁居干面胡同学部新建的宿舍。

1963 年　54 岁

《毛泽东选集》英译定稿工作结束。

3 月,和俞平伯、吴恩裕、周汝昌、吴世昌、陈毓罴等出席茅盾主持的曹雪芹卒年问题座谈会。

5 月,和朱光潜、王朝闻、蔡仪、何其芳、李希凡、孟伟哉等出席周扬主持召开的形象思维问题讨论会。

1964 年　55 岁

进入毛泽东诗词英译小组,诗词翻译组 5 人组成。

6 月,论文《林纾的翻译》载《文学研究集刊》(第一册),后又收入《旧文四篇》《七缀集》。

9 月 24 日,外文组自文学研究所分出,成立外国文学研究所。

1965 年　56 岁

3 月 22 日,与吴庚舜合写的论文《也论〈长生殿〉》(署名吴庚舜、孙辛禹)在《文学评论》1965 年第 2 期上发表。

11 月 19 日至 12 月 8 日,和张政烺、夏鼐、罗大冈等 18 人由郭沫若带队,乘火车出发前往山西运城、夏县、曲沃、绛县、闻喜、临汾、汾阳、文水等 8 县 11 个生产大队参观"四清"运动,并访太原及阳泉,参观大寨。

1966 年　57 岁

患腿疾,行走不便。

人民文学出版社《唐诗选》出版,钱锺书选注王绩、杜审言等诗。

1967 年　58 岁

6 月 8 日,杨绛参加群众活动。

12 月 31 日,钱瑗与王德一结婚。

1969 年　60 岁

11 月 11 日，被下放到河南罗山县中国科学院哲学社会科学部"五七"干校。一周后，文学所全体下放干校，不久又随干校迁往河南息县。

1970 年　61 岁

6 月 13 日，女婿王德一因故自杀。

7 月 12 日，杨绛下放息县"五七"干校。

1971 年　62 岁

4 月，在河南"五七"干校。春，随干校由息县东岳迁往信阳明港。

1972 年　63 岁

3 月，与夫人杨绛一同回京。因强邻霸道，发生"打架"事件，被迫"流亡"到北京师范大学女儿宿舍。

3 月起，开始利用点滴时间写作《管锥编》，杨绛也开始从头翻译《堂·吉诃德》。

8 月 28 日，以旧体诗《谈艺三章》寄王辛笛。

1974 年　65 岁

1 月 18 日，由于受凉感冒引发哮喘，经 4 个小时抢救才得以缓解。

5 月 22 日，从北京师范大学迁到学部七号楼西尽头的一间办公室居住。在这里写作《管锥编》，曾一度昏厥，经医生抢救后转危为安。海外误传他已"过世"，夏志清写《追忆钱锺书先生》，日本汉学家荒井健也写文"悼念"。

秋，恢复自由。"文化大革命"中中断的毛泽东诗词英译工作本年重新开始，与袁水拍、叶君健等审定英译本《毛泽东诗词》。

1975 年　66 岁

《管锥编》四册初稿基本完成，交周振甫审阅。在胡乔木的安排下，交由中华书局出版。

1976 年　67 岁

10 月 6 日,粉碎"林彪江青反革命集团"。钱锺书夫妇离开文学所办公室小屋,搬到三里河南沙沟新居,诗作七律《老至》示友人。

1977 年　68 岁

2 月 4 日,搬入三里河南沙沟的"部长楼"。

5 月 7 日,中科院哲学社会科学学部更名为中国社会科学院。

7 月 24 日,何其芳病逝,钱锺书、杨绛参加追悼会。

1978 年　69 岁

3 月,杨绛译《堂·吉诃德》由人民文学出版社出版。

4 月,参与编注的《唐诗选》由人民文学出版社出版。

6 月 16 日,西班牙国王胡安·卡洛斯一世和王后访华,杨绛参加国宴并与国王、王后会面;《堂·吉诃德》中译本作为国礼赠送给贵宾。

8 月 31 日,赴意大利奥尔蒂塞出席第二十六届欧洲汉学会,9 月 5 日在会上作《意中文学的互相照明:一个大题目,几个小例子》发言,介绍中国现代文学研究现状。此文收入欧洲汉学会第二十六届年会会刊《了解现代中国》。在会上会见了《围城》法、捷、俄文的译审者。

10 月下旬,美国科学院派出"汉代研究考察团"到中国作为期一个月的访问,汉学家傅汉思、余英时向中国社会科学院提出拜访俞平伯、钱锺书、余冠英三位学者。11 月 13 日,中国社科院把三位学者安排在俞平伯先生家中集中见面。

1979 年　70 岁

4 月 14 日,和费孝通、李新等随以宦乡为团长的中国社科院代表团离京访美,从巴黎飞抵华盛顿。4 月 23 日到哥伦比亚大学访问,4 月 30 日访问耶鲁大学,5 月 1 日访问哈佛大学,拜访老同学方志彤。5 月 6

日访问芝加哥大学,10 日访问斯坦福大学,11 日接受胡志德(Theodore Huters)的来访。与夏志清、水晶、於梨华等人会晤。夏志清写《重会钱锺书纪实》,水晶写《侍钱"抛书"杂记》。

6 月 5 日,杨绛随中国社会科学院代表团访问法国。

9 月,《旧诗几首》(十首)发表,载香港《秋水半年刊》第 6 期。

8—10 月,《管锥编》由中华书局出版,第一辑共四册,1558 页,近百万言,包括《周易正义》《毛诗正义》《左传正义》《史记会注考证》《老子王弼注》《列子张湛注》《焦氏易林》《楚辞洪兴祖补注》《太平广记》《全上古三代秦汉三国六朝文》。

9 月,论文集《旧文四篇》由上海古籍出版社出版。除"卷头语"外,收录《中国诗与中国画》《读〈拉奥孔〉》《通感》《林纾的翻译》四篇论文。

此年,厦门大学郑朝宗教授招收"《管锥编》研究"方向的硕士研究生,首批研究生有陈子谦、何开四、陆文虎、井旭东、黎兰等,从事《管锥编》研究。

《宋诗选注》再版,新增了 30 条注释。

发表《美国学者对中国文学的研究简况》,载《访美观感》,中国社会科学出版社 1979 年出版。

1980 年　71 岁

11 月,赴日本访问京都大学等地,在京都大学与日本学者座谈。在爱知大学文学部发表演讲《粉碎"四人帮"以后中国的文学情况》。在早稻田大学作《诗可以怨》演讲,反响强烈。

同月,《围城》由人民文学出版社重新横排出版,除新加《重印前记》一文外,也曾"顺手有节制地修改了些字句"。

12 月 29 日,饶宗颐拜访。

1981 年　72 岁

发表《致〈译林〉杂志信》,载《译林》1981 年第 2 期。

7 月 26 日至 8 月 2 日,出席国务院学位委员会学科评议组第一次会议,评选首批博士点。

为杨绛《干校六记》作《〈干校六记〉小引》,载《读书》1981年第9期。

在日本演讲的记录稿《诗可以怨》修改后发表,载《文学评论》1981年第1期,后改定收入《七缀集》。

发表《〈围城〉日译本序》,载《读书》1981年第10期。

夏,早年读书日记在无锡被发现,让上海的堂侄钱汝虎去无锡领取这些日记。

1982年　73岁

4月23日,北京大学举行塞万提斯逝世366周年纪念会,杨绛到会发言。

6月4日,任中国社会科学院副院长。

9月,《管锥编增订》由中华书局出版,计121页。

论文《汉译第一首英语诗〈人生颂〉及有关二三事》载《国外文学》1982年第1期,又载香港《抖擞》杂志1982年第1期。

《〈写在人生边上〉和〈人兽鬼〉重印本序》发表,载《读书》1982年第11期。

《〈围城〉德译本前言》载《读书》1982年第12期。

1983年　74岁

《纪念》载《广州文艺》1983年第1期。

8月,在中美比较文学讨论会开幕式上的发言《中美比较文学讨论会开幕词》整理后发表,载《文艺理论研究》1983年第4期。

《说李贺〈致前行〉"折断门前柳"》载《文史知识》1983年第2期。

论文《一节历史掌故,一个宗教寓言,一篇小说》载《文艺研究》1983年第4期。此文后选入《七缀集》。

《诗二首》发表,载《新民晚报》1983年8月5日。

论文《文学翻译的最高标准》发表,载《翻译理论与技巧论文集》,中国对外翻译出版公司1983年版。

11月2日,杨绛应邀访问西班牙和英国。

1984 年　75 岁

《旧作二首》发表,载《新民晚报》1984 年 1 月 12 日。

3 月,评论集《也是集》由香港广角镜出版社出版,除《前言》外,收《诗可以怨》《汉译第一首英语诗〈人生颂〉及有关二三事》《一节历史掌故,一个宗教寓言,一篇小说》《〈谈艺录〉补订选录》四篇文章。

《旧作二首》发表,载《新民晚报》1984 年 3 月 11 日

《〈谈艺录〉引言》载《文汇报》1984 年 4 月 26 日。

厦门大学郑朝宗主编《〈管锥编〉研究论文集》,由福建人民出版社出版。

《"走向世界"丛书序》发表,载《人民日报》1984 年 5 月 8 日,又转载于《读书》1984 年 6 期。

9 月,《谈艺录(补订本)》由中华书局横排出版。原书为上编,补订为下编,上、下编篇幅相当,并附有《引言》一文。

1985 年　76 岁

12 月,评论集《七缀集》由上海古籍出版社初版。是书系《旧文四篇》与《也是集》两书合并而成,删去《〈谈艺录〉补订选录》一文,实得七篇。两书原序仍然保留,改为"附录",新作一序以冠卷首。

1986 年　77 岁

1 月 20 日,出席中国社科院文学研究所举办的"庆贺俞平伯从事学术活动 65 周年大会"。

5 月,中华书局香港分局出版《谈艺录(补订本)》。

《释梦(节选)》,弗洛伊德著,钱锺书、杨绛译,载《弗洛伊德心理学与西方学》,湖南文艺出版社 1986 年版。

《"鲁迅与中外文化"学术讨论会开幕词》发表,载《文学报》10 月 23 日。

黄蜀芹、孙雄飞等开始改编《围城》电视文学剧本。

舒展发表《文化昆仑钱锺书——关于刻不容缓研究钱锺书的一封

信》,载《随笔》1986年第5期。这篇文章引起很大反响。

1987年　78岁

《围城》和评论集《诗歌随笔五篇》法译本由巴黎克里斯蒂安·布热瓦出版社出版。

2月23日,《徐燕谋诗草序》发表,载香港《文汇报》。

《致华中师范大学的信》发表,载《华中师范大学学报》1987年增刊。

1988年　79岁

2月,《围城》日译本(荒井健、中岛长文、中岛碧译)由岩波书局出版。

3月24日,《模糊的铜镜》发表,载《人民日报》。

6月3日,报评《报纸的开放是大趋势——我看〈光明日报〉》发表,载《光明日报》。

台湾《联合文学》杂志辟"钱锺书研究"专辑。苏正隆汇辑《钱著七种》,由书林有限公司出版。钱锺书应苏正隆请求,作《表示风向的一片树叶》,载《人民日报》9月26日。

为台湾学者汪荣祖《史传通说》作《〈史传通说〉序》。此书由台湾联经出版公司1988年10月初版。

《围城》德译本 Die Umzingelte Festung：Ein Chinesischer Gesellschaftsroman(莫芝宜佳译)由法兰克福岛屿出版社出版。

1989年　80岁

6月,感于时事,作七律《阅世》。

舒展编《钱锺书论学文选》,共6卷,约180万字,由花城出版社出版。

10月,作《〈管锥编增订〉之二》。

11月,《钱锺书研究》(第一辑)在王蒙、李希凡、黄克等人组织下,由文化艺术出版社出版。编委有郑朝宗、周振甫、黄裳、傅璇琮、陆文虎、钟叔河等人。

根据《围城》改编的同名电视剧开始筹拍,黄蜀芹导演,柯灵任文学顾问。

1990 年　81 岁

5 月,《写在人生边上》由中国社会科学出版社新排出版。

12 月,电视连续剧《围城》在中央电视台播出,获得普遍好评。

12 月,《钱锺书研究》(第二辑)由文化艺术出版社出版。

1991 年　82 岁

全国 18 家省级电视台拍摄《中国当代文化名人》,钱锺书为首批 36 人之一,他谢绝了拍摄。

6 月,《管锥编》第三次印刷,合《管锥编增订》《〈管锥编增订〉之二》为第五册。

1992 年　83 岁

7 月 12 日,《人文电脑》创刊,钱锺书撰写了发刊词。

1993 年　84 岁

3—6 月,第一次住院治疗。为《老圃遗文集》题签。

10 月 14 日,辞去中国社科院副院长职务。

1994 年　84 岁

1 月 12 日,五卷本《管锥编》荣获首届"国家图书奖"。

7 月 30 日,因肺炎高烧住院,查出膀胱癌,再次住院手术治疗。

1995 年　85 岁

3 月,《槐聚诗存》由三联书店出版。

1996 年　86 岁

1 月,《石语》由中国社会科学出版社出版。

1月18日,钱瑗住进北京温泉胸科医院。

1997 年　88 岁

3月4日,女儿钱瑗因肺癌去世。

台湾时报出版公司出版《槐聚诗存》。

1998 年　89 岁

5月,《管锥编》英文选译本 *Limited Views：Essayson Ideas and Letters*(艾朗诺译)由哈佛大学出版社出版。

11月21日,中共中央政治局委员李铁映到医院祝贺生日。李称,60年来钱锺书先生和杨绛先生致力于社会科学研究,甘愿寂寞,辛勤研究,著作等身,饮誉海内外,为国家和民族作出了卓越贡献,培养了几代学人,是我们国家的宝贵财富。

12月19日7时38分,在北京医院逝世。

2003 年

7月,《钱锺书手稿集・容安馆札记》由商务印书馆影印出版。

《我们仨》(杨绛著)由北京三联书店出版。

2016 年

3月24日,《钱锺书手稿集》全部影印出版。

5月25日1时10分,杨绛在北京逝世,享年105岁。

主要参考文献

钱锺书：《中书君诗初刊》，自费刊印，1934 年版。

钱锺书：《人·兽·鬼》，开明书店 1946 年版。

钱锺书：《宋诗选注》，人民文学出版社 1958 年版。

钱锺书：《谈艺录（补订本）》，中华书局 1984 年版。

钱锺书：《管锥编（全五册）》，中华书局 1986 年版。

钱锺书：《七缀集（修订本）》，上海古籍出版社 1994 年版。

钱锺书：《槐聚诗存》，生活·读书·新知三联书店 1995 年版。

钱锺书：《石语》，中国社会科学出版社 1996 年版。

钱锺书：《围城》，人民文学出版社 1997 年版。

钱锺书：《钱锺书散文》，浙江文艺出版社 1997 年版。

钱锺书：《钱锺书集》，生活·读书·新知三联书店 2001 年版。

杨绛：《杨绛作品集（第二册）》，中国社会科学出版社 1993 年版。

杨绛：《我们仨》，生活·读书·新知三联书店 2004 年版。

杨绛：《走到人生边上：自问自答》，商务印书馆 2007 年版。

《钱锺书研究》编委会编：《钱锺书研究》（1），文化艺术出版社 1989 年版。

《钱锺书研究》编委会编：《钱锺书研究》（2），文化艺术出版社 1990 年版。

《钱锺书研究》编委会编：《钱锺书研究》（3），文化艺术出版社 1992 年版。

陆文虎编：《钱锺书研究采辑》（1），生活·读书·新知三联书店

1992 年版。

陆文虎编:《钱锺书研究采辑》(2),生活·读书·新知三联书店 1996 年版。

冯芝祥编:《钱锺书研究集刊》(1),上海三联书店 1999 年版。

冯芝祥编:《钱锺书研究集刊》(2),上海三联书店 2000 年版。

冯芝祥编:《钱锺书研究集刊》(3),上海三联书店 2002 年版。

李洪岩、范旭仑编:《钱锺书评论》(1),社会科学文献出版社 1996 年版。

郑朝宗等:《〈管锥编〉研究论文集》,福建人民出版社 1984 年版。

周振甫等:《钱锺书〈谈艺录〉读本》,上海教育出版社 1992 年版。

陆文虎编:《〈管锥编〉与〈谈艺录〉索引》,中华书局 1994 年版。

郑朝宗:《海夫文存》,厦门大学出版社 1994 年版。

邹文海:《忆钱锺书》,(台北)《传记文学》1962 年 6 月。

田建民:《诗兴智慧 钱锺书作品风格论》,河北教育出版社 2001 年版。

辛广伟等:《撩动缪思之魂——钱锺书的文学世界》,河北教育出版社 1995 年版。

胡河清:《真精神与旧途径——钱锺书人文世界探幽》,河北教育出版社 1995 年版。

王晓明等:《胡河清文存》,上海三联书店 1996 年版。

傅道彬:《中国现代学术经典之钱基博卷》,河北教育出版社 1996 年版。

《钱锺书传记资料》(第一辑),(台北)天一出版社 1985 年版。

田蕙兰等:《钱锺书杨绛研究资料集》,华中师范大学出版社 1997 年版。

〔德〕莫芝宜佳:《〈管锥编〉与杜甫新解》,河北教育出版社。

沉冰:《不一样的记忆——与钱锺书在一起》,当代世界出版社 1999 年版。

何晖、方天星:《一寸千思——忆钱锺书先生》,辽海出版社 1999 年版。

季进:《钱锺书与现代西学》,上海三联书店 2002 年版。

汪荣祖:《槐聚心史:钱锺书的自我及其微世界》,台湾大学出版中心 2014 年版。

吴学昭:《听杨绛谈往事》,生活·读书·新知三联书店 2008 年版。

李洪岩、范旭仑:《为钱锺书声辩》,百花文艺出版社 1999 年版。

龚刚:《钱锺书——爱智者的逍遥》,文津出版社 2005 年版。

焦亚东:《钱锺书文学批评话语研究》,中国社会科学出版社 2013 年版。

臧克和:《钱锺书与中国文化精神》,百花洲文艺出版社 1993 年版。

周绚隆:《杨绛:永远的女先生》,人民文学出版社 2016 年版。

后 记

　　明清以来,江苏一直是全国文化最发达的省份之一。明清江南的文化家族非常繁盛,代有才人,无论是科举仕途,还是文学艺术、学术研究,都有许多代表性的家族,诗书传家,共同构成了绵延不断的江苏文脉。无锡钱氏家族是江南众多读书人家之一,钱锺书是这个家族最有代表性的杰出人才。

　　1988 年我研究生毕业后,在《江苏高教》杂志当编辑,曾经负责一个栏目"名家谈治学"。出于对钱锺书先生的崇拜,想研究他的治学经验,开始时想写一篇文章,但后来越写越长,1991 年底竟然写成一本传记。钱锺韩先生到北京开全国政协会,还把书稿带到北京,向钱锺书先生介绍我这本书。锺韩先生花了近一个月时间,为我写下了一万多字的修改意见。《钱锺书传》出版后,陆续收到许多人提供的有益资料,特别是跟钱锺书先生有交往的李稚甫先生、美国巫宁坤先生来信,为我提供资料,这是对我的莫大的鼓励。后来,又应出版社之约写了《杨绛评传》和《无锡钱氏家族文化》等书。读博之后,特别是后来调任高校之后,学术重点转移了,钱锺书研究就没有坚持下来。江苏文艺出版社多次约请修订再版,也一直耽搁下来。但内心始终有一个心结,要把这本书好好修订再版。十多来年,虽然没再深入钻研,但也没有完全抛开。我在任教的学校,每年都给硕士生、博士生选讲《谈艺录》《管锥编》,引导学生读钱著,开阔视野。我跟学生说《谈艺录》《管锥编》并不是枯燥抽象的专著,而是人类思想与智慧的"通书",可以益人神智,澡雪精神。

　　"江苏文脉整理与研究工程"把这本书列入"江苏历代文化名人传"

系列,我在 1992 年版的基础上做了修订、补充与改写。1992 年初版时,这本钱锺书传记是国内第一本,当时可参考资料很有限。30 多年来,涌现了许多有价值的文章与专著,都需要认真学习、吸收。修改的过程很缓慢,想打破自己以前的框架和固有的观念也很困难,想努力保持自己原有的特色,又能体现新的研究成果,确实很困难。

写一个自己崇拜的人物的传记,难免有溢美之词。后来在不同场合遇见过好几位读者,都说看了我写的这本传记,开始崇拜钱锺书、研究钱锺书。其中有一位当年是重点工科大学生,已经毕业,做了工程师,看了拙著后,毅然辞职改行,专门研究钱锺书,现在已经是"钱学"领域非常知名的教授了。

我对钱锺书先生的崇拜是仰之弥高、钻之弥坚,还不免带有崇拜的光环。在写作过程中,以生动性、可读性为追求目标,把传与评有机结合起来,引导读者了解钱锺书,了解他的生平、思想、性格和文学成就,了解并喜欢他的作品。如果读者读过本书以后,喜欢钱锺书先生本人及其著作,然后直接去读原著,那就像到岸舍筏、得鱼忘筌,本书就完成了使命,可以扔掉了。

感谢江苏省社科联吴颖文先生、江苏省社科院姜建先生、江苏省第二师院冯保善教授,以及钱锺书杨绛研究微信群的各位同道朋友,给予我许多帮助,使这本书能顺利出版,也更期待读者的批评指正。

孔庆茂

2024 年 4 月于南京艺术学院